Kornelia Wöllner

Erwachen in Liebe

Befreiung für die Menschheit

Haftung

Die Informationen dieses Buches sind nach bestem Wissen und Gewissen dargestellt. Sie ersetzen nicht die Betreuung durch einen Arzt, Heilpraktiker oder Psychotherapeuten, wenn Verdacht auf eine ernsthafte Gesundheitsstörung besteht. Weder Autorin noch Verlag übernehmen eine Haftung für Schäden irgendwelcher Art, die direkt oder indirekt aus der Anwendung des Inhalts dieses Buches entstehen könnten.

Bitte fordern Sie unser kostenloses Verlagsverzeichnis an:

Smaragd Verlag
In der Steubach 1
57614 Woldert (Ww.)
Tel.: 02684.978808
Fax: 02684.978805
E-Mail: info@smaragd-verlag.de
www.smaragd-verlag.de

Oder besuchen Sie uns im Internet unter der obigen Adresse.

© Smaragd Verlag, 57614 Woldert (Ww.)
Deutsche Erstausgabe Januar 2009
Cover: Sabine Sahm
Umschlaggestaltung: preData
Satz: preData
Printed in Czech Republic
ISBN 978-3-938489-87-1

Kornelia Wöllner

Erwachen in Liebe

Befreiung für die Menschheit

Smaragd Verlag

Über die Autorin

Kornelia Wöllner, Jahrgang 1956, verheiratet, Mutter einer Tochter und eines Sohns, wohnt in Ostbrandenburg.
Bereits Anfang der Neunzigerjahre entstand ihr Interesse an neuen Möglichkeiten der Gesunderhaltung. Sie absolvierte alternative Ausbildungen als Valeologe, EMF-Praktitioner und in Holographic-Healing. Auf diesem Weg und angeregt durch ihre medial begabte Tochter begann ihr geistiges Erwachen, und es entstand das tiefe Bedürfnis, diese Erfahrungen anderen Menschen auch in Form von Vorträgen weiterzugeben.

Heute sieht sie sich als Mitgestalterin eines neuen Bewusstseins und einer neuen Erde. Sie unterstützt den Prozess des Erwachens durch Vorträge, Meditationen, Energie- und Heilarbeit.

Kontakt: K.Woellner@t-online.de

In Dankbarkeit für

    meine Eltern, die immer ihr Bestes für meine Entwicklung gaben,

    meine Tochter Kristin, die als Erste aufgebrochen ist, der Wahrheit zum Durchbruch zu verhelfen und mein Erwachen in Gang setzte,

    meinen Sohn Mark, der mir immer wieder unmissverständlich erklärte, dass ich noch viel zu lernen hätte,

    meinen Mann Klaus, der, ohne es zu wissen, mein Lehrer war, indem er das in mir öffnete, was ich bisher noch nicht bereit war anzuschauen.

Die goldene Endzeit wird die Erfüllung des göttlichen Plans ermöglichen...

Ihr werdet lernen, das Tal eurer Illusionen und eurer Identifikationen zu verlassen und erkennen dürfen, dass die Vollkommenheit, die ihr in eurer Vergangenheit zu stark im Außen zu erreichen gesucht habt, bereits in euch liegt und nur darauf wartet, durch eure Bewusstwerdung, durch euer Erwachen, Befreiung zu erfahren.

Saint Germain

Inhalt

Einführung 9
Erwachen – das Unbeschreibbare 13
Ein kosmischer Plan 26
Der Sinn des Spiels ist Bewusstwerdung 50
Etwas Persönliches 66
Illusion und Wirklichkeit – das Spiel 75
Kampf ist immer Illusion –
Illusion, die dem EGO entspringt 90
Wie die Illusion entstand 106
Was uns die alten Mythen und Sagen wirklich
mitteilen wollen 117
Der Leiderschaffungsprozess 126
Warum wir nicht erwachsen werden konnten 139
Vertreibung aus dem Paradies –
die Geschichte von Adam und Eva 143
Erwachen und Traumpartner 147
Schmerz kann nur geheilt werden,
wenn wir vergeben 166

Erwachen und Gesundheit 172
- Angst – eines der stärksten destruktiven Gefühle 183
- Krebs – Geißel oder erklärbare Ursache 194
- Erfahrungen mit der nichtlinearen Diagnose (NLD) – Innere und äußere Krankheitsursachen .. 199
- Eigenes 217
- Erfahrungen mit der medialen Radionik 226
- Psychische Erkrankungen 235

Erwachen und Tod 246
Ich bin der Schöpfer 251
Erwachen und Emotionen 263
Das Vorspiel 272
Die Spielbasis 276
Das Spiel als äußere Geschichte 276
Das Spiel als innerer Transformationsprozess
unseres Bewusstseins 287
Die Menschheit ist bereits erwacht 303
Wir sind nicht allein 307
Poetischer Ausklang 318
Danksagung 320

Anhang 322
- Die gemessene Wahrheitsebene des Buches 322
- Tafel der Skala des Bewusstseins mit den
  Ebenen des Lichtbewusstseins 323
- Charles Manson und Anna Jennings 325
- Innere Reinigung 340
- Quellennachweis 345
- Adressen 347
- Die Herausforderung 348

Einführung

Siebzehn Jahre war ich auf der Suche, auf der Suche nach einem langen und gesunden Leben. Ich wollte mich nicht damit zufriedengeben, was den Normalbürger im Alter erwartet: Leid, körperliche Schwäche und Krankheit.

Ich probierte während dieser Zeit alles, was mir sinnvoll erschien, aus, um meine Gesundheit zu verbessern und eine höhere Lebenserwartung zu erreichen: Methoden, Gerätekomplexe, Nahrungsergänzungen, Ernährungsumstellungen, innere Reinigungen, mentale Techniken, Energiearbeit. Ich absolvierte verschiedene Ausbildungen.

Und alles war in jeder Hinsicht nützlich. Während mein Energielevel höher wurde, erschuf sich in mir gleichzeitig ein neues Bild von der Welt.

Obwohl ich eine Zielstellung hatte, kannte ich damals weder den Weg noch das wirkliche Ziel. Aber ich hörte nicht auf zu suchen. Mein Wissen erweiterte sich ständig. Trotzdem hatte ich das Gefühl, eigentlich gar nichts zu wissen von dem, was wirklich wichtig zu sein schien. Und dieses Nichtwissen spornte mich immer wieder an und veranlasste mich, Fragen zu stellen. Alles, was ich auf meinem Weg nutzte, um meinem Ziel näherzukommen, ließ ich immer dann wieder los, wenn mir klar wurde, so kompliziert kann es die kosmische Intelligenz nicht gemeint haben. Es muss einfacher sein. Wenn der „göttliche Plan" genial ist, dann gibt es einfache Lösungen für unsere Probleme. Ich wollte sie finden.

Die Entscheidungen, Altes zu verlassen, um damit die Tür für Neues zu öffnen, sind mir nicht immer leichtgefallen. Ich erinnere mich noch an eine aus damaliger Sicht sehr wichtige Entscheidung. Ich konnte sie nicht treffen. Mehr als zwei Jahre quälte ich mich damit herum. Ich hing im alten Energiemuster fest. Bis mir eine gute Freundin sagte: „Nun nimm doch endlich wahr, wie sich die Situation für dich anfühlt!"

Da schaute ich zum ersten Mal bewusst nach innen zu mir selbst und ließ den Verstand beiseite. Ich sagte zu ihr: „Mir ist ganz schlecht dabei."

Daraufhin sie: „Na, dann weißt du doch, wie du dich zu entscheiden hast."

Ja, da wusste ich es. Und trotzdem war es schwer, die Angst zu durchschreiten und den eigenen Weg zu gehen und dabei die Wachstumsschmerzen in Kauf zu nehmen.

Aber es hat sich gelohnt und lohnt sich weiterhin, denn alles, was ich im Äußeren tat, war die Vorbereitung auf das, von dem ich zu Beginn noch keine Ahnung hatte – Erwachen. Es bereitete diesen entscheidenden inneren Schritt vor, der mein Leben völlig verwandelte und es auf eine neue Bewusstseinsstufe hob. Gleichzeitig erkannte ich das innere Ziel unseres Lebens hier auf der Erde, und mir wurde klar, dass sich darin auch der Weg zu unserer Heilung und der Erreichung eines hohen Lebensalters verbirgt.

Ich bin zutiefst berührt und dankbar für das großartige Geschenk, das das Leben für mich bereithielt. Mit meinem

Buch möchte ich jenen, die dieses noch nicht erfahren durften, einen Weg zeigen, den größten Schatz des Universums in sich selbst zu entdecken und dabei aus dem universellen Schlafzustand der Menschheit herauszutreten.

Was wollen Sie sein? Ein Blatt im Wind, das bei jedem Windwechsel hin und hergeschubst wird? Ein Kämpfer, der seine Lebenskraft im Kampf gegen den scheinbaren Sturm des Lebens, nämlich im Kampf gegen sich selbst, verbraucht? Oder ein mit Leichtigkeit durch den Sturm des Lebens Dahinschreitender, der seinen inneren Frieden gefunden hat und endlich zu Hause angekommen ist, nämlich bei sich selbst? Die Stürme des Lebens berühren Sie dann nicht mehr.

Ich fand auf dem Weg zu Gesundheit den geistigen oder spirituellen Pfad. Es ist der Weg, zu dem all unsere Wege hinführen. Irgendwann war es ganz klar vor meinen Augen. Wir mögen zwar noch unterschiedliche äußere Ziele verfolgen, aber sie alle führen uns zu diesem einen Ziel – Erwachen!

Den geistigen Pfad zu beschreiten heißt, das innere Ziel des Lebens zu finden und immer tiefer zu erwachen, bis wir in Liebe wach werden, denn Liebe ist unser natürlicher Zustand.

Das Buch vermittelt ihnen die Wahrheiten, die mir während meines Erwachens bewusst wurden. Es kann Ihren eigenen Erwachungsprozess fördern, indem Sie Ihren

Geist befreien und sich der Illusion, die Sie sind und in der Sie leben, zuwenden. Gleichzeitig zeigt es Ihnen einen von vielen möglichen Wegen, näher zu sich selbst zu kommen, um endlich ganz nach Hause zurückkehren zu können.

Kornelia Wöllner

Erwachen – das Unbeschreibbare

Das, was die Welt Tag nennt, ist für den Weisen die Nacht der Unwissenheit.

Sri Krishna

Sie wollen wissen, was Erwachen ist? Aber Sie erwachen doch jeden Morgen!

Sie werden wach, reiben sich die Augen und sagen sich: Es ist Zeit aufzustehen, weil jetzt mein Tag beginnt. Sie sind sich absolut sicher, dass Sie, bevor Sie erwachten, geschlafen haben, und dass der Schlaf und die Träume, die Sie dabei hatten, nicht ihr Wachzustand waren. Das ist Erwachen, jedoch „nur" in das normale Tagesbewusstsein.

Mit Ihrem morgendlichen Wachwerden betreten Sie eine neue Wahrnehmungsebene, die Sie das, woraus Sie erwacht sind, als Schlaf oder Traum wahrnehmen lässt.

Die wichtigste Erkenntnis aus dieser Phase des Erwachens ist: Ich weiß und erkenne an, dass ich geschlafen habe und die Realität, die danach beginnt, etwas völlig anderes ist, die mit dem Schlafzustand nichts mehr gemeinsam hat. Sie glauben, sich dessen bewusst geworden zu sein, dass Sie nun wirklich wach sind. Stimmen Sie mir zu?

Wenn ich Ihnen jetzt sage, dass Sie gar nicht wirklich wach sind, sondern nur von einer Phase des Schlafs in eine weitere Schlafphase gewechselt haben! Stimmen Sie mir dann auch noch zu?

Die meisten von Ihnen werden mir vielleicht noch nicht zustimmen können, und dennoch ist es so, die Masse der Menschen „schläft" in der „Nacht der Unwissenheit", ohne sich dessen bewusst zu sein.

Das Wissen jedoch, im normalen Tagesbewusstsein noch schlafend zu sein, eröffnet uns die Möglichkeit zu wirklicher Freiheit, denn der Schlaf hält uns genau davon ab.

Dieses Buch ist in einer Nacht geboren worden, in einer Nacht, die mir die tiefe Erkenntnis vermittelte: Wir haben die Aufgabe, der Menschheit dieses Verständnis mit der größten Liebe, zu der wir im Moment fähig sind, zu vermitteln, und damit immer mehr Menschen diese „neue" Dimension zu öffnen.

Sie haben jetzt zwei Möglichkeiten: Weiterzuschlafen, oder durch Erkenntnis und Selbstbeobachtung Ihren Geist zu befreien und sich Ihres Schlafes zunehmend bewusst zu werden.

Was werden Sie tun? Wenn Sie das erlebt hätten, was meine Erfahrungen in den letzten Jahren waren, würden Sie keinen Moment zögern, endlich erwachen zu wollen!

Da Sie aber vielleicht noch sehr tief schlafen, wollen Sie unter Umständen noch gar nicht geweckt werden. Dann schlafen Sie einfach weiter. Auch das ist völlig in Ordnung. Jedes Leben hat seinen eigenen Weg. Nur Sie können wissen oder fühlen, was Sie sich in diesem Leben vorgenommen haben.

Erwachen ist das innere Ziel unseres Lebens hier auf dem Schulungsplanet Erde – es ist der Beginn der größten Transformation, die der Menschheit im Wassermannzeitalter bevorsteht!

Eckhardt Tolle, einer der großen Weisheitslehrer der Neuzeit, hat es in seinem Buch „Eine neue Erde" wunderbar zum Ausdruck gebracht: „Der höchste Zweck dieser Transformation ist unvorstellbar für den Geist des Menschen und übersteigt sein Denkvermögen bei weitem. Und doch ist diese Transformation auf dieser Erde und zu diesem Zeitpunkt die uns zugewiesene Aufgabe. Es geht um die Versöhnung des inneren mit dem äußeren Ziel, um die Versöhnung der Welt mit Gott."[1]

Vielleicht glauben Sie an dieser Stelle, Erwachen könnte etwas mit Religion zu tun haben. Aber das hat es nicht. Erwachen ist ein Befreiungsprozess, der uns wieder einen Zugang zu uns selbst und damit zu unserem eigenen göttlichen Wesenskern schafft. Alle Religionen, die einen äußeren Gott erfunden oder erwachte beziehungsweise erleuchtete Menschen wie Jesus Christus auf den Sockel einer anzubetenden Gottesfigur gestellt haben, führen vom Prozess des Erwachens weg. Sie stärken lediglich die Illusion, die wir leben, und erhalten sie aufrecht, womit sie uns die wahre innere Kraft, die in uns allen vorhanden ist, unbewusst vorenthalten. Ihre Lehrsätze oder ihr Dogma führen am Prozess der Bewusstwerdung und inneren Befreiung der Menschen, wie sie uns Jesus Christus vermitteln wollte, vorbei. In dieser Rolle befinden sich die Religionen, die einen äußeren Gott anbeten, auch heute noch. Das ist ebenso ein Zeichen des allgemeinen Schlafzustandes der Menschheit und konnte bisher nicht anders sein. Das Verständnis von Gott als die Essenz allen Seins, so auch als unsere ureigene Essenz, konnte über viele Jahrtausende nicht beziehungsweise nur von ganz wenigen Menschen erfahren werden.

Was ich hier also deutlich machen möchte: Wenn das Wort Gott im weiteren Text erscheinen wird, so meine ich damit das Wesen Gott – die Summe allen Seins – keine Person. Sie können dazu auch gleichwertig sagen:
- Kosmische oder unendliche Intelligenz
- Schöpferkraft
- Urenergie
- Geist

oder
- Bewusstsein selbst.

Die Kraft, von der Albert Einstein und Max Planck wussten, dass es sie gibt. Sie befindet sich nicht irgendwo außerhalb von uns, sondern in unserem Inneren, im Zentrum unseres Herzens.

Diese Erkenntnis zum Thema Gott ist wichtig. Denn damit ist die Suche nach Gott – nach der Summe allen Seins – nichts, was in irgendeiner Art und Weise mit Religion zu tun hat. Es ist eine innere Suche nach der letztendlichen Wahrheit, dem höchsten Prinzip unserer Existenz. Diese Suche führt zum Erwachen und zur Erkenntnis der Gesetze, die Bewusstsein selbst geschaffen hat, der Gesetze des Universums. Und in diesem tiefgreifenden Prozess wird sich die Menschheit auf eine höhere Bewusstseinsebene und damit Wahrheitsebene erheben.

Wie Sie vielleicht schon vermuten, ist Erwachen etwas, das man nicht wirklich beschreiben kann, da es als Ganzheit erfahren beziehungsweise gefühlt werden muss. Erst dann wird es zur gelebten Realität und zu eigener Wahrheit. Erwachen kann auch nicht absichtlich hervorgerufen werden, wenn ich mir zum Beispiel genug Wissen darüber angeeignet habe. Es ist ein Ereignis, das passiert, wenn dazu die notwendigen Bedingungen in uns vorhanden sind. Man könnte sagen, Erwachen passiert uns, wenn wir auf der Erwachungsfrequenz sind. Das kann ein evolutionärer, aber auch plötzlicher Prozess sein.

Erwachen heißt, sich auf den Weg zu machen, den Weg unserer Evolution als Menschheit. Es ist zugleich Erkenntnis- und innerer Bewusstwerdungsprozess.

Die kürzeste Beschreibung dafür formulierte meine Tochter in diesen Sätzen:

Stellen Sie sich vor, Sie sind ein Küken in einem Ei und kennen nur das Leben innerhalb des Eis. Eines Tages beginnen Sie zu spüren, dass da eine Schale um Sie herum ist. Das war ihnen bisher nicht bewusst. Wenig später fangen Sie an, gegen die Schale zu picken und erfahren, dass sie sich öffnen lässt, und indem Sie dieses tun, kommt eine völlig neue Realität zum Vorschein, die bisher scheinbar nicht existiert hat, obwohl sie schon immer da war. An diesem Punkt beginnt Ihr Erwachen.

Nun beschreibe ich Ihnen das von mir Erfahrene und Gefühlte durch eine weitere äußere Geschichte, die sich jedoch einzig und allein in unserem Bewusstsein abspielt.

Stellen Sie sich vor, Sie leben seit Ihrer Geburt mit Ihrer Familie in einem Haus, das einen Keller, ein Erdgeschoss und ein Dachgeschoss hat. Ihre Familie bewohnt, so lange Sie denken können, nur den Keller, der noch dazu keine Fenster, sondern Lichtschächte hat und deshalb immer halbdunkel ist. Sie sind aus diesem Keller nie herausgekommen. Das Unglaubliche daran ist jedoch, dass Sie nicht einmal wissen, dass das Haus, in dem Sie schon Ihr ganzes Leben lang sind, noch ein Erdgeschoss, geschweige denn eine obere Etage besitzt.

Sie kennen nur die halbdunkle Kellerebene. Auf der haben Sie sich mehr recht als schlecht eingerichtet. Da alle anderen Menschen auch in Kelleretagen leben, glauben Sie, das ist völlig in Ordnung und eben die Realität des Lebens hier auf der Erde. Sie kommen nicht auf die Idee, irgendetwas in Frage zu stellen. Das Einzige, was Sie vielleicht fühlen, wenn Sie es noch fühlen, ist, dass Sie einmal in längst vergangener Zeit glücklicher waren als heute. Alle Mittel und Möglichkeiten, von denen Sie anfänglich glaubten, Sie würden dadurch Ihr Glück machen, wie zum Beispiel die Liebe zu Ihrem Partner, die Kinder, der Urlaub, materieller Wohlstand und Besitz, haben sich als untauglich erwiesen. Ihre Hoffnungen, auf diese Weise glücklich zu werden, sind an Ihren Illusionen wie Seifenblasen zerplatzt. Auch damit finden Sie sich irgendwann ab.

Viele Jahre Ihres Lebens vergehen in diesem Zustand, und plötzlich oder auch allmählich fühlen Sie, das kann doch nicht alles sein. Vielleicht geschieht auch etwas in Ihrem Leben, der Partner verlässt Sie, jemand stirbt, und

Sie erleben eine längere Leidensphase. Sie erkennen vielleicht, dass Sie so nicht mehr weiterleben wollen oder können. Sie merken, dass der halbdunkle Keller auf Ihr Gemüt schlägt und mitverantwortlich zu sein scheint für den unglücklichen Zustand, der sich da scheinbar ihres Lebens bemächtigt hat. Als Sie endlich nach langem Zögern den Entschluss fassen auszubrechen, um einmal nur für kurze Zeit alles zu verlassen, was Ihr Leben im Moment ausmacht, erkennen Sie schockartig auf einer ganz tiefen Wahrnehmungsebene, als würde sich etwas in ihnen öffnen, was vorher geschlossen war: Ich laufe nur vor mir selbst weg! Und dann passiert es, Sie werden in einen Strudel von Energie gezogen und durch die Decke Ihres Kellers, die sich wie von selbst öffnet, emporgehoben.

Als Sie wieder zu sich kommen, lässt Sie das, was Sie wahrnehmen, beinahe in Ohnmacht fallen. Sie sehen sich um und fühlen: Oh, so viel Licht, wo kommt das denn jetzt her? Wo bin ich? Hier war ich ja noch nie! Dieses Leuchten, diese Helligkeit, diese Schönheit. Sie fühlen eine tiefe Liebe in sich und wissen von Stund an, alles ist Liebe! Und alles war nur dazu da, diese Liebe wiederzufinden und zu erkennen, dass die ganze Schöpfung Liebe ist. Sie fühlen sich zutiefst berührt und wissen: Genau das habe ich immer gesucht! Sie sehen das Paradoxon oder die Illusion oder die Täuschung ganz klar vor sich: Ich habe es mein ganzes Leben im Außen gesucht! Aber da ist es nicht zu finden! Es ist in uns, wir haben es nur vergessen! Gott hat es jedem von uns mitgegeben. Es ist alles göttlich, nur wir haben uns davon abgewandt. Eine tiefe Dankbarkeit dem

Schöpfungsprinzip gegenüber kommt auf, verbunden mit der Gewissheit, den Sinn des Lebens gefühlt zu haben: Erwachen in Liebe.

Kaum, dass ich dies LLES verinnerlichen kann, möchte ich meiner Familie im Keller zurufen: Kommt alle zu mir hoch, es ist unglaublich, was ich gefunden habe! Das müsst ihr unbedingt auch erleben. Hier ist es wunderschön, hell und voller Liebe. Hier können wir alle glücklich sein.

Erst jetzt schaue ich nach unten, da, wo ich meine alte Kelleretage vermute. Zu meiner großen Verwunderung stelle ich fest, dass sich der Boden unter mir geschlossen hat. Den Tunnel, von dem ich glaubte, er hätte mich hinaufkatapultiert in diese bisher unbekannte Etage meines Hauses, gibt es nicht mehr. Ich kann nicht hinunterrufen und stelle verwundert und traurig fest: Ich bin ganz allein! Ich kann niemanden erreichen, um ihm von dieser wunderbaren Welt, die ich gefunden habe, zu erzählen. Die Kelleretage scheint verschlossen. Obwohl ich ganz genau weiß, dass sie da ist. Sie muss da sein. Ich habe sie ja schließlich bewohnt!

Und schon bricht eine weitere Wahrnehmung durch: Das gibt es doch gar nicht, ich habe mein ganzes bisheriges Leben in einem halbdunklen Keller verbracht! Ich wusste nichts von diesem wunderschönen lichten Erdgeschoss. Das war doch überhaupt kein Leben, was da hinter mir liegt. Das war nur ein Dahindämmern! Ich habe mein ganzes bisheriges Leben geschlafen! Warum hat mir niemand davon erzählt? Ich hätte mir das Leiden, die Frustrationen, die Angst, die Unruhe, die Zweifel, so vieles ersparen können. Auch das, was ich über mich, das Leben, die Ungerechtigkeit, Schuld usw. geglaubt habe.

Fragen, auf die ich bisher keine Antworten hatte, werden auf der Ebene des Erdgeschosses schlagartig beantwortet.

Von jetzt an wissen Sie es so sicher, als wären Sie morgens in Ihrem Bett aufgewacht: Ich habe mein bisheriges Leben geschlafen, und erst jetzt bin ich wirklich wachgeworden. Es gibt keine Zweifel mehr! Und damit haben Sie zum ersten Mal den Dämmer- oder Schlafzustand des normalen Tagesbewusstseins verlassen und eine neue Wachheitsebene erreicht, die nichts mehr gemein hat mit der Kelleretage, die Sie davor bewohnt haben. Sie sind ausgebrochen in die Freiheit. Gleichzeitig stehen wir scheinbar allein da, weil uns niemand mehr wirklich verstehen kann, der dazu noch keine Erfahrungen gemacht hat. Der innere Transformationsprozess, der mit diesem Erleben einhergeht, hebt uns nicht nur aus der Kelleretage heraus, sondern gleichzeitig auch aus dem Drama des alltäglichen Lebens. Wir sind in der Welt, jedoch nicht mehr wirklich von ihr. Wir können das Drama, das die Welt spielt, nicht mehr ernst nehmen, weil uns klar wird, wie es entstanden ist.

Für die scheinbare Verwaisung, die wir in diesem Prozess erfahren, erhielt ich zum Glück mildernde Umstände: Als ich beginne, die neue Etage meines Wohnhauses zu durchsuchen, komme ich auch in das Kinderzimmer. Dort finde ich meine Tochter, die mir zuwinkt und mich willkommen heißt. Ein großer Stein fällt mir vom Herzen. Dass ich das vergessen konnte: Kristin! Du warst doch schon lange vor mir hier. Wir nehmen uns in die Arme, und sie sagt mir nochmals, was sie mir schon vor langer Zeit erzählt hatte: Das Wichtigste im Leben ist unsere Beziehung zu Gott – zum Schöpfer. Jetzt ist es auch für mich gefühlte Realität geworden. Ich empfinde große Dankbarkeit.

Das kann ich aus heutiger Sicht zu meinem Erwachen sagen. Dieses Erlebnis hatte „schwerwiegende Folgen" und leitete eine große Transformation ein. Als mir in diesem Prozess klar wurde, dass ich mich von meiner Vergangenheit, den alten Identifizierungen und Schmerzmustern, lösen musste, um mich selbst wiederzufinden, hatte ich keine Ahnung, was ich tat, indem ich lauthals rief: „Wenn es **die** Möglichkeit sein soll, Schmerz und Unglücklichsein aufzulösen, dann will ich das alles so schnell wie möglich loslassen!"

Das Universum nahm dieses wörtlich und riss mich in einen Strudel aufsteigender traumatischer Kindheitserlebnisse, die aufgelöst werden wollten. Sie schrien nach Erlösung. Ich glaube, nach etwa einem halben Jahr konnte ich es nicht mehr aushalten. Jede Woche Tränen und neue „Bomben", die nach oben drängten. Es ist unglaublich, welche traumatische Last wir mit uns herumschleppen. Ich sagte zu meiner Tochter, die mich in diesem Prozess begleitete, und ohne die ich diesen sicher nicht auf diese Weise bewältigt hätte, weil sie medial begabt ist: „Ich kann so nicht weitermachen. Ich halte es nicht aus. Bei allem guten Willen und Vorsatz, es muss auch anders möglich sein."

Gemeinsam konnten wir durch bewusste Absicht die Geschwindigkeit der Erlösung alter Wunden auf das für mich erträgliche Maß reduzieren. Ich konnte etwas aufatmen.

Das war auch die Zeit, in der ich erkennen durfte, dass körperliche Symptome ihre Ursache in „negativen" geistig-emotionalen Mustern oder altem Schmerz haben. Ich durfte in der relativ kurzen Zeit mehr über Heilwerdung erfahren, als die ganzen zehn Jahre davor, in denen ich Antwort auf die Frage suchte, wie man bei guter Gesundheit mindestens einhundertzwanzig Jahre alt werden kann. Aber nichts davon war umsonst. Alles war ein Stück meines Weges zum größten und wunderbarsten Geschenk, das das Leben für uns bereithält, und von dem ich damals noch nicht einmal wusste, dass es überhaupt existiert: Erwachen.

Das, was ich hier als scheinbar äußere Geschichte über das Erwachen beschrieben habe, sind Transformationsprozesse, die in Ihrem Inneren, in Ihrem Bewusstsein passieren.

Sie wissen jetzt, dass wirkliches Erwachen erst im Erdgeschoss passiert. Sie verlassen dabei Ihre Kelleretage. Und nun erinnere ich Sie daran, es gibt auch noch ein Obergeschoss in Ihrem Haus und darüber den ganzen Himmel. Und all das ist ein grandioser kosmischer Plan – ein göttlicher Plan!

Als ich mir damals die Frage stellte, warum mir denn noch niemand davon erzählt hatte, dass mein Haus ein

Erdgeschoss hat, wusste ich natürlich nicht, dass alles, was ich erlebte, zu dem großen Spiel von „Bewusstsein selbst" gehört. Ich hatte keine Ahnung, dass es einen Plan gibt, der das so vorsieht. Ich wusste nicht, dass wir uns alle zu diesem Spiel bereit erklärt hatten, um aus dem Leid der Dualität – durch die Erfahrung, die wir dabei machen würden –, zu Gott zurückkehren zu können, indem wir uns bewusst werden, wer wir wirklich sind.

Bevor ich Ihnen von dem kosmischen Plan erzähle, fasse ich Erwachen in eine Beschreibung, die mehr den Verstand anspricht.

Stellen Sie sich vor, es gibt verschiedene Realitäten. Die Wissenschaft nennt sie Parallelwelten. Wie das Wort zum Ausdruck bringt, sind es Welten, die parallel, also nebeneinander, existieren oder, besser gesagt, sie sind alle gleichzeitig vorhanden. In einer dieser Welten ist unser Bewusstsein oder unser Geist verankert. Nur in dieser spielt sich dann unser Leben ab. Alle anderen Welten sind ausgeblendet, wir haben von ihnen keine Kenntnis. Jede dieser Welten jedoch hält für uns eine ganz bestimmte Erfahrungsmatrix oder Wahrnehmung der Realität, und damit eine ganz bestimmte Wahrheit, bereit. Mit unserem Erwachen verlassen wir die alte Erfahrungswelt und treten ein in eine vollkommen neue Realität, die wir vorher nicht wahrgenommen haben, obwohl sie schon immer als Parallelwelt existiert hat. Unser Bewusstsein wird in diesem Prozess „herausgeschwungen" aus der alten Realität, die wir als Dualität oder Getrenntheit bezeichnen, und „hineingeschwungen" in die neue Realität des Einheitsbewusstseins. Da diese Welten Energiefelder von unterschiedlicher Kraft oder Stärke darstellen, ist der gesamte Prozess ein Energiespiel, das unsere alte Verankerung in der niedrigen Energie der Dualität löst, um uns in der höheren Energie des Einheitsbewusstseins neu zu verankern. Damit ist es ein Aufstiegsprozess, der gleichzeitig einen Untergang beinhaltet, und den einige mit Weltuntergang bezeichnen. Dieser Weltuntergang bedeutet den Untergang unserer alten Erfahrungswelt. Der tiefgreifende Bewusstseinswandel, der damit einhergeht, lässt somit unsere alten Erfahrungen vergehen und eröffnet ein Energie- oder Spielfeld, das eine völlig neue Erfahrungsmatrix aufspannt oder bereitstellt. Alle Erfahrungen, die wir über viele Jahrtausende machen durften, verlassen uns in diesem Prozess, und es offenbart sich eine höhere Wahrheit. Etwa so, als ob wir staunend erkennen: Nicht die Sonne dreht sich um die Erde, es ist genau umgekehrt, die Erde bewegt sich um die Sonne. Letztendlich ist es viel großartiger und komplexer, als ein Beispiel überhaupt ausdrücken könnte, denn diese Wahrnehmung, dass alles anders ist, als wir bisher geglaubt haben, wird unsere gesamte Anschauung von der Welt endlich wieder vom Kopf auf die Füße stellen. Das, was durch diesen Dimensionswechsel ausgelöst wird, ist der wichtigste evolutionäre innere Entwicklungsschritt für die Menschheit. In diesem tiefgreifenden Wandel findet alles in seine göttliche Ordnung zurück.

Freuen Sie sich darauf!

Ein kosmischer Plan

Als mir zunehmend klarer wurde, wie sehr wir als Spezies in den kosmischen Plan eingewoben sind, erschaffen, um ihn auszuführen, konnte ich mich nur noch tief und in Demut vor der Schöpfung verneigen. Nichts geschieht zufällig, alles strebt nach Ausgleich und Ordnung. Der Kosmos ist Ordnung. Und Erwachen ist Bestandteil dieses Plans.

Für diese Erkenntnis brauchte ich etwa zwei Jahre, in denen ich mir Wissen aneignete und einige „Minierleuchtungen" erlebte. Ich las Bücher, die mir in der Regel von Menschen, die meinen Weg begleiteten, empfohlen wurden oder mir auf den ersten Blick für meine Suche verwertbar erschienen. Als mir bewusst wurde, dass mein Bild von der Welt nicht stimmig ist und es noch etwas anderes geben muss als die Erklärungen, die Eltern, Schule und Gesellschaft vermittelten, entwickelte ich einen Leserausch ungeahnten Ausmaßes. Ich las häufig jede Woche ein Buch, manchmal sogar zwei oder drei gleichzeitig. Dabei hatte ich oft das Gefühl, meinen Speicher neu füllen zu müssen, weil die alte Festplatte entleert war. Eine zeitlang kam es mir sogar vor, als ob ich die Bücher nicht dazu las, um mir alle Einzelheiten zu merken, sondern um mich an etwas zu erinnern. An etwas, was ich bereits wusste und „nur" vergessen hatte. So passierte es manchmal, dass ich einige Bücher nicht bis zu Ende las, manche nur auszugsweise.

Zu allem „Glück" bin ich auch noch ein Mensch, der sich gern mitteilt. Ich wollte also meine neuen Erkenntnisse mit meiner Familie besprechen. Welch ein unglaubliches

Anliegen! Sie können sich leicht vorstellen, was passierte. Bis mein Sohn letztendlich meinte: „Nicht schon wieder einen Vortrag, Mama!" So musste ich zur Kenntnis nehmen, einen eigenen Weg zu gehen. Das war am Anfang nicht immer leicht.

Erwachen ist also Bestandteil des kosmischen Plans.
Das bedeutet, jeder Mensch, der sich auf der Erde befindet und sich für den Aufstieg entschieden hat, wird in diese neue Dimension unseres Seins eintreten. Das Universum hat nicht nur einen Plan, es hat einen genialen Plan! Dieser Plan lässt menschliche Pläne irgendwie lächerlich oder kindisch erscheinen, obwohl sie natürlich ihre Berechtigung haben.

Sie wissen, dass Kosmos Ordnung bedeutet. In dieser Ordnung bewegt sich alles. Selbst, wenn Sie heute noch glauben, die Fixsterne, zum Beispiel unsere Sonne, stehen still, dann irren Sie sich. Diese Ordnung ist eine verwobene Einheit von rotierenden, kreisförmigen und elliptischen Bewegungen und Energien. Der Kosmos ist Energie, denn alles, was wir als so genannte Materie bezeichnen, ist ein Meer von vibrierenden Elektronen und Protonen, die ebenso nur aus reiner Energie bestehen und durch ihre Schwingungen Muster bilden. Die gesamte Schöpfung ist ein energetisches Wunderwerk, und dient dem Ziel, dass die Menschheit und die mit Intelligenz ausgestatteten Wesen anderer Planeten eine Bewusstseinsentwicklung erfahren können. Das ist der Sinn unserer Evolution hier auf der Erde: Endlich aus dem Ei zu schlüpfen und unsere

Kinderschuhe zu verlassen. Erwachen, und damit ein Bewusstsein von sich selbst zu erlangen, ist ein notwendiger Schritt auf diesem Weg.

Um Ihnen das Wunderwerk dieser Schöpfung näherzubringen und sich schließlich den großen Energiezyklen des Kosmos zu öffnen, ist es notwendig, die Perspektive zu wechseln.

Unser Eingebundensein in die Schöpfung basiert auf Energie. Und Erwachen ist ein Prozess, der durch kosmische Energieveränderungen hervorgerufen wird.

Deshalb verlassen wir jetzt die rein stoffliche Ebene der Vorstellung vom Universum und von unserem Körper. Wir wissen, dass alles, was materiell oder stofflich ist, aus Atomen besteht. Alle bekannten Elemente des Periodensystems werden aus den gleichen Atomen gebildet. Sie unterscheiden sich deshalb nicht durch ihre Bausteine voneinander, denn die Bausteine – Elektronen und Protonen – sind in jedem Element gleich. Der Unterschied besteht nur in der Anzahl der in ihnen enthaltenen Elektronen und Protonen, die durch ihre Rotation um den Atomkern unterschiedliche Schwingungsmuster erzeugen. Diese Schwingungsmuster oder Energiefelder machen also zum Beispiel den Unterschied zwischen Wasserstoff und Quecksilber aus. Bei Wasserstoff ist nur ein Elektron vorhanden, das um den Atomkern kreist beziehungsweise um ein Proton. Das Schwingungsmuster, das dieses Elektron erzeugt, unterscheidet sich grundlegend von dem Schwingungsmuster, das neunundsiebzig Elektronen erzeugen können, die um neunundsiebzig Protonen kreisen.

Dabei beträgt die Vibrationsgeschwindigkeit unglaubliche 324.000 Kilometer pro Stunde oder 900 Kilometer pro Sekunde. Die Kräfte, die die Elektronen und Protonen dabei zusammenhalten, sind elektromagnetischer Natur. Und hier geschieht das Unglaubliche: Ist es ein Elektron, das um einen vibrierenden Kern von einem Proton kreist, erhalten wir Wasserstoff, ein Gas. Sind es neunundsiebzig Elektronen, entsteht aus dem Vibrationsmuster Quecksilber ein flüssiger, giftiger Stoff. Bei nur einem Elektron und Proton mehr, also achtzig Elektronen, wird daraus Gold, ein Edelmetall. Und jetzt, wovon wir in der Regel eine andere Vorstellung haben, weil wir materiell fixiert sind: Auch die Elektronen und Protonen sind keine Stoffe, die man anfassen könnte, sondern vibrierende Energie.

Beziehen wir nun dieses Wissen auf den menschlichen Körper, der aus den bekannten Elementen Wasserstoff, Kohlenstoff, Stickstoff und Sauerstoff besteht, sind wir also auf unserer ursprünglichen Ebene vibrierende Energiebündel, deren Schwingung sogar über unseren Körper hinausreicht. Das Energiefeld unseres Körpers ist elektromagnetischer Natur, genau wie die Anziehungskräfte der elementaren Bestandteile, aus denen wir bestehen. Da auch die Energien der Erde, der Sonne und des Kosmos elektromagnetischer Natur sind, werden wir in entscheidendem Maße von ihnen beeinflusst, da wir uns immer in ihnen befinden. Wir schwimmen sozusagen in einem Meer elektromagnetischer Energie. Diese Energien veranlassen uns größtenteils sogar, die gleiche Schwingung anzunehmen, also mit ihnen in Resonanz zu schwingen.

Betrachten wir nun unsere Erde der ersten Ebene, in die wir als menschliche Wesen eingebunden oder eingeschwungen sind.

Sie wissen, unsere Erde besitzt ein Magnetfeld mit einem Nord-/Südpol, eine Gravitationskraft und eine Eigenschwingung (die Erdresonanz oder Schumannfrequenz). Von diesen Energien hängt unser Leben in sehr entscheidendem Maße ab.

Das Magnetfeld der Erde gibt zum Beispiel die Frequenz für die Schwingung unseres vegetativen Nervensystems vor. Damit beeinflusst es in erstaunlichem Maße unsere Psyche, unser Bewusstsein und unsere Emotionen. Wird das Magnetfeld schwächer, führt dieses zu deutlichen Irritationen, was man bemerkte, als man mit der bemannten Raumfahrt begann. Die Kosmonauten im Orbit waren teilweise nicht mehr in der Lage, die vorgesehenen Experimente durchzuführen. Man begann mit der Erschaffung künstlicher Magnetfelder in den Raumschiffen.

Verändert sich das Magnetfeld deutlich in seiner Frequenz, werden mehr Menschen in psychiatrische Einrichtungen eingeliefert. Selbstmordraten und Unfälle nehmen zu. Schirmt man das Magnetfeld gänzlich von Versuchspersonen ab, treten Zeitwahrnehmungsstörungen, Orientierungslosigkeit bis hin zu Weltfremdheit auf. Wir sind nicht lebensfähig.

Die Erdresonanz oder Schumannfrequenz bestimmt mit ihrem Leitwert den Schwingungsrhythmus unserer Gehirnzellen.

Auch unsere Muskulatur befindet sich ununterbrochen in einer Mikrovibration, die weder im Schlaf noch in der Narkose aufhört. Sie endet erst mit unserem physischen Tod.

Unsere körpereigenen elektromagnetischen Felder schwingen in Resonanz mit der Erde. Diese Beispiele sollen zeigen, wie sehr wir von den Energiefeldern unseres Heimatplaneten abhängig sind. Und diese sind, nicht wie Sie vielleicht glauben, ständig stabil, sondern, besonders in letzter Zeit, starken Veränderungen unterworfen. So traten zum Beispiel Erhöhungen der Leitfrequenz in der Erdresonanz (Schumannfrequenz) auf, und gleichzeitig haben die dominierenden Frequenzen gewechselt. Ebenso gibt es deutliche Veränderungen in der Ausrichtung des Nord-/Südpols der Erde, sodass die Navigationsflugpläne für Flugzeugführer in den letzten Jahren mehrfach geändert werden mussten. Das hat eine bestimmte Bedeutung und ist Bestandteil des kosmischen Plans, der zusammen mit weiteren Veränderungen den Dimensionswechsel der Erde hervorruft und unser Erwachen vorbereitet.

Die nächste Ebene, in die der Mensch energetisch verwoben ist, sind die Planeten unseres Sonnensystems und die Sonne selbst.

Ein bekanntes Beispiel ist der Mond, der mit seinen achtundzwanzig Tagesrhythmen den Monatszyklus der Frau bestimmt.

Dass die Sonne einen entscheidenden Einfluss auf unseren Körper hat, ist Allgemeinwissen. Sie erhält unser Leben durch den Sauerstoff, den die Pflanzenwelt mit ihrer

Hilfe produziert, und die Nahrung, die – wenn sie natürlich gewachsen ist – Sonnenlicht als gespeicherte Energie zur Verfügung stellt. Sie erhält außerdem die Erde in einem für unsere Existenz erforderlichen Temperaturniveau. Das ist den meisten Menschen bekannt.

Weniger bekannt ist jedoch, dass sie als Lichtquelle durch ihre elektromagnetische Strahlung auf ganz bestimmte Weise direkten Einfluss auf jede unserer Zellen nimmt.

Dieses Wissen verdanken wir unter anderem Prof. Fritz Popp. Er fand in den siebziger Jahren heraus, dass unsere Zellen Licht abstrahlen und der Informationstransfer zwischen den Zellen mit Lichtgeschwindigkeit abläuft.

Er erkannte, dass die kleinste Einheit, auf die das Sonnenlicht direkten Einfluss nehmen kann, die Größe einer menschlichen Zelle ist.

Durch umfangreiche Untersuchungen kam man zu dem Schluss: Der Mensch ist ein hochsensibles Antennensystem, das auf den Empfang von Licht und somit Energie ausgerichtet ist.

Alle Körperzellen besitzen spiral- und röhrenförmige Strukturen, deren Aufgabe es ist, Licht zu empfangen und damit einen höheren Ordnungszustand im Körper herzustellen. Auf der Zellebene ist unsere DNS das Paradebeispiel für eine Spirale. Wozu sollte sich die Natur diese Mühe mit der eleganten Windung gemacht haben? Zwei parallele Stränge wären viel einfacher gewesen. Nein, sie hat genau diese Spirale erschaffen, weil eine Spirale, ebenso wie auch eine Röhre oder Kugel, zu den so genannten Hohlraumresonatoren gehört, die die Fähigkeit besitzen, empfangenes Licht zu verdichten, indem sie es zwischen ihren Wänden hin- und herschwingen lassen, um damit einen höheren Ordnungszustand der Zellen und des Körpers herzustellen. Die meisten Menschen fühlen sich deshalb besser, wenn sie hinaus in die Sonne gehen. Die Sonne erhöht unseren Ordnungs- und damit Energiezustand. Jede unserer Zellen ist ein Minilichtempfänger, und damit ein Empfänger für elektromagnetische Schwingung, weil jede Zelle selbst elektromagnetisch ist, mit einer Spannung und einem Magnetfeld.

Es ist Zeit, dass wir uns wieder daran erinnern:
Wir sind Lichtwesen – geschaffen, um uns dem Licht zu öffnen, dem höchsten Licht der Schöpfung, denn in diesem Licht wird sich unsere Entwicklung vollenden.

Licht regt unsere Atome und Moleküle an, die biochemischen Prozesse in Gang zu setzen und höhere Energieniveaus herzustellen.

Unsere Körperchemie gehorcht nicht den Gesetzen der Chemie, sondern den universellen Gesetzen der Energie, und damit den Gesetzen des Kosmos.

Nicht nur auf der Zellebene findet man Spiralen und Röhren wie DNS und Mikrotuboli, das kleine zellstabilisierende Röhrensystem, sondern auch auf der Gewebebene. Hier sind es zum Beispiel das Kollagen der Bindegewebe, der Sehnen, Knochen und Knorpel, sowie das Keratin von Haut, Haaren und Nägeln. Unser gesamtes

Knochensystem ist mit seinen Röhren ein extrem guter Lichtleiter und Lichtverdichter. Das Paradebeispiel auf der Organebene ist unser Herz. Sowohl die Herzmuskelfasern (links von der Herzspitze aus betrachtet), wie auch die Makrostruktur der Herzkammern (rechts) sind spiralig ausgebildet, was Sie in der Skizze gut erkennen können.[2)]

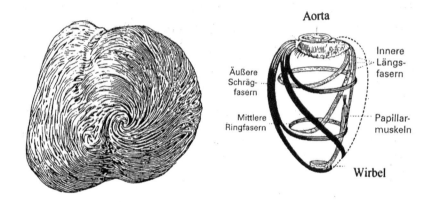

Unser Herz hat im Prozess des Erwachens eine besondere Aufgabe. Es ist der große Transformator. Es ist das Zentrum in uns, von dem die Verwandlung ausgeht, bis Erwachen in Liebe zur gelebten Realität und der neue Himmel auf Erden Wirklichkeit wird. Wie viele Inkarnationen haben wir darauf hingearbeitet! Wie viele Leben war es nicht möglich. Jetzt stehen wir kurz davor, den neuen Himmel und die neue Erde endlich wieder erschaffen zu können. Lassen Sie alles Alte hinter sich. Brechen Sie auf zu neuen Ufern, es lohnt sich so sehr! Das Wassermannzeitalter läutet uns dafür die Glocken, damit es jeder, der hören kann, hört; jeder, der sehen kann, sieht; und jeder, der fühlen kann, fühlt – ein neues Zeitalter beginnt. Wissen Sie, wie viele Seelen jetzt Schlange stehen, um erneut auf der Erde inkarnieren zu dürfen? Nie war es so leicht zu erwachen, nie so leicht, die Wahrheit über unsere Existenz herauszufinden, wie heute. Sagen Sie sich: Ich folge stets der Energie meiner höchsten Entwicklungsstufe – manifestieren Sie Ihre eigene Entwicklung! Lassen Sie andere denken, was sie wollen, gehen Sie Ihren eigenen Weg und folgen Sie Ihrem Herzen! Lassen Sie die Herde laufen. Haben Sie Mut, und kommen Sie in Ihre Kraft. Dann erzeugen wir gemeinsam die Energiefelder, die den Aufstieg der Erde in die Neue Dimension weiter beschleunigen. Es kann nichts mehr schiefgehen, auch wenn Sie sich vielleicht noch nicht ganz sicher sind, da, wo Sie sind. Wir sind schon zu viele! Die Lawine ist ins Rollen gekommen, und sie wird ständig größer, und wenn sie mit riesiger Kraft das Tal endlich erreicht, werden wir in

Staunen und Demut, in Liebe und Dankbarkeit den tiefen Sinn von „Freude schöner Götterfunken" endlich wieder in seiner ganzen Tiefe verstehen und es gemeinsam singen. Wir werden wahrnehmen, dass Schiller und Beethoven uns damit einen Einblick in die Dimension des Göttlichen geben wollten, die auch sie erfahren haben.

Ja, unser Herz ist der große Transformator. Es ist das Tor zur Neuen Dimension. In unserem Herzen gibt es eine energetische Sperre, die man das „Tor von Eden" nennt. Über viele tausend Jahre war es verschlossen. Wenn es sich öffnet, bekommen wir wieder Zutritt in den Garten Eden, das Paradies.

In diesem Zusammenhang hatte unsere Tochter vor Jahren ein Erlebnis: Wir standen gemeinsam vor der Haustür und warteten, während sich unser Garagentor öffnete. In diesem Moment hörte Kristin in ihrem Innern die gesprochenen Worte: „Jetzt öffnet sich ganz still und leise das Tor auf seine alte Weise". Sie wusste intuitiv sofort, was es zu bedeuten hatte. Das werde ich nicht vergessen, weil es auch mich tief berührte.

Unser Herz ist, wie wir aus der Skizze, Seite 34, erkennen können, als gesamtes Organ ein relativ großer und effektiver Hohlraumresonator. Indem es Licht von bestimmter Frequenz und Codierung empfängt, kann es dieses so verdichten und bündeln, dass es die energetischen Verdichtungen in Form der vom Menschen erschaffenen

Begrenzungen oder Schutzpanzer, die wir alle um unser Herz tragen, so lange wir „schlafend" sind, wieder öffnet, ebenso wie die von der kosmischen Intelligenz geschaffene energetische Sperre. In diesem Prozess erfahren wir Herzöffnungen ungeahnten Ausmaßes und schließlich den Zustand eines vollkommen offenen Herzens, frei von den geistig-emotionalen Einschränkungen, die der menschliche Verstand, das menschliche Ego, erschaffen haben. Das fühlt sich so an, als ob wir uns neu verliebt hätten. Diese Liebe ist jedoch nicht an eine Person gebunden, denn sie bezieht sich auf Alles-was-ist: Menschen, Tiere, Pflanzen, und sogar „unbelebte" Gegenstände. Sie bezieht sich auf unsere Erde, für die wir fortan ein tiefes Mitgefühl besitzen, und sie bezieht sich auf den gesamten Kosmos mit dem ihm innewohnenden intelligenten Leben.

Wir fühlen uns dabei, als ob wir unseren einstigen kindlichen Zustand wiedererlangt hätten, frei und voller Liebe, vereint mit einem neuen Bewusstsein. Werdet wie die Kinder, sagte uns Jesus Christus. Und genau das wollte er mitteilen. Dann nämlich besitzt auch ihr das Himmelreich, das Reich Gottes.

Die Sache mit dem Sonnenlicht ist eine unglaublich geniale Sache, die sich die kosmische Intelligenz hier „ausgedacht" hat. Dabei ist sogar das Lichtspektrum in seiner Wirkung noch fein abgestimmt. So weiß man zum Beispiel, dass unterschiedliche Farben und Wellenlängen ganz bestimmte Zellbestandteile beeinflussen. Blaues Licht beeinflusst alles auf der Ebene unserer Biomoleküle, grünes Licht beeinflusst die Mitochondrien und ultraviolettes Licht ist geeignet, unsere DNS zu beeinflussen. Und das sollten wir uns merken, bis wir es an anderer Stelle wieder abrufen. Auch ist es kein Zufall, dass wichtige Moleküle rechts- beziehungsweise linksdrehend sind. Sie leiten auf diese Weise das empfangene Licht entsprechend links- oder rechtsherum weiter. Unser Körper ist außerdem stark lichtdurchlässig. Bis in das Innere des Gehirns kann Licht eindringen. Auch ein ungeborenes Kind erhält im Mutterleib ausreichend Licht für seine Entwicklung. Unsere Augen haben nicht nur eine Sehfunktion. Das über sie aufgenommene Licht wird über entsprechenden Hirndrüsen an die Wirbelsäule weitergeleitet und energetisiert auf diese Weise den gesamten Körper.

Mir haben diese Erkenntnisse geholfen, die Grundlage für ein neues Weltbild zu legen. Vielleicht hilft es auch Ihnen, besser zu verstehen, wie das Sonnenlicht uns energetisch einbindet in unser Sonnensystem und direkten Einfluss auf unsere Zellen nimmt. Dieses Verständnis werden wir an anderer Stelle noch einmal benötigen, um die großen kosmischen „Programme" zu verstehen.

Wagen wir deshalb den Sprung in eine weitere Ebene, in die wir energetisch eingebunden sind und die uns entsprechend beeinflussen: Planeten und Sterne außerhalb unseres Sonnensystems sowie die Einflüsse des Zentrums unserer Galaxis, der so genannten Zentralsonne. Mit diesem Teil werden wir den Kreis zum Erwachen schließen.

Alles ist in Bewegung und nimmt somit wechselnden Einfluss auf den Austausch von Energien. Nicht nur die Erde dreht sich um sich selbst und um die Sonne, auch unser Sonnensystem steht nicht still. Erst vor kurzem fand man sogar heraus, dass sich unsere Galaxis in einem Zeitrahmen von zweihundert Millionen Jahren einmal um sich selbst dreht. In all diese Zyklen und Abläufe sind wir als Erde und als Menschheit eingebunden. Und deshalb sind auch die Veränderungen, die wir miterleben werden, keineswegs zufälliger Natur.

Was in diesem Zusammenhang wieder verstärkt in das Bewusstsein der Menschen rückt ist die Bewegung unseres eigenen Sonnensystems, dargestellt in Skizze, Seite 42. Unser Sonnensystem kreist auf einer unvorstellbar großen elliptischen Bahn durch den Kosmos. Für diesen Umlauf benötigt es 25.920 Jahre. Wie man sich leicht vorstellen kann, legt es dabei riesige Entfernungen zurück und nimmt verschieden Positionen am Sternenhimmel ein, die sehr weit auseinander liegen. Die Position zwischen dem äußersten rechten und äußersten linken Punkt dieser gigantischen Ellipse ist demzufolge ein völlig anderer Ort im kosmischen Raum. Auf seinem Weg gerät unser Sonnensystem, und damit unsere Erde und alle Lebewesen auf ihr, in den Einflussbereich unterschiedlicher Sterne und Planeten und wird von diesen energetisch beeinflusst. Gleichzeitig verändert es ständig seine Entfernung zum Zentrum unserer Galaxis (Urzentralsonne), von relativ nahe bis s (x nach y) entfernen wir uns von unserer Urzentralsonne, und nachdem wir uns über den äußersten linken Scheitelpunkt – y – hinab in die untere elliptische Bahn (y nach x) bewegen, nähern wir uns ihr wieder ganz allmählich. Jetzt stellen Sie sich bitte vor, dass unser galaktisches Zentrum die „Schaltzentrale" für 100 Milliarden Sterne und Sternensysteme ist. Konkret gesagt stellt es ein gigantisches pulsierendes Feld aus intelligenter Energie dar, das für alle Mitgliedersternensysteme unserer Galaxis vier universelle Wellenfunktionen – einen Lichtcode – übermittelt! Es ist der „eine Geber von Maß und Bewegung", wie es im „Maya-Faktor" zu finden ist. „Dabei entspricht Bewegung Energie, dem Lebensprinzip und dem alldurchdringenden Bewusstsein, das in allen Phänomenen gegenwärtig ist. Maß bezieht sich auf das Prinzip von Rhythmus, Periodizität und Gestalt, gemäß der verschiedenen begrenzenden Eigenschaften, die die Energie bei ihren unterschiedlichen Umwandlungen annimmt."[3]

Ich würde es ganz vereinfacht so ausdrücken: Der galaktische Kern übermittelt uns sein Bewusstsein (intelligente Energie), damit wir die Richtung unserer Evolution erkennen können und uns danach ausrichten. Und dieses Ausrichten wird durch Resonanz mit dem galaktischen Zentrum und anderen Sternensystemen bewusst hervorgerufen. Der Zweck der Aussendung intelligenter Energie oder Welleninformation ist die höherstehende Koordination der Sternensysteme mit dem Ziel, sie harmonisch zu synchronisieren; man könnte auch sagen: das bewusste Erreichen von Harmonie der gesamten Galaxis. Dazu ist es erforderlich, dass die Planeten mit intelligentem Leben ein bestimmtes Bewusstsein entwickeln, das in Übereinstimmung mit den kosmischen Gesetzen, also mit Bewusstsein selbst, dem Schöpfungsprinzip ist. Das ist für den menschlichen Verstand kaum fassbar. Bewusstseinsentwicklung und Energieharmonisierung mit der Schöpferkraft des Universums ist das Maß aller Dinge für unsere Evolution und die Zielvorgabe. Die Sonne als unser Zentrum hat dabei die Aufgabe, den Informationsfluss zwischen dem galaktischen Kern und der Erde aufrechtzuerhalten und durch ihre binäre Sonnenfleckenaktivität die äußere elektromagnetische Hülle unseres Planeten neu zu prägen (Veränderungen des Magnetfelds der Erde) und damit die Grundlagen für ein neues planetares Gedächtnisprogramm einzuspeisen, was die Basis für die Veränderung genetischer Prägungen darstellt. All das passiert mit Hilfe von Lichtkodierungen. Erreichen wir auf diesem Weg einen bestimmten Bewusstseinsstand, werden wir als ein würdiges Mitglied in die „Galaktische Förderation" aufgenommen. Dieses Ereignis haben die Maya auf der Erde vorbereitet. Ihr Kalender, der das gesamte kosmische Wissen enthält, endet 2012 und kündet das Ende der alten und den Beginn der Neuen Zeit an. Die Maya haben mit ihrem Hiersein sozusagen die letzten Einstellungen vorgenommen, um die galaktischen Informationen mit den Bedürfnissen von Erde und Sonne zu synchronisieren und den Aufstieg der Erde in die neue Bewusstseinsdimension vorzubereiten. Sie sind als galaktische Beauftragte in der Lage, sich von Sternensystem zu Sternensystem zu bewegen. Ihr hochentwickeltes Bewusstsein ermöglicht es ihnen, in verschiedene Seins-Zustände zu wechseln und durch Frequenzveränderung jeden Ort im Kosmos aufzusuchen, um dort körperlich anwesend zu sein. Deshalb konnten sie, nachdem ihre Arbeit in unserem Sonnensystem abgeschlossen war, unseren Planeten so „plötzlich" verlassen. Ihr Wissen und ihre Fähigkeiten sind im Vergleich zu unseren gigantisch. Sie sind bereits in hohem Maße Schöpfer, wobei wir noch in den Kindergarten gehen und gerade erst anfangen, unser schöpferisches Potenzial zu erkennen.

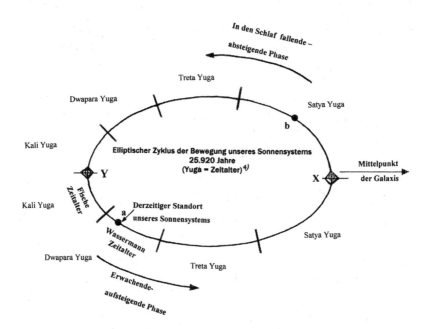

Wir werden uns jetzt darüber klar werden, wie Erwachen in den großen kosmischen Plan eingebunden ist. Neben dem Zyklus, den ich hier beschreibe, geht ein 200.000 Jahre andauernder Zyklus seinem Ende entgegen. Er wird ebenfalls in der Literatur erwähnt, hat jedoch nicht mehr mein intensives Interesse gefunden. Jedoch bringen beide Zyklen gemeinsam den Dimensionswechsel oder die Zeitenwende hervor.

Die elliptische Bahn, auf der sich unser Sonnensystem in seine, riesigen 26.000-Jahres-Zyklus bewegt, ist nicht geschlossen, sondern offen, spiralförmig. So wiederholt sich also jeder neue Umlauf in einer „höheren" Ebene. Der Zyklus ist in die zwölf Tierkreiszeichen eingeteilt, wobei jedes eine Zeitspanne von 2.160 Jahren umfasst. Es gibt eine weitere Einteilung des Umlaufs in acht 1200 bis 5000-Jahr-Zeiträume, so genannte Yugas, was aber für das Grundverständnis eine untergeordnete Bedeutung hat.

Elliptischer Zyklus der Bewegung unseres Sonnensystems – 25.920 Jahre[4]

Unser Sonnensystem bewegt sich also auf dem Umlauf vom rechten Scheitelpunkt (x), wo es dem Zentrum der Galaxis am nächsten ist, hinüber zum linken Scheitelpunkt (y), wo es die größte Entfernung zum Zentrum der Galaxis hat. Auf diesem Weg, so könnte man vereinfacht sagen, wird die intelligente Energie, die es vom Zentrum empfängt, schwächer. Damit werden wir immer unbewusster oder fallen in Schlaf. Gleichzeitig erreichen uns auf diesem Weg die Energien verschiedener Sternbilder, in deren Nähe unser Sonnensystem vorbeiwandert, und beeinflussen uns. Sind wir im Sternbild Fische (etwa der Zeitabschnitt Kali Yuga) angelangt, befinden wir uns in der niedrigsten Schwingungsfrequenz (Energie) des gesamten Umlaufs und gleichzeitig am weitesten vom galaktischen Zentrum entfernt. Die Schwingung oder Strahlung des Fischezeitalters mit den dazugehörigen Sternensystemen hat eine Frequenz von 15 Trillionen Schwingungen pro Sekunde und entspricht Infrarotstrahlung. In diesem Zeitalter schlafen wir sozusagen am tiefsten. Erst mit dem Eintritt in das Wassermannzeitalter (die Übergangsphase haben wir bereits hinter uns gelassen und stehen etwa bei Punkt a in der Skizze, Seite 42) hört die Beeinflussung durch diese tiefe Schwingung allmählich auf und der Einfluss der Strahlung des Wassermannzeitalters (etwa der Zeitabschnitt Dwapara Yuga) verstärkt sich. Punkt a wie auch Punkt b sind Zeitabschnitte, in denen die gravierendsten Bewusstseinsveränderungen beginnen. Bei Punkt b natürlich in umgekehrte Richtung – Einschlafphase.

Unser Sonnensystem gelangt also mit Eintritt in das Wassermannzeitalter in den Einfluss der höchsten Schwingungsfrequenz des gesamten Umlaufs. Sie beträgt 75 Trillionen Schwingungen pro Sekunde, was ultravioletter Strahlung entspricht. Erinnern Sie sich jetzt an ultraviolettes Licht und die Beeinflussung unserer DNS! Gleichzeitig haben wir die weiteste Entfernung vom Zentrum der Galaxis hinter uns gelassen, sodass sich seine intelligente Energie wieder zu verstärken beginnt. Das ist die Zeit, die man mit unserem Erwachen in Verbindung bringt. Damit haben wir das „dunkle Zeitalter" oder die galaktische Nacht hinter uns gelassen. Unser Sonnensystem tritt ein in den so genannten Photonengürtel, der uns mit seinem ganz speziellen Lichtspektrum von hochfrequenter Photonenenergie beeinflusst. Wenn dieser Gürtel in den Jahren 2008 und 2009 unsere Milchstraßengalaxis verlässt, wird an seine Stelle eine neue Realität treten, denn in seinem Nachwirbel bildet sich ein Raum-Zeit-Quantum, das der Katalysator für unser gesamtes Sonnensystem ist.

Unter dem Einfluss dieser Frequenzen werden sich verstärkt Veränderungen unserer DNS vollziehen und latente (schlafende) Kodierungen aktiviert werden. Die Kinder, die seit den Achtzigerjahren geboren werden, bringen teilweise bereits solche Veränderungen mit, die in ihren speziellen Fähigkeiten zum Ausdruck kommen, wobei dieses Potenzial jedoch in jedem Menschen vorhanden ist.

Das Wassermannzeitalter wird damit für die Menschheit ein völlig neuer Erfahrungszyklus, der einen umfassenden Paradigmenwechsel hervorruft. Die alte Ordnung vergeht, und eine neue Zeit beginnt. Der neue Himmel und die neue Erde werden Wirklichkeit. Erwachen ist Bestandteil dieses Plans. Es ist der größte Bewusstseinssprung, der der Menschheit bevorsteht. Wir verlassen damit unsere Kinderschuhe und werden endlich erwachsen.

Alles Wissen, was wir dazu benötigen, ist bereits da; alle Fragen, die wir dazu stellen könnten, sind bereits beantwortet durch Bewusstsein selbst. Wir haben die Aufgabe, immer tiefer zu erwachen, um uns dieser großartigen Wahrheit zu öffnen. Unsere DNS, von der die konventionelle menschliche Genforschung 99 % als Müll bezeichnet hat, ist ein gigantischer Informationsspeicher ungeahnten Ausmaßes. Sie enthält Anteile des genetischen Materials jeder Spezies auf der Erde plus genetisches Material, das holographisch mit allen Erfahrungen der Menschheit kodiert ist, sowie mit den Erfahrungen der holographischen Gitterstrukturen unserer eigenen Inkarnationen. Sie enthält weiter Anteile der genetischen Kodierungen aller fühlenden Wesen auf dreihundertdreiundachtzig aufsteigenden Planeten innerhalb fünf benachbarter Universen. Außerdem enthält unsere DNS latente (schlafende) Kodierungen, die den physischen Körper in einen Lichtkörper verwandeln bzw. mutieren lassen (Tashira Tachi-ren „Der Lichtkörperprozess").

Russische Untersuchungen haben herausgefunden, dass unsere DNS nicht nur Empfänger und Speicher für elektromagnetische Energie ist, sondern die Fähigkeit besitzt, die Information, die durch diese Energie transportiert wird, zu verarbeiten. Sie hat außerdem eine Sendefunktion, was sie zu einem komplexen interaktiven Biochip auf der Basis von Licht werden lässt, der noch dazu auf Sprache reagiert und diese versteht. Wie andere Untersuchungen zeigen, verfügt sie weiter über die Eigenschaft der Hyperkommunikation, was es ihr ermöglicht, in einem riesigen Bewusstseinsnetzwerk Informationen auszutauschen. Damit wird klar, dass sie mit „Bewusstsein selbst", mit der Quelle allen Seins, kommunizieren kann. Das ist nicht verwunderlich, da sie aus dieser Quelle hervorgegangen ist beziehungsweise durch sie erschaffen wurde. Eine Kommunikation mit der DNS findet zum Beispiel statt – wie weiter oben beschrieben – über die Lichtkodes unserer Sonne, die ihrerseits mit dem galaktischen Zentrum in Verbindung steht. Unsere DNS wird auf diese Weise veranlasst, diese Kodes zu empfangen und zu verarbeiten sowie durch ihre Sendefunktion die entsprechende Rückmeldung zu geben, dass die Informationen in das System (hier unser Körper) integriert wurden. Dieser Informationsaustausch lässt die Quelle „wissen", wo wir als Spezies in unserer Bewusstseinsentwicklung stehen. Da unser galaktisches Zentrum ein riesiges pulsierendes Bewusstseinsfeld (der „eine Geber von Maß und Bewegung") ist, bestimmt also „Bewusstsein selbst" unsere Evolution als Spezies. Gleichwertig kann man sagen, der Schöpfer bestimmt unsere Evolution, denn er ist dieses Bewusstsein.

Ab einer bestimmten Stufe in dem Entwicklungsprozess, der jetzt stattfindet, werden wir als Mensch selbst fähig zur Hyperkommunikation, das heißt, wir nehmen bewusst Kontakt auf mit der Quelle und erhalten alle notwendigen Informationen von dort. Wir werden allwissend. Beispiele dafür gibt es bereits unter den „Kindern des neuen Jahrtausends", wie sie Jan Udo Holey genannt hat. Sie verfügen über Wissen, das sie direkt aus der Quelle beziehen. Meine Tochter sagte mir einmal, als wir ein bestimmtes Thema besprachen: „Mama, ich weiß zu dem Thema gar nichts. Aber wenn ich darüber sprechen soll, weiß ich alles, und das bis ins kleinste Detail."

Aber nicht nur die jüngere Generation ist dabei, ihre Verbindung zur Quelle zu nutzen oder wiederherzustellen. Viele Menschen mittleren Lebensalters haben ebenso begonnen, diese kosmische Datenbank anzuzapfen und verbinden sich mit den geistigen Hierarchien bis hinauf zum Schöpfer. Eine Vielzahl von Büchern, die in den letzten Jahren erschienen sind, dokumentieren dieses. Eines davon ist zum Beispiel das vorher angeführte Buch über den Lichtkörperprozess und die Informationen über den Speicherinhalt unserer DNS. Das Wissen wurde erhalten, in dem Tashira Tachi-ren (der Autor) eine geistige oder mentale Verbindung zur Ebene der Erzengel eingegangen ist, der Ebene, die immer in Verbindung mit der Quelle ist.

Der Prozess unserer Höherentwicklung als Spezies wird also durch äußere Schwingungserhöhung und entsprechende Lichtkodierungen (Galaktisches Zentrum, Sonne – Erde, Photonenring usw.) geleitet. Er führt dazu, dass die Erde und alle Lebensformen mit einer höheren Frequenz in Resonanz gehen und an Dichte verlieren, das heißt, feinstofflicher werden. Wir als Menschheit nehmen in dieser Entwicklung ein neues Schwingungsmuster an, das in einem evolutionären Prozess unsere DNS, unser Gehirn und unsere Stoffwechsel- und Energiegewinnungsprozesse fundamental verändern wird. Das Erreichen der vollständigen Resonanz mit den neuen Leitfrequenzen wird als Aufstieg der Erde in eine neue Dimension bezeichnet.

Die alte Dimension, in der wir viele Jahrtausende gelebt haben, wird damit transformiert. In diesem Prozess ist es unsere Aufgabe, alte Überlebensmuster sowie destruktive Gedanken- und Emotionsenergien aus unserem physischen Körper zu lösen. Wir ersetzen sie durch Energiefelder, die von Mitgefühl und Liebe, den Frequenzen der Schöpfung, bestimmt sind. Uns steht ein Dimensionswechsel ungeahnten Ausmaßes bevor, der das Bewusstsein der Menschheit vollständig verändern und anheben wird.

Ein Ziel dieser Veränderungen ist die Wiederherstellung von Harmonie – also Gleichgewicht auf unserem Planeten, die Heilung der Erde und aller Lebensformen, die diese Energie aufrechterhalten können.

Der Aufstieg der Erde in eine höherschwingende Dimension ist ein Ereignis, das von anderen Sternenzivilisationen sowie der Galaktischen Föderation seit langem beobachtet wird, weil seine Auswirkungen nicht auf unsere Erde und unser Sonnensystem begrenzt bleiben, sondern auf vielfältige Weise das Bewusstsein unserer Galaxis und darüber hinaus noch mehr beeinflussen werden.

Öffnen Sie sich diesem Wissen! Werden Sie wach! Erwachen ist der Beginn dieser großartigen Zeit, die uns allen bevorsteht, der goldenen Zeit des Lichts!

Es erwarten uns unglaubliche Geschenke, die nie so großzügig verteilt wurden wie im Wassermannzeitalter.

Der Sinn des Spiels ist Bewusstwerdung

Dieser Teil soll das Wesen des Prozesses, der uns im Aufstieg der Erde erwartet, deutlicher werden lassen und vermitteln, dass es sich um einen inneren Bewusstwerdungsprozess handelt. Die globalen kosmischen Einflüsse werden also unser Bewusstsein verändern. Was dabei geschehen wird, ist weder etwas Mystisches noch Unbegreifbares. Es ist auch kein Ereignis im Außen, wie einige vielleicht vermuten oder auf das sie in Verbindung mit dem Jahre 2012 warten. Das, was uns erwartet, ist ein Prozess, in dem das menschliche Bewusstsein eine tiefgreifende Transformation durchläuft. Durch diese Transformation erfahren wir den inneren Reifungsprozess, für den wir viele Leben immer wieder auf die Erde gekommen sind, ohne ihn wirklich als gesamte Menschheit begonnen zu haben. Einzelne Menschen konnten diese Transformation jedoch schon zu vielen Zeiten erleben. Jetzt hat sie für die gesamte menschliche Spezies begonnen.

Dieser Prozess wird zunehmend unser eigentliches Potenzial als menschliche Wesen offenbaren und uns befähigen, nicht nur unsere Probleme zu lösen, sondern ins Paradies zurückzukehren. Die innere Reife, die wir dabei erlangen, wird gleichzeitig die äußere Welt verändern. Der neue Himmel (unser transformiertes Bewusstsein) wird eine neue Erde erschaffen.

Vielleicht glauben Sie ja, wie auch ich das tat, dass der Mensch doch die Spezies mit dem höchsten Bewusstsein ist. Was soll da noch kommen? Das, was noch kommt beziehungsweise für einige schon Realität ist, wird sich als entscheidender Schritt für unsere Evolution darstellen. Wir werden aus dem Schlafzustand heraustreten und erwachen, und somit von der Kelleretage in das Erdgeschoss gelangen, um allmählich auch noch die weiteren Etagen unseres Hauses in Besitz zu nehmen. Denn solange wir uns im Zustand des universellen Schlafs befinden, können wir von unserem wirklichen Potenzial keinen Gebrauch machen. Erst wenn wir aus dem kindlichen Stadium unserer Entwicklung herausfinden und erwachsen werden, kann dieses unglaubliche Potenzial, das in uns angelegt ist, zur Entfaltung gelangen. Dieses ist unser eigentlicher Reifeprozess als Spezies. Dabei spielen unsere Emotionen eine entscheidende Rolle, wie wir noch sehen werden.

Betrachten wir Bewusstwerdung einmal als linearen Prozess (obwohl er das nicht ist), in Form einer Leiter mit siebzehn Stufen. Ich entlehne Teile dieser Leiter dem Buch von Dr. David R. Hawkins: „Erleuchtung ist möglich. Wie man die Ebenen des Bewusstseins durchschreitet." Dr. Hawkins hat sein Leben als Mediziner, Wissenschaftler und Mystiker der spirituellen Bewusstseinserforschung gewidmet und war für mich ein wichtiger Lehrer. Über viele Jahre entwickelte er, nachdem er selbst höchstes Bewusstsein erlangte, unter Einbeziehung tausender Testpersonen mit Hilfe des Testverfahrens der Kinesiologie die unten aufgeführte Skala. Das Lesen seiner Bücher hat mein Bewusstsein stark erweitert und mir klargemacht, warum die Welt so ist, wie sie ist, und bisher nicht anders sein konnte.

Tafel der Bewusstseinsebenen nach David R. Hawkins – Ausschnitt[5)]

Gottesverständnis	Ebene	Messwert	Emotion
Selbst	Erleuchtung ↑	700-1000	unbeschreibbar
All-Sein	Frieden ↑	600	Glückseligkeit
eins	Freude bedingungslose Liebe ↑	540	heitere Gelassenheit
liebend	Liebe ↑	500	Verehrung
weise	Vernunft ↑	400	Verständnis
gnädig	Akzeptanz ↑	350	Vergebung
begeisternd inspirierend	Bereitwilligkeit ↑	310	Optimismus
befähigend	Neutralität ↑	250	Vertrauen
erlaubend	Mut, Wahrheit, Integrität ↑	200	Bejahung
	Ebene von Wahrheit Ebene von Nichtwahrheit ↑		
gleichgültig	Stolz ↑	175	Verachtung, Spott, Hohn

rachsüchtig	Wut, Ärger ↑	150	Hass
leugnend	Begehrlichkeit ↑	125	heftiges Verlangen
strafend	Angst ↑	100	Ängstlichkeit
vernachlässigend	Kummer ↑	75	Reue
verdammend	Apathie, Hass ↑	50	Hoffnungslosigkeit
rachsüchtig	Schuldbewusstsein ↑	30	Schuldzuweisung
schmähend	Scham	20	Erniedrigung

Die Sprossen dieser Leiter stellen eine Landkarte der Energiefelder des menschlichen Bewusstseins mit den dazugehörigen vorherrschenden Emotionen oder Lebensauffassungen sowie dem entsprechenden Verständnis von Gott dar. Das bedeutet, jede Ebene wird von einem entsprechenden Energiefeld, in dem derjenige lebt, der diese Ebene „bewohnt", begleitet. Der Messwert bestimmt die Kraft oder Stärke dieses Energiefelds. Dabei sind die Werte nicht einfach linearer Natur, sondern die Logarithmen zur Basiszahl 10, also 10^{20} oder 10^{250}. Somit ist der Zuwachs an Kraft oder Energie aufwärts in der Skala von Stufe zu Stufe sehr hoch. Die Ebenen unterhalb von „Mut und Wahrheit" (200) sind charakterisiert durch destruktive oder zerstörende Emotionen und Lebensauffassungen; die Ebenen oberhalb von „Mut und Wahrheit" basieren auf konstruktiven oder aufbauenden Emotionen. Dabei ist die Ebene 200 der wichtige „Umschlagpunkt", an dem sich die Qualität der Energien von zerstörend hin zu aufbauend wandelt. Jeder Mensch ist nun, aus der Sicht seines Bewusstseins gesehen, auf einer dieser Ebenen zu Hause oder vereint gleichzeitig Anteile mehrerer Ebenen in sich. Dem entsprechend macht er ganz bestimmte Erfahrungen in seinem Leben, die andere Menschen, deren Bewusstsein in einer höheren oder tieferen Ebene verankert ist, nicht machen. Alle großen spirituellen Disziplinen haben versucht, Wege zu finden, wie man auf dieser Leiter aufsteigen kann, denn der Aufstieg ist unser Evolutionsprozess als menschliche Spezies, unsere Reise nach Hause in unser göttliches Bewusstsein.

Betrachten Sie die Skala einmal von unten aufwärts und versuchen Sie, jedes Gefühl der Ebenen bis „Stolz" einzeln zu fühlen. Fühlen Sie sich hinein in Scham, Schuldbewusstsein, Apathie, Kummer, Angst, Begehrlichkeit, Wut, Ärger, Stolz. Spüren Sie, wie es sich anfühlt, erniedrigt zu werden, schuldig zu sein, ohne Hoffnung zu leben, Angst zu haben, gehasst zu werden, Spott, Hohn und Verachtung zu erfahren und anderen ähnliche Gefühle entgegenzubringen. Empfinden Sie, wie trostlos sich das Ganze anfühlt, wie traurig es macht? Vielleicht merken Sie auch nur, dass es ihnen in diesen Ebenen nicht besonders gut geht. Vielleicht sind es Gefühle, die Sie zurückweisen, und die Sie nicht in ihrem Leben haben wollen, weil Sie diese stark verdrängt haben. Möglicherweise verursachen sie Schmerz oder ein flaues Gefühl in der Magengrube.

Und nun machen Sie dasselbe mit den Ebenen ab Mut aufwärts: Lassen Sie Mut oder Bejahung, Neutralität, Bereitwilligkeit, Akzeptanz, Vernunft, Liebe, Freude, Frieden in sich wirken. Fühlen Sie nun einzeln die dazugehörenden Emotionen: Vertrauen, danach Optimismus, Vergebung, Verständnis, Verehrung, Heiterkeit und Seligkeit. Spüren Sie, welche Wirkung diese Emotionen auf Sie haben? Können Sie die Leichtigkeit, die Freiheit und die Ruhe spüren, die aus ihnen herausstrahlt? Wie wäre es, wenn zum Beispiel Ihr Partner oder eine andere nahe Bezugsperson, die in Ihrem Leben ist, Ihnen vollständig vertrauen würde, den ganzen Tag optimistisch ist, Ihnen bei allen Dingen, die Sie besser nicht getan hätten, sofort vergibt, Verständnis hätte für alles, was Sie tun, Sie gleichzeitig auch noch in höchstem Maße lieben und verehren würde, den ganzen Tag heiter wie der Sonnenschein herumspringt und am Abend in Seligkeit mit Ihnen einschlafen würde? Wäre das nicht das Paradies auf Erden?

Das **ist** das Paradies auf Erden!

Nur, dass Sie selbst es sein werden, der/die diese „Eigenschaften", dieses Bewusstsein verkörpern wird.

Über so viele Jahrtausende war uns das Paradies scheinbar verschlossen, weil wir in den Energien und Emotionen von Erniedrigung, Schuldzuweisung, Hoffnungslosigkeit, Reue, Angst, Verlangen, Hass, Verachtung, Spott und Hohn lebten und uns damit selbst ein leidvolles Leben erschufen.

Wenn wir den Bewusstseinsgrad der Menschheit insgesamt betrachten, so lag dieser nach Dr. Hawkins bis in die Achtzigerjahre des vorigen Jahrhunderts bei einem Messwert von 190 und ist erst zum Ende der Neunzigerjahre auf einen Wert von 204 gesprungen. Daran lässt sich leicht erkennen, dass wir als menschliche Spezies erst etwa 1/5 des Weges unserer Bewusstseinsentwicklung zurückgelegt haben. Wir steckten also bis dahin wirklich noch in den Kinderschuhen, wenn man davon ausgeht, dass die Ebenen des Bewusstseins bis 1000 kalibrieren. Uns erwarten also noch 80 % an Bewusstseinsentwicklung, wenn man es rein zahlenmäßig betrachtet. Die Entwicklung, die wir bis zu den Neunzigerjahren vollzogen haben, ist vergleichsweise sehr gering in Bezug auf das, was uns in der Zukunft noch erwartet und bereits begonnen hat. Das heißt zum Glück nicht, dass wir die fünffache Zeit dazu benötigen werden.

Machen wir uns bewusst, dass wir als Menschheit etwa bis zum Beginn des zweiten Jahrtausends in den unteren Bewusstseinsebenen gelebt haben, die mit der Ebene „Mut" beendet werden. Diese repräsentieren Energiefelder und Emotionen, die destruktiv oder zerstörend wirken und damit Leid erschaffen. Das Ausleben dieser Emotionen wie auch ihre Unterdrückung kann das Leben völlig zerstören und die Beteiligten sehr viel Leid und Krankheit erfahren lassen. Auf diesen Ebenen scheint das Leben keinen wirklichen Sinn zu haben, weil es von negativen Energien und Abhängigkeiten beherrscht wird, aus denen es scheinbar kein Entrinnen gibt. Mit einem solchen

Bewusstsein erschaffen wir äußere Umstände, die von Kampf, Leid und Krankheit geprägt sind. Nur leider wissen wir das nicht. Wir glauben nämlich, die Welt existiert unabhängig von uns und wir haben mit allem, was „da draußen" passiert, nichts zu tun. Wir kommen nicht einmal auf den Gedanken, dass zum Beispiel unsere Krankheit etwas mit uns selbst zu tun haben könnte, sondern leben in der Vorstellung, sie sei durch unglückliche äußere Umstände oder gar Zufälle entstanden. Diese Energieebenen repräsentieren den „universellen Schlafzustand" der Menschheit, die Ebenen der Illusion oder der Nichtwahrheit. Sie sind dadurch gekennzeichnet, dass wir uns unserer eigenen Natur nicht wirklich bewusst sind.

Wir sind nicht fähig zu erkennen, wer wir wirklich sind, handeln vollkommen reaktiv und sind äußerst manipulierbar. Und wir merken nicht, dass wir uns das Leid selbst antun, und wir tun es täglich, denn wir können Wahrheit nicht von Unwahrheit unterschieden. In den unteren Bewusstseinsebenen agieren wir als Menschheit vorwiegend zerstörerisch, weil wir genau diese destruktiven Energien ausleben oder in uns unterdrücken. Probleme werden nicht gelöst, sondern geschaffen. Wenn wir uns ansehen, wie viele Probleme wir in den letzten Jahrzehnten geschaffen und was wir alles zerstört haben, kann dieses ganz schnell klar werden. Grundlegende Probleme wie Armut, Hunger und Elend existieren selbst in den zivilisierten Ländern noch, obwohl für alle Menschen genug Nahrung da wäre. Gewalt und Kriege sind nach wie vor an der Tagesordnung. Die Zerstörung der Erde, der Meere und der

Atmosphäre hat insbesondere in den letzten Jahrzehnten drastische Ausmaße angenommen. Und wir diskutieren immer noch über den Ausstoß von CO^2, obwohl es bereits viertel nach Zwölf ist. Technologien, die ohne Schadstoffausstoß Energie erzeugen können und schon lange existieren, werden aus Profitsucht unterdrückt.

Das Reaktorunglück in Tschernobyl zum Beispiel passierte auf der untersten Ebene des Bewusstseins – auf der Ebene von „Scham", obwohl dort Wissenschaftler mit entsprechender Ausbildung tätig waren. Höhere Intelligenz bedeutet nicht gleichzeitig auch höheres Bewusstsein. Intelligenz im herkömmlichen Sinn kann einhergehen mit einem sehr niedrigen Bewusstsein und wird deshalb gefährlich für das Leben. Die Erschaffung von Problemen geht immer noch weiter. Wir häufen Waffen an, die die Erde mehrfach zerstören könnten. Seit vielen Jahren sprühen wir per Flugzeug Gifte in den Himmel (Chemtrails) mit der fadenscheinigen Begründung, die allgemeine Erwärmung aufhalten zu wollen, und nehmen mit Billigung der WHO den Tod von jährlich mindestens vierzig Millionen Menschen, vornehmlich älteren und kranken, in Kauf. Als Ergebnis erfahren wir immer wieder Leid.

Kriegerische Auseinandersetzungen und Konflikte gab es genug, und wenn es gerade keinen Krieg gibt, kann man unter Missachtung aller Gesetze und mit betrügerischen Behauptungen schnell einen hervorzaubern (Irak). Die so genannten Terrorangriffe auf das World Trade Center oder die Londoner U-Bahn wurden selbstinszeniert, um das Massenbewusstsein mit Hilfe von Angst so zu manipulieren, damit das Ziel, alles und jeden zu überwachen, Realität bleiben kann. Kontrolle und Machtstreben sind Energien, die den unteren Bewusstseinsebenen angehören. Macht stützt sich immer auf trügerische Argumente und Lügen. Wenn Sie testen würden, wie viele öffentliche Personen, die in den Medien auftreten, nicht die Wahrheit sagen, wären Sie zutiefst erschüttert.

Ich belasse es bei diesen wenigen Beispielen, unser zerstörerisches Handeln und das Erschaffen von Problemen zu untermauern. Sie können es durch genügend andere Quellen erfahren und den täglichen Wahnsinn in den Nachrichten mitverfolgen.

Auf den unteren Bewusstseinsebenen können wir nicht erkennen, dass es unser Bewusstsein ist, das all diese Szenarien erschafft und sie zu unserer Realität werden lässt. Deshalb können der Wahnsinn und das Leid erst aufhören, wenn wir diese Energien, durch die die Probleme entstanden sind, verlassen. Bevor wir nicht die Ebene von „Neutralität" erreichen, werden unsere äußeren Bemühungen, mit der Zerstörung und Leiderschaffung aufzuhören, nicht wirklich greifen, weil ihnen die Kraft dazu fehlt. Erst ab der Ebene „Mut" und stärker ab „Neutralität" wandeln sich die Energien, die wir benutzen, in konstruktive und erschaffende Energien, die deutlich mehr Kraft besitzen. Schauen Sie sich dazu noch einmal die Emotionen der oberen Bewusstseinsebenen an. Es sind ausschließlich aufbauende und damit erschaffende Energien. Vertrauen,

Optimismus, Vergebung, Verständnis, Verehrung, Heiterkeit und Seligkeit sind Energien, die, wenn unser Bewusstsein und damit unser Sein von ihnen durchdrungen ist, uns zu wirklicher Liebe und unserem höchsten schöpferischen Potenzial führen. Mit ihnen verlassen die Ursachen für unseren Kampf, unser Leid und unsere Krankheiten unser Leben. Sie schaffen inneren Frieden und damit Frieden auf der Erde. Wenn ich zum Beispiel vertrauen kann, habe ich keine Angst mehr und brauche nicht mehr zu kontrollieren. Wenn ich vergeben kann, brauche ich nicht mehr zu hassen oder zu verachten; wenn ich Verständnis besitze, benötige ich keine Schuldzuweisungen mehr, und wenn ich mich liebe, verlange ich von meinem Partner nicht mehr, dass er mich mehr lieben müsste, damit ich glücklich sein kann. Wir werden endlich Wahrheit von Lüge unterscheiden können und nicht mehr manipulierbar sein. Alle Probleme, die wir uns in den unteren Bewusstseinsebenen erschaffen haben, werden einer Lösung zugeführt.

Der Transformationsprozess, der unser Bewusstsein in die oberen Energieebenen bringen wird, ist somit ein Energiewandlungsprozess. Angeregt durch äußere Schwingungserhöhung, wie ich es im kosmischen Plan beschrieben habe, werden die alten, dunklen Energien der unteren Ebenen aus uns „herausgeschwungen", um den neuen lichten Energien der oberen Ebenen Platz zu machen. Das ist jedoch kein Prozess, der im Selbstlauf passiert. Er verlangt von uns eine bewusste Teilnahme.

Es als Energiespiel oder ganzheitlichen Prozess zu erleben, fühlte sich bei mir etwa so an: Zuerst wollten die alten, destruktiven Energien gehen und schafften sich Raum, um meinen Körper verlassen zu können. Man könnte sagen, sie drückten sich heraus aus meinem zellulären System. Diesen Druck spürte ich körperlich, es tat weh, auch, weil es viele schmerzliche Emotionen waren. Das war die Zeit, in der täglich neue „Bomben" aus dem Untergrund meiner Schattenwelt auftauchten. Ich musste es ihnen erlauben, der Druck wäre sonst nicht mehr zu ertragen gewesen. Besonders spürte ich das oft im Solarplexus, der sich zeitweise stark verhärtete. Das war so, als ob ich eine eiserne Platte vor dem Magen hätte, die mir die Luft zum Atmen nimmt. Diese, man könnte sagen dunklen Energien, weil sie besonders „schwer" sind, bahnten sich ihren Weg in die Freiheit.

Im ersten Jahr dieses Prozesses habe ich hauptsächlich wahrgenommen, dass etwas aus mir herauswollte, was nicht mehr zu mir zu gehören schien. Ganz allmählich jedoch fing ich an zu bemerken, dass etwas Neues anwesend war, das es vorher nicht gab. Meine Tochter, die das sofort wahrnehmen konnte, fragte mich oft, ob ich nicht spüre, um wie viel leichter es mir wird, wenn die Emotion den Körper verlassen hat. Ich sagte nur immer, dass ich nichts merken kann, und war froh, als der schmerzliche Zustand vorbei war. Dann jedoch nahm auch ich zunehmend wahr, dass es mir zwischen den einzelnen „Bomben" anfing, besser zu gehen. Alles fühlte sich leichter oder freier an. Meine Energie nahm zu. Ich schien kaum mehr müde zu werden, zum Beispiel während oder nach dem Hausputz oder der Gartenarbeit. Dadurch konnte ich viele Arbeiten schneller und leichter verrichten, und der Stress, den ich mir früher immer machte, verschwand völlig. Sogar mein Sohn stellte das eines Tages bei sich fest, indem er meinte: Mama, das Saubermachen geht jetzt viel einfacher und schneller. Ich weiß gar nicht, warum wir früher immer Stress damit hatten.

Das und noch viel mehr bewirkten die inneren Veränderungen, die in mir stattfanden. Ganz allmählich „füllte" sich mein zelluläres System mit Emotionen der oberen Bewusstseinsebenen. Ich kletterte die Leiter hinauf. Dabei verwandelte sich mein ganzes Leben – ich würde heute sagen – von einem Albtraum in einen schönen Traum, obwohl ich den Albtraum zum ersten Mal an dem Punkt wahrnehmen konnte, an dem ich erwacht bin. In der Zeit davor, die mehr als drei Jahrzehnte dauerte, wusste ich nicht, in welchem Zustand ich lebe. Ohne den Traum zu kennen wissen wir nicht, dass wir in einem Albtraum gefangen sind. Wir benötigen die Polarität der Gegensätze, um das herauszufinden. Und heute, etwa zwei Jahre danach, kann ich kaum noch glauben, dass der Albtraum überhaupt existiert hat. Vergessen geht schnell, und mein „neuer Zustand" ist schon normal geworden.

Den Prozess könnte man auch als einen Austauschprozess bezeichnen. In dem Maße, wie uns die alten, zerstörenden Energien verlassen, strömen die neuen, erschaffenden Energien nach und erfüllen uns ganz. Die Leere oder das Vakuum, das entstehen würde, wenn das Alte vergeht, wird sofort gefüllt. Damit verändern sich unsere Resonanzen zur Umwelt. Gleiches zieht Gleiches an und findet entsprechend immer weniger Resonanz zu destruktiven Energien. Am Ende steht völlige Resonanzfreiheit.

Der Prozess des Erwachens beginnt oberhalb der Ebene von „Neutralität", etwa bei einem Messwert von 255. Von diesem Moment an beginnt eine deutliche Transformation unseres Bewusstseins. Er ist dadurch bestimmt, dass scheinbar mehr Liebe in unser Leben kommt. In Wirklichkeit jedoch werden wir selbst zu Liebe, und damit transformiert sich unser Leben.

Im Gegensatz dazu ist das Leben in den unteren Bewusstseinsebenen, absteigend von „Mut" bis „Scham" dadurch charakterisiert, dass immer mehr Liebe verlorengeht. Auf den untersten Ebenen, von „Kummer" bis „Scham", werden Liebe und Güte sogar als Feind betrachtet oder gehasst. Da, wo Liebe fehlt, wird das Göttliche in uns völlig zurückgewiesen, verleugnet oder verachtet. Dagegen wird auf den obersten Bewusstseinsebenen (über 500) das Verständnis des Göttlichen als Liebe oder Verehrung erlebt.

Wie wir von Dr. Hawkins wissen, war es in der Vergangenheit so, dass der Bewusstseinszuwachs nach seiner Karte in einem durchschnittlichen Menschenleben nur fünf Punkte betrug. Vor 1990 sind beinahe alle Menschen mit der Bewusstseinsebene gestorben, mit der sie geboren wurden. Trotzdem kann ich Ihnen Mut machen: Unser Voranschreiten auf der Bewusstseinsleiter beschleunigt sich mit Begin des Wassermannzeitalters enorm. Haben laut Dr. Hawkins 1995 erst fünfzehn Prozent der Menschheit die Ebene 200 übersprungen, so sind es nur acht Jahre später – 2003 – bereits zweiundzwanzig Prozent. Die Entwicklung in der Vergangenheit hat für das Wassermannzeitalter keine Bedeutung mehr. Es beginnt die große Transformation, die Uhren werden neu gestellt. Erwachen steht unmittelbar bevor. Die Möglichkeit, sich in den Bewusstseinsebenen aufwärtszubewegen, nimmt enorm zu. Das Wassermannzeitalter stellt, wie Sie jetzt wissen, die Energien dafür bereit. Es ist das Potenzial vorhanden, mehrere Ebenen in einem Leben zu durchschreiten.

Wichtig ist zu erkennen, dass die Entwicklung unseres Bewusstseins der entscheidende Schritt ist, den die Evolution uns jetzt zugedacht hat. Es ist der Schritt, der unsere äußere Realität verändern wird.

Erst oberhalb der Ebene Mut, Wahrheit und Integrität (200) verlassen wir die zerstörenden oder destruktiven Energiefelder und den ewigen Kreislauf der Erschaffung von Problemen und neuem Leid in der nachfolgenden Generation.

Jede Bewusstseinsebene aufwärts bringt uns der Wahrheit über uns selbst ein Stück näher. Die Illusion löst sich auf, wir erwachen aus dem Schlaf, und der Sinn unseres Lebens offenbart sich. Erst mit einem erwachten Bewusstsein hören wir auf zu zerstören und beginnen, friedvolle Lebensbedingungen zu erschaffen.

Je eher Sie sich für diese Wahrheit öffnen, desto eher aktivieren Sie Ihren eigenen Aufstiegsprozess auf der großen Leiter des Bewusstseins. Wir alle sind auf dem Weg zum höchsten Bewusstsein. Dieser Weg ist nicht nur Auserwählten vorbehalten.

Ich bin David R. Hawkins zutiefst dankbar, dass er meinen Weg beschleunigte, wodurch klar wurde, wohin unsere Reise führt, und dass der entscheidende Schritt, der der Menschheit jetzt bevorsteht, die Rückkehr zu ihrer eigenen Göttlichkeit ist. Ohne diesen Schritt würde sich das menschliche Leben auf der Erde wahrscheinlich selbst ein Ende setzen. Die Rückkehr zur eigenen Göttlichkeit ist die Rückverbindung mit unserer Essenz, der Quelle allen Seins, dem großen ewigen Geist, der Allem-was-ist zugrunde liegt. Mit dieser Rückverbindung beginnt unser Bewusstsein, die kosmischen Gesetze, die das Universum regieren, zu erkennen, und Wissenschaft und Spiritualität werden auf höherer Ebene zusammengeführt.

Etwas Persönliches

An dieser Stelle füge ich einiges zu meinem Weg ein, damit Sie erkennen, wie er zu einem Bewusstwerdungsprozess wurde, obwohl ich von alldem, was ich ihnen im Buch dazu berichte, noch zur Jahrtausendwende keine Ahnung hatte. Ich stellte Fragen und erhielt Antworten. Wenn Sie keine Fragen haben, werden Sie keine Antworten bekommen. Wenn Sie glauben, kein Problem zu haben, das Sie lösen wollen, wird sich kein Weg auftun.

Ich habe am Anfang nur eines gesucht: Gesundheit und ein langes Leben. Ich wollte einfach auch mit neunzig Jahren noch fit und sportlich aktiv sein, denn das Leben vieler alter Menschen erschien mir nicht mehr wirklich lebenswert. Es erschien mir trostlos. Sie hatten scheinbar alle Erfahrungen gemacht und waren doch größtenteils krank und oft nicht glücklich. Damals dachte ich, es hinge hauptsächlich damit zusammen, dass sie den ganzen Tag nur arbeiten würden, nie Zeit und Mittel hatten, sich um sich selbst zu kümmern, Sport zu treiben und etwas für ihren Körper und ihre Gesundheit zu tun.

Mit dem Glauben, das kann doch nicht alles sein, begann ich meine Suche.

Ich habe mich zeitlebens sportlich betätigt, weil es einfach Bestandteil meiner Jugend war, zu trainieren. Wahrscheinlich hat meine Eltern und meine Oma mein Bewegungsdrang verrückt gemacht. Ich erinnere mich jedenfalls noch an das, was meine Oma mir einmal sagte: „Konnes! (Irgendwie wollten sie mich wohl eher als Jungen sehen denn als Mädchen, deshalb die männliche Anrede. Ein Thema übrigens, das später einer Erlösung bedurfte.) Steh doch endlich einmal still, wegen dir muss ich immer so viel Staub wischen!"

Mein Vater schnappte mich also eines Tages und brachte mich in eine Leichtathletik Sportgemeinschaft, in der ich meine überschüssige Energie in schnelle Bewegung umsetzen konnte und somit wenigstens an zwei Tagen der Woche müde ins Bett fiel. Sport wurde jedenfalls für einige Jugendjahre mein Leben, und auch bis heute habe ich das Laufen nicht aufgegeben. Nach dem Abitur folgte die Zeit meines Studiums. Danach heiratete ich den Mann meiner Träume, zog auf ein kleines Dorf, an den Standort meines Mannes, um dort eine Arbeit in einer Bank aufzunehmen. In den nachfolgenden Jahren bekam ich zwei Kinder. Diese gesamte Zeit war die Zeit, in der ich mich am meisten von mir selbst entfernte, weil ich glaubte, all die Rollen (Studentin, Ehefrau, Mutter, Angestellte), die damit verbunden waren, gut spielen zu müssen. Eigene Bedürfnisse nahm ich, besonders, als die Kinder klein waren, kaum wahr, außer, dass ich wöchentlich mein Jogging betrieb. Fast unmerklich verschwanden in diesen Jahren meine einstige Fröhlichkeit und mein Lachen und konnten durch Dinge, die ich im Außen tat, nicht zurückgeholt werden.

Nach der Wende 1990 begann ich mich, angeregt durch ein Unternehmen aus den USA, mit Nahrungsergänzungen zu befassen. Ich glaube, ich habe damit auch ein wenig die Umstellungsphase nach der Wendezeit von Ost zu West bewältigt. Es gab eine Neuorientierung, und der Zugang zu Büchern wurde breiter. In dieser Zeit las ich viel über Gesundheit, was mein Wissen enorm erweiterte.

Durch meine beiden Kinder, den Beruf, Mann und Haushalt war ich oft ziemlich ausgepowert. Die Ärztin, bei der ich manchmal wegen der Kinder war, meinte, wenn sie meinen Blutdruck (90/70) hätte, würde sie auch nur müde sein. Ich glaubte das und fand mich mehr oder weniger damit ab.

Acht Jahre später, nachdem ich nichts unversucht gelassen hatte, über Nahrungsergänzungen, Wassertrinken, Darm- und Leberreinigung und Ernährungsumstellung meinem Körper zu helfen, hatte ich immer noch denselben Blutdruck, aber doppelt so viel Energie! Das war ein Umstand, der mir zu denken gab. Dinge, die widersprüchlich waren, die nicht zusammenpassten. Niedriger Blutdruck konnte also nicht die Ursache für Energiemangel sein. Der Arzt wusste es anscheinend nicht. Ich hatte mir in der ganzen Zeit „nur" alternatives Wissen angeeignet und mehr Selbstverantwortung für meinen Körper übernommen. Und siehe da, ich war auf Dinge gestoßen, die mein Arzt nicht wusste. Ich machte weiter. Mir wurde zunehmend klarer, dass die konventionelle Medizin nicht der Weg sein konnte, meine Gesundheit dauerhaft zu erhalten. Es gab kaum Wissen, wie man den bekannten Alters- oder Zivilisationskrankheiten vorbeugen konnte. Das schien auch nicht die Aufgabe der konventionellen Medizin zu sein. Sie betreut kranke Menschen. Mir wurde zunehmend klar, Verantwortung für meine Gesundheit zu übernehmen, bringt mich weiter. Man sollte nicht nur Spezialisten vertrauen, sondern selbst Lösungen anstreben.

Ich setzte meine Suche fort, inzwischen mit mehr Energie. Auf diesem Weg lernte ich ein Professorenehepaar aus der Ukraine kennen, die sich schon einige Jahre mit Valeologie beschäftigten. Bei ihnen erhielt ich eine Ausbildung auf diesem Gebiet. Der Kernpunkt der Valeologie oder die Hauptaufgabe, der sie sich verschrieben hat, ist, wie man unter den heute ungünstigen Umwelt- und Lebensbedingungen überleben und gesund bleiben kann. Genau mein Thema. Aus heutiger Sicht war dieses Zusammentreffen ein großer Glückstreffer für mich. Die Professoren brachten dieses geniale Gerät mit, eine Entwicklung aus der russisch-amerikanischen Weltraumforschung, und erklärten, damit könne man den Zustand aller Organe und Systeme im Körper checken sowie Krankheiten prognostizieren, die sich in der Zukunft abzeichnen. Ich war begeistert! Erst später wurde mir richtig klar, dass beide in der Ukraine und darüber hinaus bedeutende Persönlichkeiten sind und Kontakte in viele Länder haben. Inzwischen verbindet uns eine langjährige Freundschaft. Ihre Arbeit und das, was ich bei ihnen lernen durfte, verpassten mir eine weitere Bewusstseinserweiterung. Ich erfuhr etwas über die Ursachen von Krankheiten und welche Möglichkeiten es gibt, diese zu beseitigen. Dadurch konnte ich die rein stoffliche Auffassung vom Körper mit seiner energetischen Basis verbinden und gleichzeitig die Illusion auflösen, ich sei supergesund. Das gab mir die Möglichkeit, weitaus zielgerichteter an der Regenerierung meines Körpers zu arbeiten. Das, was ich heute bin, ist gesundheitlich gesehen Lichtjahre davon entfernt, was ich noch 1998 war. Ich habe viel erreicht. Mit ihnen fand ich den Zugang zum Konzept der „Lebendigen Nahrung" und wusste sofort, das würde ich ausprobieren. Ich trank täglich vier große Portionen eines grünen, sehr schonend getrockneten Pflanzenpulvers (Living Greens) in Wasser aufgelöst. In nur sechs Wochen erhöhte sich meine Energie nochmals derart, dass es mir schien, ich sei wie Phönix aus der Asche gestiegen. Ich war begeistert und wusste seitdem: Lebendige Nahrung = lebendiger Körper. Das war sowohl ein großer Schritt für meine Energieerhöhung als auch eine Bewusstseinserweiterung.

Gleichzeitig jedoch wurde mir immer klarer, dass die Einnahme von vielen verschiedenen Nahrungsergänzungen nicht die Endlösung für unsere gesundheitlichen Probleme sein kann. Da passte auch wieder etwas nicht zusammen, denn wenn diese Einnahmen beendet wurden, ging es einigen Menschen wieder schlechter oder ihre Symptome kehrten zurück. So kompliziert kann es die Natur nicht gemeint haben. Es muss einfachere Wege geben. Ich sollte damals einen Vertrieb für Nahrungsergänzungen in Deutschland aufbauen. Ich fühlte, dass ich das nicht mehr wollte. Zudem waren auch die deutschen Gesetze für den Handel von Nahrungsergänzungen ein nicht zu überwindendes Hindernis. Trotz allem quälte ich mich mit dieser Entscheidung mehr als ein Jahr, bis ich sie endlich treffen konnte. Damit hob ich unbewusst meinen eigenen Weg aus der Taufe.

Nachdem meine Tochter mir erklärte, wenn ich erst verstehen würde, was man mit „reiner Energie" alles machen könnte, würde ich nochmals einen Riesenschritt weiterkommen. Ich nahm das zur Kenntnis, dachte aber noch nicht wirklich darüber nach. Es war mehr wie: Gut, ich werde sehen.

Immer hat mir geholfen, dass ich innerlich offen blieb. Ich sagte nie: „Das glaube ich nicht", oder „Das ist unmöglich." Ich ließ mir damit immer eine Chance, dass mich Wahrheit finden konnte. Auch eine Illusion, die ich zu Beginn meiner Suche hatte. Am Anfang nahm ich an, ich würde etwas suchen und finden. Daraufhin meinte Kristin: „Nicht du suchst etwas, Mama, sondern es findet dich, wenn du alle Hindernisse in dir beseitigt hast!" Das veranlasste mich zu einem grundsätzlichen Umdenken oder Umglauben.

Es dauerte noch etwa ein dreiviertel Jahr, und ich bekam über eine gute Berliner Freundin Kontakt zu einem Bioenergetiker aus der Nähe von Rostock. Dieser hatte gerade etwas entwickelt, von dem er behauptete, es schwinge in Resonanz mit dem Lichtspektrum der Sonne und den Radiowellen, also Energien, die den Ordnungszustand unseres Körpers aufrechterhalten. Er erklärte mir kurz, wir würden von diesen Energien zu wenig erhalten, weil wir uns vorwiegend in Gebäuden aus Stahlbeton aufhalten, die diese Energien weitestgehend abschirmen. Das war plausibel für mich. Ich sagte ihm, dass ich seinen Chip testen würde, und er sandte ihn mir zu. Ich trug ihn circa zwanzig Stunden am Körper, von mittags bis zum

Morgen des darauffolgenden Tages. Als ich morgens aufstand, traute ich meinem Gefühl nicht. Es war, als hätte ich zehn Kilogramm abgenommen. Und dabei bin ich schon ein Leichtgewicht. Ich lief in unserer Küche umher, hob ständig die Knie wie beim Kniehebelauf und sagte zu meinem Mann: „Das ist ja unglaublich, ich bin leicht wie eine Feder. Das gibt es doch gar nicht." Darauf rief ich den Bioenergetiker an, um ihm das Resultat mitzuteilen und noch einige Hintergrundinformationen oder schriftliche Unterlagen zu bekommen. Mit Erstaunen stellte ich fest, er hatte keine! Wie Sie sich vorstellen können, war mein Interesse geweckt, meine Suche nach Informationen begann, und „ich fand" als Nächstes durch meine gute Freundin aus Bad Orb zu Professor Popp und dem Licht in unseren Zellen. Der Kreis konnte sich schließen, und mein Bewusstsein hatte sich wieder einmal erweitert. Der Übergang von der rein materiellen Auffassung der Welt zu ihrer energetischen Basis war vollzogen. Das war ein entscheidender Wendepunkt, an dem mein Geist noch freier wurde. Gleichzeitig bemerkte ich bei unserer Tochter zunehmend ihre medialen Fähigkeiten. Sie hatte Zugang zu Wissen, das mich in Erstaunen versetzte. Wieder ein Grund herauszufinden, ob es für meinen Verstand Beweise gibt. Ich stellte die Fragen, und die Antworten kamen pfundweise über Bücher zu mir. Ich las alles, was mir irgendwie Antworten zu versprechen schien. Von Tepperwein über Holey, von Mc Taggert bis Braden, von Kryon bis Cooper, von Doreal bis Drunvalo, von Monroe bis Redfield und Arguelles bis Osho, Walsch und Jasmuheen...

Manche Bücher las ich dann später nicht mehr vollständig. Sie dienten mir wie zur Erinnerung. Ich stellte fest, auf jede Frage, die ich hatte, gibt es Antworten. Es war alles schon geschrieben worden, wozu ich Fragen hatte!!! Und ich stellte gleichzeitig fest, das, was meine Tochter sagte, stimmte. Ein neues Weltbild erschuf sich mit rasender Geschwindigkeit in meinem Innern. Meine neue „Festplatte" schien immer kompletter zu werden. Ich hatte das Gefühl, Lichtjahre zu durchschreiten. Als ich dann den weisen Spruch von Stuart Wilde: „Ich folge stets der Energie meiner höchsten Entwicklungsstufe" auf meine innere Fahne schrieb, nahm auch dieses das Universum wörtlich. In dieser Zeit lernte ich mit Energien zu arbeiten und sie zu fühlen. Und irgendwann kam der klare Gedanke zu mir: Mein Leben ist so, weil ich so bin. Und alle Probleme, die sich scheinbar in meinem äußeren Umfeld abspielten, sind meine eigenen inneren Probleme, die ich schon seit Urzeiten mit mir herumtrage. Mir musste diese Wahrheit wirklich erst auf tiefer Ebene bewusst werden. Ich erlebe die Welt so, weil ich so bin. Dazu fand sich die Weisheit: „Das Gute an der objektiven Realität ist, dass es sie nicht gibt." Nein, es gibt keine objektive Realität! Alles sind nur subjektive Welten, jeder hat eine andere. Ich erkannte plötzlich, ich sitze in meinem eigenen Gefängnis. Dieses führte zu dem inneren Bewusstseinsprung, dass mir niemand wirklich etwas angetan hat, wie ich das so oft glaubte. Alle wissen, genau wie ich auch bis dahin, nicht wirklich, was sie tun. Erwachen stand vor der Tür und transformierte mein Weltbild, indem es sich vom Kopf auf die Füße stellte. Gerade noch war ich bereit geworden zu vergeben und tat es auch, da wurde klar, dass es nichts zu vergeben gibt. Es gibt auch keine Schuld – niemand ist wirklich schuldig, alle sind nur „schlafend".

Ich aktivierte den Spruch, den sie bereits aus dem ersten Kapitel kennen: „...dann will ich alles so schnell wie möglich loslassen", und es begann ein innerer Prozess der Erlösung alter Wunden. In diesem Prozess, der immer noch läuft, setzte Erwachen auf breiter Front ein. Wie ich heute weiß, kletterte ich dabei auf der Leiter des Bewusstseins Stück für Stück nach oben. Es war wie die Kumulation von allem, was ich davor getan hatte. Alles fügte sich scheinbar nahtlos in den göttlichen Plan von „Bewusstsein selbst" ein und brachte mir das zurück, was ich zuvor im Außen erfolglos gesucht hatte: inneren Frieden, Liebe, Freiheit und Glück.

Egal, wo Sie heute stehen, Ihr Lebensweg wird Sie irgendwann auch dahin führen, denn alle unsere Wege führen dahin.

Illusion und Wirklichkeit – das Spiel

*Alles ist sowieso nur eine große Illusion,
und irgendwann streifen wir sie ab
und kommen in die göttliche Wahrheit.*

Ich schreibe dieses Buch mit der liebevollen Absicht, Sie ein wenig an der Schulter zu rütteln, damit Sie schneller wach werden können. Vielleicht kann ich für Sie eine Brücke schlagen zu dem, was Sie bisher noch nicht wirklich glauben konnten oder vor dem Sie Angst hatten, was Sie von sich gewiesen haben. Denn heute weiß ich sicher, genau da, wo die Angst ist, geht es weiter, bis am Ende keine Angst mehr da sein wird. Ich möchte Sie ermutigen, etwas zu tun, was Sie vielleicht noch nie getan haben – Ihr bisheriges Weltbild vom Kopf, wo es viele Leben lang gestanden hat, zurück auf die Füße zu stellen, um den Traum oder die Illusion, in der Sie leben, loslassen zu können. Ich weiß, dass die meisten Menschen gerne träumen, und alles wäre vielleicht auch gar nicht so schlimm, wenn sie in diesem Traumzustand nicht so viel Unheil anrichten würden, denn dieser Zustand ist, wie Sie jetzt wissen, die grundlegende Ursache für alles Leid, das auf der Welt geschieht. Einige Beispiele habe ich Ihnen dafür bereits geschildert, als wir über zerstörende Energien und Problemerschaffung sprachen. Weitere finden sich täglich in den Medien. Der menschliche Wahnsinn ist kaum noch zu überbieten.

Die Erde ist ein Schulungs- oder Lernplanet. Und wir sind hier, um an den Situationen unseres täglichen Lebens zu lernen. Das ist Bestandteil des kosmischen Plans. Damit wir ausreichend Lernsituationen haben, hat man eine Matrix erschaffen, einen Spielplan, der die Spielregeln beziehungsweise Spielbedingungen vorgibt, nach denen das Spiel abläuft. Kein Spiel ohne Spielplan und Regeln!

Und ich sage es im voraus: In diesem Spiel geht es nicht um gewinnen. Es geht nicht darum, Sieger zu werden und die anderen damit automatisch zu Verlierern zu machen. Nein, dieses Spiel stellt besondere Anforderungen und ist deshalb am Anfang ein Spiel mit wenigen Spielern. Nur die Mutigsten unter uns beginnen damit. Es sind genau die, die über ihren eigenen Schatten springen können und bereit sind, sich auf etwas völlig Neues einzulassen. Die den Mut und die Kraft haben, vieles, was ihnen ihre Eltern, die Schule und die Gesellschaft beigebracht haben, hinter sich zu lassen und sich damit, ganz auf sich allein gestellt, auf ein unbekanntes Terrain zu wagen. Sie werden am Anfang scheinbar von niemandem unterstützt. Aber auch das kann sie nicht aufhalten. Sie wissen, dass das Spiel endlich gespielt werden muss, weil die Zeit dafür angebrochen ist. Ihnen ist klar, mit diesem Spiel hat es etwas ganz Besonderes auf sich. Erschwerend kommt hinzu, dass auch Sie am Anfang weder den wirklichen Spielplan noch die Regeln kennen. Aber genau das gehört zum Plan: Finde heraus, dass es ein Spiel gibt, beginne mit dem Spiel, ohne die Regeln zu kennen, werde dir während des Spiels bewusst, welche Regeln existieren und was der Sinn des Spiels und sein letztendliches Ziel ist. Unglaublich, welche Voraussetzungen die Spieler mitbringen müssen. Sie können sich vorstellen, dass so ein Spiel nicht von der Masse begonnen werden kann. Dafür sind die Anforderungen zu hoch. Die Masse hat einfach zu viel Angst vor Neuem und Angst vor den Gefahren, die da sein könnten. Sie läuft lieber ausgetretene Pfade. Deshalb haben nur die Mutigsten unter uns begonnen, und noch dazu meist jeder für sich allein, ohne am Anfang die anderen Spieler zu kennen. Erst später, als sie allmählich herausfanden, wie die Regeln sind und was der Sinn des Spiels ist, erkannten sie auch die anderen Spieler und begannen, sich mit ihnen auszutauschen und bei dem Spiel zu unterstützen. Sie wurden sich der Genialität dieses Spiels bewusst, und ihnen wurde klar, dass sie den größten Schatz des Universums gefunden hatten:

„Ich bin ein Spieler dieses Spiels, aber ich gehörte nicht zu denen, die begonnen haben. Und trotzdem musste ich meinen ganzen Mut zusammennehmen und die verflixte Angst überwinden, um mich daran zu beteiligen. Allein hätte ich es bestimmt nicht geschafft!"

Deshalb habe ich große Hochachtung vor allen, die vor mir kamen und bereit waren, das Spiel zu beginnen. Ich verneige mich vor ihrem Mut und vor ihrem Weitblick. Ich weiß, dass ihr inzwischen an vielen Orten seid, um das Spiel immer bekannter zu machen und die Spielregeln zu erklären. Ich bin unendlich dankbar, dass ich mitspielen durfte und weiter mitspiele in dem grandiosen kosmischen Spiel, das nur für uns erschaffen wurde und der Menschheit die Möglichkeit einräumt, endlich zu erwachen und erwachsen zu werden und damit ihre eigentliche Mission zu erfüllen: Frieden und Liebe für immer auf der Erde zu verankern!

Die gute Nachricht, die ich Ihnen wie eine frohe Botschaft weitergeben möchte, ist: Sie dürfen mitspielen, weil die Zugangsvoraussetzungen für das Spiel bedeutend einfacher geworden sind. Sie können darauf vertrauen, dass die Mutigsten unter uns herausgefunden haben, wie die Spielregeln sind, was man als Spieler zu tun hat, um erfolgreich zu spielen, und was das Ziel und der letztendliche Sinn des Spiels ist. Sie ersparen sich damit unter Umständen viele Jahre Ihres Lebens, in denen sie genau das hätten suchen müssen. Sie werden schneller am Ziel sein. Sie benötigen also nicht mehr ganz so viel Mut und Überwindung, um mit dem Spiel zu beginnen, sie sind nicht mehr allein und bekommen jede Unterstützung, die sie benötigen. Sie müssen sie nur anfordern.

Und das Allerbeste zum Schluss: Nachdem die ersten Spieler herausgefunden hatten, was Sinn und Zweck des Spiels ist, wurden sie sich klar darüber, dass es möglich ist, auf die Spielregeln in gewisser Weise Einfluss zu nehmen, wenn dieses im Sinne des Spiels ist. Denn das Spiel ist nicht veränderbar. Alles kann nur in Übereinstimmung mit seinem höchsten Zweck erfolgen. Die Einflussnahme auf die Spielregeln im Sinne des Spiels ist, wie sie sich jetzt sicher vorstellen können, erst mit einer bestimmten Energie, also Kraft, entsprechend der großen Leiter des Bewusstseins möglich.

Sonst hat man keine Chance. Es wird dafür ein hohes Energielevel und damit konstruktiv erschaffendes Potenzial benötigt. Das können bisher nur sehr wenige Menschen. Aber trotzdem gehen sie ihren Weg und nehmen Einfluss auf die Spielregeln und die Effizienz des Spiels zu unser aller Nutzen. Ich verneige mich vor ihnen.

Jetzt wollen Sie sich bestimmt nicht länger hinhalten lassen und wissen, was es mit dem Spiel auf sich hat. Aber Sie werden noch etwas Geduld benötigen, denn Sie erfahren zuerst, was dieses Spiel nicht ist:

Es ist kein Spiel, bei dem es Gewinner oder Verlierer gibt. Deshalb ist es auch kein Spiel, bei dem man gegen jemanden antreten muss, um ihn zu bekämpfen und zu besiegen. Diese Spielbedingungen sind von vornherein ausgeschlossen. Dieses Spiel, wenn es richtig gespielt wird, erschafft nur Gewinner! Ist das nicht genial? Ein Spiel, bei dem es nur Gewinner gibt! Die meisten bekannten Spiele enden traurig, weil alle bis auf einen verlieren. Deshalb unterscheidet es sich grundsätzlich von den meisten Spielen, die Sie kennen.

Dieses Spiel wird, vielleicht zu Ihrem Erstaunen, nur nach einer einzigen Regel gespielt. Und diese Regel lautet:

Unterscheide, was Illusion und was Wirklichkeit ist, und indem du das unterscheiden kannst, löst sich die Illusion auf, und die Wirklichkeit wird sichtbar!

Je mehr Illusionen du auflöst, desto schneller kommst du zum Ziel und bist frei! Aber auch während des Spiels wirst du bereits erkennen, dass dein Leben sich zu wandeln beginnt.

Sollten Sie jetzt glauben, Sie wüssten doch, was Illusion und Wirklichkeit ist, dann gehören Sie wahrscheinlich bereits zu den Erwachten, oder aber Sie schlafen noch sehr tief.

Das Spiel wird zu Beginn meist noch etwas zaghaft gespielt, und besonders für die neuen Mitspieler ist es am Anfang schwer, den Sinn vollständig zu erfassen und das Ziel zu verstehen. Die Spielregel erscheint den meisten nicht so bedeutsam. Und obwohl es nur eine einzige Regel ist, fehlt manchmal der Wille, sich an ihr zu orientieren. Einige vergessen die neue Regel einfach und spielen zeitweilig wieder ihr altes Spiel, was sie so viele Leben gespielt haben. Das ist in der Übergangsphase völlig normal. Davon sollte man sich nicht entmutigen lassen. Mit wiederholter bewusster Erinnerung wird auch die neue Regel ihren Platz finden, und die Spieler werden mit größerer Begeisterung spielen. Wenn die ersten Illusionen aufgelöst sind, wird der Sinn des Spiels ziemlich schnell verstanden. Man bemerkt, wie sich der eigene Energielevel verbessert und die Motivation wächst. Scheinbar plötzlich passieren Dinge im Leben, die man nie für möglich gehalten hätte, einfach deshalb, weil man angefangen hat, dieses neue Spiel zu spielen.

Erweitern wir jetzt als Erstes unser Verständnis zur Basis des Spiels: Illusion und Wirklichkeit. Um das Spiel spielen zu können, muss es also etwas geben, das die

Illusion repräsentiert, und etwas, das für die Wirklichkeit steht. Stimmen Sie mir zu?

Im Gegensatz dazu, dass die Wirklichkeit immer die Wirklichkeit ist und man sie nicht verändern kann, ist es möglich, eine Illusion zu erschaffen. Ähnlich wie das Holodeck auf der Enterprise oder die Matrix im gleichnamigen Kinofilm, den Sie vielleicht kennen.

Im Film stand die Matrix für eine illusorische Welt, die erschaffen wurde, weil es nicht möglich war, auf der zerstörten Erde zu leben. Sie war ein Computerprogramm – eine Illusion, von der jedoch jeder, der in ihr lebte, annahm, sie sei real, stimmt's? Alle kannten nur die Matrix, und nur ganz wenige, wie zum Beispiel Morpheus und seine Gruppe, waren sich der Realität bewusst. Das machte sie zu Außenseitern. Ähnlich wie ich es in Bezug auf die Mutigsten, die mit dem Spiel begannen, beschrieben habe.

In unserem aktuellen Spiel auf der Erde ist es ähnlich. Das, was wir alle als so genannte „Realität" betrachten, ist die Illusion, die Matrix oder die Scheinrealität. Man bezeichnet sie unter Erwachten als Dualität und sagt, wir leben in einem Dualitätsbewusstsein. Die unveränderbare Wirklichkeit oder Realität ist jedoch das Einheitsbewusstsein, also das genaue Gegenteil davon. Was getrennt oder dual ist, kann nicht Einheit sein. Beides schließt einander aus. Die Spielbedingungen sind so gestaltet, um an den Gegensätzen der Dualität oder den darin vorhandenen Polaritäten zu erkennen, dass wir einer Illusion aufgesessen sind, denn letztendlich ist alles Einheit, und das ist unverrückbar. Dieses jedoch zu erkennen, geht in unserem Spiel leider nicht mit einer roten Pille wie im Film „Matrix", sondern wir werden aufgefordert, das Spiel wirklich zu spielen, weil es genau aus diesem Grund erschaffen wurde. Wenn es leicht wäre, hätten es schon viele durchschaut. Bisher haben es aber nur wenige geschafft. Sie sind die Kundigen, Wissenden oder Erwachten.

Das Verrückte daran ist, dass der Verstand das Ganze nicht durchschauen kann, im Gegenteil, er erweist sich als Hindernis im Erkennen der Illusion. Ja, wer soll es denn sonst tun, werden Sie vielleicht fragen. Darüber werden wir zu einem späteren Zeitpunkt ausführlich sprechen.

Die Spielbedingung der Dualität als Illusion ist die wichtigste Voraussetzung, die erschaffen werden musste, damit das Spiel funktionieren kann. Die Realität des Einheitsbewusstseins existiert schon seit Äonen. Um sie brauchen wir uns keine Gedanken zu machen. Sie tritt in Erscheinung, sobald alle Illusionen aufgelöst sind.

Deshalb beschäftigen wir uns noch ein wenig mit der Dualität, also der Illusion, weil sie schwerer zu verstehen ist. Oder wissen Sie etwa, wie die Welten auf dem Holodeck der Enterprise erschaffen werden? Oder das Computerprogramm in „Matrix"?

Dualität bedeutet also Getrenntheit, das heißt, etwas wurde geteilt und befindet sich nicht in seiner ursprünglichen Einheit. Wir kennen aus unserer Matrix einige Dualitäten oder Gegensätze wie Liebe und Hass, Gut und Böse, Licht und Dunkelheit, Männlich und Weiblich, Freude und

Schmerz, Glück und Unglück, Himmel und Hölle, Ruhe und Unruhe, schlafend und wach. Man kann zum Beispiel Hell nicht ohne Dunkel erkennen, also ohne sein Gegenteil. Wenn alles immer nur hell wäre, wüsste man nicht, dass es hell ist. Erst wenn die Dunkelheit als Gegenspieler dazu kommt, werden wir uns bewusst: Es gibt Licht und Dunkelheit. Innere Unruhe zum Beispiel kann man erst wahrnehmen, wenn man innere Ruhe kennt. Ist man ständig unruhig, glaubt man, das sei normal, weil ein Gefühl für Ruhe nicht vorhanden ist. Man weiß nicht, wie sich innere Ruhe anfühlt. Man kennt einfach keine Ruhe mehr. Ein Zustand, in dem sich heute viele Menschen befinden. Sie sind nur im Stress. Sie haben vergessen, wie Ruhe sich anfühlt. Sie können sich dieses Zustandes nicht mehr bewusst werden. Deshalb kommen sie sich oft vor wie Gejagte.

Bin ich ständig unglücklich und erlebe nicht das Gegenteil davon, nämlich glücklich zu sein, dann wird Unglücklichsein mein Normalzustand. Irgendwann habe ich dann vergessen, wie sich Glücklichsein anfühlt, weil ich es nicht mehr erlebe. Chronisch unglücklich zu sein, ist ebenso für viele Menschen ein Normalzustand geworden. Es ist ein Normalzustand auf den unteren Bewusstseinsebenen.

Wenn ich ständig „schlafend" bin, vergesse ich, wie es sich anfühlt, „wach" zu sein. Mein Normalzustand ist dann schlafend, und ich kann ihn nicht einmal als solchen erkennen.

Wären alle Menschen nur lieb oder gut, wüsste keiner, was böse ist. Alle sind ja liebevoll. Liebevoll zu sein wäre der Normalzustand und das Natürlichste der Welt. Nur keiner wäre sich dessen bewusst. Keiner wüsste, dass genau dieser Zustand liebevoll ist, denn etwas anderes existiert scheinbar nicht.

Bewusstwerdung zu erfahren, also zu erkennen, was ich bin, ist immer nur im Spannungsfeld von Gegensätzen möglich.

Stellen Sie sich jetzt vor, da, wo wir herkommen, aus der Quelle allen Seins, ist liebevoll zu sein der Normalzustand. Keiner weiß dort, was böse ist. Unglaublich, oder? Und dennoch wahr!

Bevor mein Vater im September vergangenen Jahres starb, bat ich ihn, sich nach seinem Tod von der „anderen Seite" zu melden, von dort, wo wir wieder hingehen, wenn wir unseren Körper verlassen, nämlich genau dahin, woher wir gekommen sind: aus der Quelle allen Seins, der Realität oder göttlichen Einheit. Er hat mir diese Bitte erfüllt. Noch an seinem Sterbetag erschien er meiner Tochter und einige Wochen später uns beiden, um uns mitzuteilen, wie sich die dortige Realität anfühlt. Kristin und ich hatten gerade den Film „Medium – nichts bleibt verborgen" gesehen, in dem eine Frau mit Verstorbenen spricht. Wir standen noch unter dem Eindruck des Films, als sich mein Vater „meldete" und Kristin ihn wahrnahm. Er teilte uns mit, mit wie viel Liebe er auf der „anderen Seite" lebt, und dass liebevoll zu sein dort der einzige Zweck ist. Er ist sehr glücklich. Gleichzeitig „öffnete sich ein Fenster", und wir spürten die Energien, die von dort zu uns hinüberströmten. Die hohe Schwingung der Liebe war kaum auszuhalten. Es fühlte sich an wie ein Zerfließen in Liebe. Wenn man lange genug in dieser Schwingung ist, vergisst man, dass es je einmal etwas anderes gegeben hat. Es gibt nur Liebe, und Liebe ist unser natürlicher Zustand. Liebe ist die Energie der Schöpfung. Sind wir in der Einheit der Schöpfung, also in der Realität, dann sind wir Liebe, aber wir sind uns dessen nicht bewusst, weil dort kein Gegenteil dazu existiert. Und da es hier auf der Erde darum geht, sich bewusst zu werden, dass wir nur Liebe sind, weil das die Realität ist, musste ein Spannungsfeld erzeugt werden, in dem wir genau dieses erkennen können.

Dieses Spannungsfeld wurde sozusagen „künstlich" erzeugt, durch die Illusion von Gut und Böse. Man erschuf auf diese Weise eine Spielbasis auf der Erde, die es jedem, der aus der göttlichen Einheit kommt, ermöglichen würde, zu erfahren und sich dessen bewusst zu werden, dass er in Wirklichkeit nur Liebe ist.

Dabei hat er also die Aufgabe, diese Illusion zu erkennen und aufzulösen, um schon zu Lebzeiten in der wirklichen Realität leben zu können: in der Einheit der Liebe.

Das so genannte Böse musste also künstlich erzeugt werden. Wer konnte und wollte das tun? Wer hat sich bereit erklärt, die Matrix, also die Illusion, zu erschaffen, und was war seine Motivation?

Wer hat überhaupt die Kraft, die Energien der Dunkelheit über so viele tausend Jahre aufrechtzuerhalten? Die Dunkelheit, vor der sich die Menschen seit Äonen von Jahren fürchten, und die sie seitdem mit allen Mitteln bekämpfen?

Die Energie der Dunkelheit, vor der sich so viele Menschen fürchten, wird von einem Erzengel aufrechterhalten! Es ist kein „einfacher" Erzengel. Es ist der Erzengel, der unter Gottes Himmel die höchste Schwingung trug und damit die größte Liebe verkörperte, die es neben Gott gab. Es ist Erzengel Luzifer, der Lichtträger, der strahlendste unter allen Erzengeln Gottes – fast gottgleich in seiner Liebe. Bisher wurde er von der Menschheit nur missverstanden und als Satan oder Teufel bezeichnet. Aber das ist er nicht – er ist der Lichtträger, der sich dazu bereit erklärt hat, die Energie der Dunkelheit für unser Spiel hier auf der Erde zur Verfügung zu stellen. Mit dem einzigen Zweck, dass wir durch die Polarität von Licht und Dunkelheit das Licht wiederfinden können, das wir selbst sind. Und er tat es aus einem einzigen Grund – weil er uns so sehr liebt! Anders wäre das auch gar nicht möglich gewesen. Nur aus einer so großen Liebe heraus konnte er das tun, weil er sich dazu von seiner hohen und lichten Schwingung, die er innehatte, loslösen musste, um sich so zu verdichten, dass er das verkörperte Böse wurde. Und glauben Sie nicht, dass er dazu nur von einer Energieebene herunterkommen musste, die vielleicht auf der Ebene der Erleuchtung liegt. Er musste sich von einer Energieebene heruntertransformieren, die in ihrem energetischen Messwert in den Millionen liegt. Diese unglaubliche Kraft der Liebe und des Lichtes schließt ein Leben im stofflichen Körper völlig aus, weil sie ihn sekundenschnell auflösen würde, auflösen in Liebe, in Gott.

Er hat sich zu diesem Spiel bereit erklärt, weil er genau wie Gott wollte, dass wir diese Erfahrung machen können, die Erfahrung, anhand der Polarität von Gut und Böse zu erkennen, dass das Böse eine Illusion ist, aufrechterhalten durch eine Energie, die ursprünglich Liebe war. Es ist das verwandelte oder heruntertransformierte Gute, geschaffen durch die Kraft der Liebe, mit der Absicht der Liebe. Das ist Bestandteil des kosmischen Plans.

Jetzt wissen Sie, wer die Illusion erschaffen hat, und warum er dies tat! Das Letzte und Wichtigste jedoch, was Sie wissen müssen, ist: Wo wurde die Illusion erschaffen? Denn wenn Ihnen das nicht klar wird, können Sie weder das Spiel beginnen, noch haben Sie eine Chance, die Illusion zu verlassen. Im Film „Matrix" wird die Illusion als äußere Scheinwelt dargestellt, auf der Enterprise ist das Holodeck ein spezieller Teil des Raumschiffs. Die Illusion, die auf unserer Erde existiert, hat auch einen speziellen Raum. Dieser Raum jedoch befindet sich nicht an irgendeinem Ort auf der Erde oder in der äußeren Welt. Dieser Raum, in dem die Illusion existiert, von der wir hier reden, befindet sich in uns selbst – in unserem eigenen Körper oder, anders ausgedrückt, in unserem eigenen Geist, im Zentrum unseres Bewusstseins.

Es ist Zeit zu erkennen, dass die Illusion, und damit also die Dualität zwischen Gut und Böse, die größte Illusion unseres Lebens, nur in uns selbst und sonst nirgends existiert. Die Anerkenntnis dieser Tatsache ist die wichtigste Basis für das Verlassen der Illusion. Die Dualität dieser beiden Kräfte oder Energien in uns führt uns zu einer großen Wahrheit: Wir selbst haben alle Mittel in der Hand, um das vermeintlich Böse zu erlösen, indem wir es in das Gute, das es ist, zurücktransformieren. Darauf wartet es schon so viele Leben. Es schreit förmlich nach Erlösung oder Erliebung! Über die vielen tausend Jahre seiner Existenz hat es endgültig genug vom vermeintlichen Kampf, den wir immer und immer wieder geführt haben, um das scheinbar Böse im Außen zu bekämpfen. Wir haben dabei nämlich immer nur gegen uns selbst gekämpft und uns selbst weh getan. Ob es der Kampf mit unserem Partner, mit unseren Kindern, mit unseren Eltern, den Politikern, der Regierung und all den Menschen, die in unser Leben traten und unseren Widerstand hervorriefen, war. Dieser Kampf war Bestandteil des alten Lernspiels und hat uns lange genug gedient. Er neigt sich jetzt – mit Beginn des Wassermannzeitalters – seinem Ende zu. Da dieses zum großen Plan gehört, wird es in jedem von uns zur Wahrnehmung und Erlösung dieser Dualitäten kommen.

Indem wir erkennen und uns bewusst werden, das Böse ist eine Illusion, die „nur" in uns selbst existiert, werden wir uns bewusst, dass jeder äußere Kampf unser eigener innerer Kampf ist, der seine Widerspiegelung in der äußeren Realität findet. Es gab nie einen Feind im Außen! Und auch Luzifer, der in der Geschichte viele Namen hatte, wartet auf seine Erlösung. Die Kräfte der Dunkelheit über so viele Jahrtausende zu repräsentieren war eine unglaubliche Leistung, wie wir es wahrscheinlich nicht erahnen können. Er will endlich wieder der Engel sein, der er eigentlich ist: der hellste und strahlendste unter Gottes

Himmel, der Lichtträger mit der größten Liebe. Auch er ist, genau wie wir, müde geworden.

Kampf ist immer Illusion – Illusion, die dem EGO entspringt

*Gott hat uns die Realität der Liebe erschaffen,
und wir haben uns entschieden,
in der Illusion des Kampfes und der Angst zu leben.
Das war unsere eigene Entscheidung.
All das, was wir daraufhin erleben mussten,
haben wir uns selbst angetan.*

So lange Sie glauben, kämpfen zu müssen, sind Sie in der Matrix oder Illusion verfangen. Sie sind „schlafend".

Als ich den Teil über Illusion und Wirklichkeit schrieb und für den Vergleich den Film „Matrix" heranzog, ahnte ich noch nicht, was dabei passieren würde. Ich saß eines morgens an meinem Schreibtisch und machte mir einige Notizen, wie ich es darstellen wollte. Ich kam im inneren Bild zu der Filmszene, in der Morpheus Neo die rote und blaue Kapsel anbietet. Dabei hörte ich Morpheus den Satz sagen: „Dies ist deine letzte Chance, danach gibt es kein Zurück!"

Wie eine innere Erleuchtung wurde mir schlagartig klar: Dieser Film ist Erwachen! Beginnst du das Spiel, gibt es ebenfalls kein Zurück mehr, du kannst nie wieder schlafend werden und sagen, du hättest von all dem nichts gewusst. Deine alte Welt wird sich allmählich auflösen. Die Puzzleteile verbanden sich wie Fäden zu einem vollständigen Bild, und Fragen, die wichtigsten Fragen, die zum Film geblieben waren, wurden beantwortet. Ich brauchte mehrere Stunden, um das zu verdauen und mich wieder zu besinnen. Ich war überwältigt von der Tiefe und Konkretheit, die der Film vermittelt. Für diejenigen, die den Film kennen oder ihn vielleicht noch sehen werden, versuche ich hier einiges wiederzugeben, was als scheinbar äußere Geschichte dargestellt wird, in Wirklichkeit jedoch die innere Geschichte unseres eigenen Bewusstseins ist. Mit erstaunlicher Klarheit wird der Kampf gegen das vermeintlich Böse wiedergegeben, wie er sich in unserem Inneren abspielt und damit unser äußeres Leben dominiert.

Im Film wird das „Böse" dargestellt durch die Maschinen, die sich der Menschen bemächtigt haben und sie als ihre Energiequelle benutzen. Mrs. Smith repräsentiert als Wächter den menschlichen Verstand. Beide gemeinsam kann man als unser Ego ansehen. Mrs. Smith versucht, um jeden Preis zu verhindern, dass Neo die Matrix durchschaut. Alle Türen, die er öffnen will, werden entweder von Mrs. Smith blockiert oder bedeuten scheinbar Lebensgefahr für Neo. So ist auch in unserem Leben unser Verstand das größte Hindernis, die Illusion zu durchschauen. Als es Neo dennoch gelingt, zum Erschaffer der Matrix vorzudringen, sieht er dort auf den Bildschirmen sich selbst. Damit wird klar, dass du selbst die Matrix bist, denn das Programm, das im Film als Computerprogramm in der äußeren Welt dargestellt wird, existiert in Wirklichkeit nur in dir selbst, in deinem Bewusstsein. Man sieht im Film Bilder aus Neos Kindheit, bis er erwachsen wurde. Das soll verdeutlichen, dass mit der Erschaffung des Programms, das dein Leben unbewusst steuert, bereits begonnen wurde, als du noch ein kleines Kind warst.

Genauso wie im Film hat das „Böse", das unsere verdrängte Schattenseite darstellt, wie wir später noch sehen werden, die Macht über uns gewonnen, und wir verbrauchen unbewusst unsere Energie dafür, so lange wir schlafend sind. Wir erkennen nicht, dass wir der „Maschine" oder dem wilden Tier, das sich in unserem Inneren befindet, unsere ganze Energie geben. Auf diese Weise kann uns das EGO so lange als Batterie benutzen, bis wir den Kampf beenden und uns von ihm befreien. (Dargestellt im Film, wie die Maschinen den Menschen als ihre Energiequelle benutzen.) Wir dienen den Maschinen so lange als Batterie, wie wir uns unbewusst für den Kampf gegen sie entschieden haben. So ist der Kampf durch Morpheus Gruppe, mit Neo an der Spitze, nur unser eigener innerer EGO – Kampf, der in der äußeren Welt seine Widerspiegelung findet. Als Bestandteil der perfekten Illusion verbirgt er sich in jedem von uns.

Im Film wird gezeigt, dass das „Böse" (Maschinen) dir überall auflauert, wo immer du auch bist, und was immer du auch tust. Du bist nie vor ihm sicher. Es ist wie ein jederzeit angriffsbereites und zum Töten entschlossenes Tier, das in den dunklen Tiefen deines Seins immer auf dich wartet. Es überschattet und kontrolliert scheinbar dein Leben. Du kannst dich weder vor ihm verstecken, noch dauerhaft im Untergrund arbeiten, um ihm nicht zu begegnen. Es findet dich überall. Ein Entrinnen ist nicht möglich. So lange du glaubst, dagegen kämpfen zu müssen, hast du schon verloren. Du kannst all deine Kraft, deinen Mut und deine Fähigkeiten einsetzen, es ist immer stärker als du

(Neo und die Morpheusgruppe konnten Mr. Smith und die Maschinen nicht besiegen.). Ständig hast du das Gefühl, es wird dich umbringen, wenn du nicht wachsam bleibst. Je mehr du dagegen kämpfst, desto mehr Legionen an Maschinen bringt es auf (Kampf um Zion), nur um dir eines zu zeigen: Es ist der Boss und unbesiegbar. Und du hast keine Chance. Du kannst ihm nie das Wasser reichen, obwohl du das glaubst. Keine Technik der Welt und die Verbesserung deiner Kampffähigkeiten können der Stärke und der Wucht seines Angriffs etwas entgegensetzen.

Es tötet scheinbar alles, was sich ihm in den Weg stellt. Die Besten fallen ihm zum Opfer, weil sie eines nicht begreifen können: seine Unbesiegbarkeit. Und auch du opferst im Wahn deines eigenen Kampfes oft genug alles, was dir einmal lieb war, dich selbst und deine Liebe (Trinity musste sterben). Wegen des vermeintlich Bösen bist du bereit, deine Beziehung und deine Kinder zu verlassen. Und als du schon völlig verzweifelt bist und hinausschreien möchtest: „Ich kann einfach nicht mehr! Ich habe allen Mut und alle Kraft, alle Möglichkeiten und Mittel aufgeboten, aber alles war umsonst. Ich habe dabei alles geopfert, und mein Leben scheint seinen Sinn verloren zu haben. Ich habe keine Kraft mehr zu kämpfen, und auch keine Kraft mehr zu leiden!", da dämmert es tief in deinem Innern, und eine unglaubliche Erkenntnis – die große Wahrheit – bricht durch: Es bleibt mir nichts anderes übrig, als mich zu ergeben! Ich muss endlich die Waffen niederlegen und den Kampf beenden! Es scheint das Letzte zu sein, was du allem Anschein nach tun kannst. Denn der Kampf war eine Illusion und nicht gewinnbar. Und du erkennst die größte Illusion deines Lebens. Diese Erkenntnis wird zum alles entscheidenden Schritt. Dieser scheinbar letzte Schritt, der jetzt noch übrig bleibt, erfordert von dir einen Mut, der unglaublich viel größer zu sein scheint, als aller Mut, den du für den langen Kampf aufgebracht hast, denn dieser letzte Schritt aktiviert jetzt mit geballter Kraft deine größte Angst. Es ist die Angst vor der eigenen Vernichtung, die wir alle in uns tragen. Denn durch sie musst du hindurchschreiten, es scheint keinen anderen Weg mehr zu geben. Du weißt nicht, was wirklich passieren wird. Du gerätst in die „Dunkle Nacht der Seele", denn du bist in diesem Moment völlig blind, weil du nicht weißt, was wirklich geschieht (dargestellt im Film durch Neos Augenbinde). Doch deine innere Stimme sagt dir: Geh jetzt endlich! Und du lieferst dich dem großen Ungeheuer aus, das dich scheinbar zu verschlingen droht. (Neo wagt sich weiter als je ein Mensch vor ihm, mitten ins Herz der Maschinenstadt, um sich dem alles entscheidenden Showdown mit dem unkontrollierbaren Programm Smith zu stellen.)

Es gibt nun kein Zurück mehr. Vielleicht erkennst du jetzt, dass du diesen Schritt tun muss, damit andere dir folgen können, deren Angst noch viel größer ist als deine. Du spürst, wie das Ungeheuer immer näherkommt, sich öffnet und dich völlig verschlingt. Deine große Angst fließt hinein in einen großen Schmerz, der den Schmerz deines gesamten Lebens zu repräsentieren scheint, und indem du diesen Schmerz aushältst und bereit bist, ihn endlich anzunehmen, findet die große Transformation statt – es wird endlich Frieden. (Frieden für Zion: Die Maschinen ziehen sich zurück, Mr. Smith löst sich wie ein Phantom auf.) Das Ergebnis ist ein innerer Frieden, der dich völlig aufgenommen hat und sich anfühlt wie eine große Erlösung. Du musstest scheinbar sterben, um gleichzeitig neu geboren zu werden. Und indem du dir dessen bewusst wirst, erkennst du: Das große Ungeheuer, für das du ein Leben lang all deine Energie verbraucht hast und das scheinbar alles zerstört hat, was dir lieb und teuer war, ist überhaupt kein Ungeheuer! Es wollte dich auch nicht töten! Es wollte, dass du genau dieses vollbringst: Den Kampf beenden und es endlich annehmen und damit aus seiner Gefangenschaft erlösen, aus dem tiefen dunklen Kerker, in den du es selbst verbannt hattest. (Neo fährt in das Zentrum des Ungeheuers, was ihn vollständig aufnimmt mit den Worten: „Es ist vollbracht!")

Das ist der Sinn von Erlösung und Auferstehung, der Weg zurück in die Freiheit!

Das scheint mir der innere Gehalt des Films „Matrix" zu sein. Er ist damit eine moderne Odyssee, wie wir noch sehen werden.

Diesen Weg zu beschreiben ist der Sinn des Spiels hier auf der Erde und die Erfüllung des inneren Ziels des Lebens, deines Lebens und des Lebens aller Menschen. Es ist der geistige oder spirituelle Weg, dessen Ziel darin besteht, die Illusion von sich selbst aufzulösen und klar zu erkennen: Wer bin ich?

Im Film drückt es Morpheus folgendermaßen aus:

Er fragt Neo: „Weißt du, wovon ich spreche?", und Neo

antwortet: „Von der Matrix." Darauf Morpheus: „Möchtest du wissen, was genau sie ist? Die Matrix ist eine Scheinwelt, die man dir vorgaukelt, um dich von der Wahrheit abzulenken."

Darauf Neo: „Welche Wahrheit?"

Morpheus: „Dass du ein Sklave bist, Neo! Du wurdest in die Sklaverei geboren und lebst in einem Gefängnis, das du weder anfassen noch riechen kannst. Ein Gefängnis für deinen Verstand. Dummerweise ist es schwer, jemandem zu erklären, was die Matrix ist. Jeder muss sie selbst erleben.

Dieses ist deine letzte Chance, danach gibt es kein Zurück! Schluckst du die blaue Kapsel, wachst du in deiner Welt auf und glaubst an das, was du glauben willst.

Schluckst du die rote Kapsel, bleibst du im Wunderland, und ich führe dich in die tiefsten Tiefen des Kaninchenbaus. Bedenke, alles, was ich dir anbieten kann, ist die Wahrheit....

So lange die Matrix existiert, wird der Mensch niemals frei sein!"[6]

Wenn Sie wirklich die Wahrheit über sich, Ihre Mitmenschen und Ihr Leben finden wollen, um zu freier Selbstbestimmung zu gelangen, dann besteht der Weg darin, sich die Frage zu beantworten, wie Sie am schnellsten erwachen können. Denn in Ihrer Kelleretage leben Sie in einer Illusion von sich selbst. Und Ihr Leben spiegelt diese Illusion in allen Facetten wider. Sie sind in Ihrem eigenen Albtraum gefangen oder Wächter Ihres selbst erschaffenen Gefängnisses.

Leider können wir die Illusion nicht durch das Schlucken einer roten Kapsel verlassen.

Bewusstwerdung ist ein Prozess, der sich aus Erkennen und Erfahren oder Erleben zusammensetzt. Dieses Erleben schließt das Fühlen ein.

Neale Donald Walsch hat dazu in „Zuhause in Gott" folgendes vermerkt:
„Unsere Seele ist bestrebt, hier auf der Erde durch Erfahrungen zu erleben, was sie bereits weiß. Sie weiß zum Beispiel, dass sie Gott nie verlassen hat, und strebt nun danach, dieses zu erfahren – zu erleben. Das Leben ist somit ein Prozess, bei dem die Seele Wissen in Erfahrung umwandelt. Und erst wenn das, was du gewusst, erfahren und erlebt hast, zu einer *gefühlten Realität* wird, ist dieser Prozess vollendet.
Zuhause, so stellt sich heraus, ist ein Ort namens vollkommene Vollendung. Es ist das durch das vollkommene Wissen und vollkommene Erfahren und das vollkommene Fühlen zur Vollendung gekommene Bewusstsein von „Wer du wirklich bist". Es ist das Ende der Trennung zwischen dir und der Göttlichkeit."[7]

Das, was ich mit Ihnen teilen kann, sind Erkenntnisse und Erfahrungen, die ich in diesem Prozess gewonnen habe. Ich kann Ihnen den Weg zeigen, der mein Weg war. Ich begann dadurch, meine eigene Illusion wahrzunehmen, um ihre Auflösung in Gang zu setzen. Dieser Prozess läuft immer noch. Ich habe keine Ahnung, wie lange er dauern wird. Aber ich bin inzwischen so weit gekommen, dass ich den Weg genießen kann und das Spiel mir Freude bereitet. Beinahe täglich kann ich Illusionen finden, und die Gefühle, die heraus wollen, loslassen. Gelingt mir das nicht, weiß ich, wo ich Hilfe bekomme.

Der Weg, den ich bisher genommen habe, ist einer von verschiedenen Wegen, die zum Ziel führen. Er scheint mir sehr effektiv zu sein. Und was wichtig ist, er besteht nicht aus vielen Regeln oder Anweisungen, die ich beachten muss. Denn ich habe immer das Einfache gesucht. Irgendwie wurde mir klar, bei so viel Genialität muss der Schöpfer einen für alle gehbaren Weg bereit haben. Ich wollte und konnte nicht stundenlang meditieren, Atemübungen machen, mich ständig weiter von Seminar zu Seminar bewegen usw.. Obwohl auch das sicher für bestimmte Zwecke nützlich ist. Nicht unbedingt jedoch für Bewusstwerdung, wenn sie dabei nicht an Ihre verdrängten Gefühle herankommen.

Es gab eine Zeit ganz am Anfang, da fühlte es sich an, als ob jemand bei mir wäre, der um mich einen riesigen Wattebausch hielt, so, als ob er mir mitteilen wollte: Du musst ruhiger werden und aus dem Stresszustand herauskommen. Es war wie in großes energetisches Dämpfungsfeld, das mir klarmachen wollte, wie ich ruhiger werden könnte. Einen Zustand, den ich nicht mehr kannte. Ich sollte meine innere Balance wiederfinden. Zu dieser Zeit bekam ich CDs, die, mit speziellen Frequenzen bespielt, halfen, von einem inneren Zustand der Unruhe aus Ruhe wieder wahrnehmen zu können. Damit hatte ich die Möglichkeit, mich durch die Polarität von Unruhe und Ruhe immer wieder in innere Ruhe zu begeben, was mir eine bessere Wahrnehmung von mir selbst ermöglichte. In einem unruhigen Zustand, und die meisten Menschen sind in einem solchen, kann man nicht wirklich wahrnehmen, was in seinem Inneren passiert. Denn um das verstehen zu wollen, was ich im letzten Teil geschrieben habe, müssen Sie Ihre bisherige Wahrnehmungsebene verlassen und von der vorwiegenden Orientierung nach außen bereit werden, das wahrzunehmen, was in Ihnen passiert. Erst dann kann Ihnen etwas über sich selbst bewusst werden. Das ist der Pfad herauszufinden, wer Sie wirklich sind. Den Weg müssen Sie selbst gehen. Ihre Erfahrungen und das Fühlen kann ich Ihnen nicht abnehmen. Aber ich beschreibe den Weg, so gut es mir möglich ist.

Die Illusion von uns selbst aufzulösen wird dann möglich, wenn wir das abtragen, was wir nicht sind. All das Künstliche, mit dem man uns „einzuwickeln" begann, nachdem wir geboren wurden. Eine wirkliche innere Entwicklung wird nur dann in Gang gesetzt, wenn wir genau das tun. Die Illusion abwickeln, damit die Realität zum Vorschein kommen kann. Mit dem Eintauchen in das Dualitätsbewusstsein der Erde vergaßen wir allmählich, wer wir sind, und lösten uns damit aus dem Einheitsbewusstsein. Das ist Bestandteil des Spiels und im göttlichen Plan so vorgesehen. Daran ist nichts, was man verurteilen müsste. Wodurch passiert das? Durch unsere Eltern, die Schule und die Gesellschaft. Alle stellen an uns bestimmte Bedingungen, und erst, wenn wir diese erfüllt haben, sind wir gut oder lieb. Das heißt, sie leben mit uns eine Liebe, die Bedingungen stellt. Das haben sie ebenso erfahren, als sie Kinder waren, und geben es uns unbewusst weiter. Wir erfahren dadurch die Polarität von Gut und Böse als Spannungsfeld in unserer Erziehung, indem wir eigentlich nur manipuliert oder konditioniert werden auf das, von dem unsere Eltern glauben, es sei „richtig." Damit erziehen sie uns, ohne dass es ihnen bewusst wird, mit Angst, Scham- und Schuldgefühlen. „Schäm dich dafür, was du da gerade wieder gemacht hast. Das tut man nicht als Junge oder als Mädchen!"

Manchmal bekommen wir die Schuld zugeschoben nach dem Motto, wer hat denn das schon wieder „verbrochen." Sie haben oft Angst, dass wir „unerwünschte" Dinge tun könnten, sind dann wütend, wenn wir sie tun, oder stolz, wenn wir etwas in ihrem Sinn getan haben. Wir erleben damit unsere Kindheit als ein Spannungsfeld zwischen Angst und scheinbarer Liebe. Immer müssen wir aufpassen, dass wir das „Richtige" tun, nach dem Motto: Was werden unsere Eltern dazu sagen? Sie meinen, bei Ihnen war das ganz anders? Sie haben Ihre Kindheit nur in guter Erinnerung? Das glauben alle. Aber genau das ist der kollektive Schlaf! Er besteht darin, dass wir uns dessen nicht bewusst sind, weil wir die Gefühle, die in der Regel schmerzlich waren, so stark verdrängt haben.

Als ich in Mc Kennas Buch „Spirituell unkorrekte Erleuchtung" den Bericht von Julie las, die sich auf das innere Spiel eingelassen hatte und Folgendes schrieb: „...und mir ist, als wäre ich als Baby entführt worden und würde erst jetzt begreifen, was es mit meiner Gefangenschaft wirklich auf sich hatte", empfand ich das als eine sehr passende Beschreibung des Bewusstwerdungsprozesses.

Als ich die traumatischen Erlebnisse mit meiner Oma auflöste und meinen Eltern davon berichtete, war ich schockiert, wie scheinbar belanglos sie es betrachteten. Das sind die Dinge, von denen wir nichts mehr wissen wollen, weil wir sie so stark verdrängt haben, und unsere Eltern ebenso. Aber dazu komme ich noch konkret. Wir wurden erzogen im Spannungsfeld von destruktiven Energien, die sich in uns zerstörerisch auswirken und unser weiteres Leben überschatten. Bedingungslose Liebe finden wir nur sehr selten. Diese Energien, die in uns gespeichert bleiben, lassen uns zu Menschen werden, die sich klein und bedeutungslos vorkommen, die oft ein geringes Selbstwertgefühl haben und durch viele Ängste bestimmt sind. Aus dem Glauben heraus, nicht gut genug zu sein, entsteht unser Bedürfnis, uns beweisen zu müssen und anderen zu zeigen, wie gut wir doch sind. Das ist die Ebene „Stolz", die immer noch zerstörerisch ist. Erinnern Sie sich daran, wie viele Menschen ihr Leben lassen mussten, weil man sie durch die Emotion „Stolz auf ihre arische Rasse" manipulierte und in einen sinnlosen Krieg schickte.

Wir beweisen uns scheinbar, indem wir für unser verlorenes wahres Sein unbewusst Ersatzbefriedigungen nachjagen. Wir wollen die Leere füllen und die Selbstliebe, die uns auf diesem Weg verlorengegangen ist, ersetzen. Das tun wir, indem wir uns im Außen nach „Dingen" umsehen, von denen wir glauben, sie würden uns in diesem Sinn befriedigen. Wir hängen sie an unser Ich-Gefühl an oder geben ihnen ein Ich-Gefühl. Man kann auch sagen, wir binden sie an uns oder verhaften uns mit ihnen. Das kann man sogar wörtlich nehmen, ist mir gerade aufgegangen. Verhaften – wir stecken uns mit ihnen zusammen in ein Gefängnis, das wir selbst erbaut haben. Das sind zum Beispiel solche wie mein Besitz, mein Auto, mein Haus, mein Körper, mein Ehemann, meine Kinder, mein Name, meine Nationalität, mein Beruf, meine Religion, meine Eltern, mein Wissen, meine Vorlieben, meine Abneigungen oder meine Vergangenheit. Also Dinge, Formen und Rollen, denen wir ein Identitätsgefühl verleihen, indem wir „mein" daranhängen und die uns die Möglichkeit einräumen zu sagen, mein Haus, mein Mann, mein Wissen ist viel besser als deins. Damit habe ich bewiesen, ich bin viel besser als du. Und das macht mich stolz.

Für die meisten Menschen ist das Leben ein unendlicher Kampf um das „Bessere" geworden. Sie glauben, es würde sie glücklich machen, besser zu sein als andere. Wir merken nicht, dass wir uns mit den „falschen" Göttern identifizieren, die uns nicht das zurückgeben können, was wir verloren haben. Im Gegenteil, auf dem Weg der Anhaftung an Dinge, Formen und Rollen entfernen wir uns immer mehr von uns selbst, da all diese Dinge Verhaftungen des EGOs sind. Sie halten uns fest auf der Ebene von „Stolz" und verhindern, dass unser Bewusstsein sich erweitern kann. Wir leben in einer selbst erschaffenen Scheinidentität oder Illusion.

Dieses EGO ist sozusagen die Basis der menschlichen Unbewusstheit oder Gestörtheit, die Hauptzentrale unseres Kampfes. Das Unbewusste in uns hat einen neunmal stärkeren Einfluss als das, dessen wir uns bewusst sind, und dominiert damit all unser Tun! Wir sind Sklave des EGOs. Bevor wir es nicht wahrnehmen und transformieren, werden wir unser wirkliches Zuhause nicht wiederfinden, weil es uns genau daran hindert. Das EGO verkörpert auf unserer Erde, wie Eckhart Tolle schreibt, die letzte Phase des universellen Schlafs der Menschheit. Es ist eine notwendige Stufe in der Evolution unseres Bewusstseins.

Dabei ist das Identifizieren mit Formen und Rollen noch sehr einfach zu durchschauen. Sie werden leicht feststellen können, wie es sich anfühlt, Form – oder Rollenidentifizierungen zu erkennen und loszulassen. Je mehr Sie davon haben, und je bedeutender sie Ihnen sind, desto schwerer scheint es oft. Versuchen Sie, sich Ihrer Identifizierungen bewusst zu werden.

Etwas schwieriger ist es, sich der Teile des EGOs bewusst zu werden, mit denen wir uns noch stärker identifiziert haben und die nicht so offensichtlich sind wie Formen und Rollenidentifizierungen. Aber genau diese sind wichtig, um die Illusion zu erkennen, die sich tief in uns befindet. Diese Teile des EGO sind zum einen unsere unkontrollierten und zwanghaften Gedanken (Verstand), die wir in der Regel nicht bewusst wahrnehmen. Deshalb sind wir ja auch unbewusst oder „schlafend".

Machen Sie bitte den Versuch zu beobachten, was die Stimme in Ihrem Kopf sagt, wenn Sie nicht denken müssen. Zum Beispiel bei Routinearbeiten wie Hausarbeiten aller Art oder beim Jogging, Rasenmähen usw.. Als ich mir zum ersten Mal dieser Stimme im Kopf bewusst wurde, es war beim Jogging, konnte ich vor Schreck fast nicht weiterlaufen. Es war unglaublich, welche Gedanken durch meinen Kopf rasten, während ich meinen Körper zum Laufen verpflichtete. Das hat mich tief beeindruckt und bewusster gemacht.

Zum Zweiten besteht unser EGO aus den emotionalen Reaktionen, die diese zwanghaften Gedanken in uns auslösen und uns ebenso nicht bewusst sind, so lange wir „schlafen".

Ein einziges Mal konnte ich das Gedankenmuster wahrnehmen, das unmittelbar – Millisekunden – vor der emotionalen Reaktion abläuft. Damit hatte ich Klarheit. Mir wurde bewusst, was da in mir passierte. Das Muster war uralt. Ich war bereit, die Emotionen, die es aktivierte, wahrzunehmen. Diese unkontrollierten Gedanken und emotionalen Reaktionen sind im Vergleich zu Formen, Rollen und Dingen „nur" Energie, die es uns genau deshalb noch schwerer machen, sie zu durchschauen, denn unsere Identifizierung mit ihnen ist aus diesem Grund wesentlich stärker. Im „Schlafzustand" glauben wir in der Regel, wir wären unsere Gedanken und Emotionen, so stark identifizieren wir uns mit ihnen. Aus dem Ganzen entsteht ein Zustand, den man mit EGO-Verhaftetsein beschreiben kann. Da das EGO bereits die Störung ist, sind wir also mit einer Störung verhaftet, wodurch wir oft gestört erscheinen.

Wie erscheint Ihnen zum Beispiel ein wütender Mensch, der seine Wut gerade an jemandem auslässt? Verrückt, oder? Er ist in diesem Moment mit seiner Wut vollständig identifiziert, die gleichzeitig eine emotionale Wunde verbirgt. Diese Identifizierung mit unbewussten geistig-emotionalen Mustern verwandelt unser Leben in einen Albtraum, dem wir nur entkommen, wenn wir dieses erkennen, es uns beziehungsweise bewusst wird. Nur durch bewusste Wahrnehmung können wir diesen Albtraum auflösen.

Was sich hier so leicht beschreiben lässt, ist in Wirklichkeit ein Prozess, den man mit Folgendem vergleichen könnte: Wenn ein Verrückter erkennt, dass er verrückt ist, entsteht Bewusstheit! Ein scheinbares Paradoxon. Und doch ist es möglich, seine „Verrücktheit" zu erkennen. Dazu benutzen wir unser beobachtendes Bewusstsein. Es ist das Bewusstsein, das sagen kann: Ich denke, und ich fühle. Dieses Bewusstsein richten wir nach innen, um unsere unkontrollierten Gedanken und die dadurch hervorgerufenen Emotionen zu beobachten. Die Weisheitslehren nennen das „Zeuge sein". Die nach innen gerichtete Beobachtung kann uns diese Prozesse bewusst werden lassen, was im Ergebnis dazu führt, dass wir in Bezug auf uns selbst eine neue Bewusstseinsebene aktivieren und aus dem Schlafzustand heraustreten. Darüber sprechen wir ausführlich im Abschnitt „Das Spiel".

Wie die Illusion entstand

Im Folgenden versuchen wir, den Emotionen oder emotionalen Reaktionen, die durch die unkontrollierten Gedanken hervorgerufen werden, näherzukommen, um zu erkennen, wie sie entstanden sind und uns das Leben zur Hölle machen können. Wir machen uns mit dem Teil in uns bekannt, der das scheinbar Böse repräsentiert. Er erzeugt zusammen mit dem Guten, das wir glauben zu sein, das Spannungsfeld oder die Polarität zwischen Gut und Böse in uns, die Dualität. Dieses Verständnis ist die Basis für den Bewusstwerdungs- und Selbstbefreiungsprozess.

Dabei werden wir die Frage beantworten: Sind wir eigentlich der Besitzer unseres eigenen Hauses (Körpers), oder haben wir die Kontrolle schon lange abgegeben? Sind wir der Gefangene unseres eigenen Gefängnisses, verhaftet im Kerker, gemeinsam mit unserer Vergangenheit? Sind wir wirklich ein Sklave, wie Morpheus es in der Matrix mitteilt?

Kennen Sie eine Situation in Ihrer Familie oder Partnerschaft, wo Sie wütend, aggressiv oder verletzend waren und Dinge sagten, die Sie eigentlich gar nicht sagen wollten, was Ihnen später sehr leid tat? Oder Situationen, in denen Sie sogar körperliche Gewalt anwendeten gegen Ihre Kinder oder Ihren Partner, weil Sie die Situation nicht mehr beherrschten, was Ihnen unter Umständen noch mehr leid tat?

Situationen also, zu denen der Volksmund Folgendes sagt, und die Michael Kent[8)] in der Depesche so treffend mit einer Frage verknüpft hat:

„Das ist ihm so rausgerutscht!"
Frage: Wer hat es dann angeschoben?
„Er war nicht ganz bei sich!"
Frage: Wer war dann bei ihm?
„Er war außer sich vor Wut!"
Frage: Wo war er dann?
„Er hat seine Beherrschung verloren!"
Frage: Wer oder was hat ihn dann beherrscht?
„Sie sind mit ihm durchgegangen!"
Frage: Wer sind „sie", oder was hat die Kontrolle übernommen?

Kann es sein, dass es etwas in uns gibt, das uns Worte sagen lässt, die wir nicht sagen wollten, uns wütend werden lässt, obwohl wir nicht wütend werden wollten, uns ängstigt oder traurig macht, obwohl wir nicht wissen, warum?

Kann jemand sagen, warum er wütend, aggressiv oder unbeherrscht wird?

Glauben Sie vielleicht, Ihr Partner oder die Kinder seien schuld daran? Dann sind Sie in tiefstem Maße unbewusst und „schlafend" und haben die Kontrolle über sich selbst abgegeben. Sie sind, ohne es zu bemerken, ein Sklave. Gibt es etwas in uns, das uns unserer Selbstbestimmung beraubt, Macht über uns hat und uns fremdbestimmt? Oder waren wir gerade von einem Dämon besessen, haben kleine grüne Männchen uns etwas eingeflüstert? War es vielleicht ein defekter Schaltkreis oder ein chemisches Ungleichgewicht, wie uns Psychiatrie und Pharma weismachen wollen? Entscheidet sich jemand bewusst, wütend zu werden?

Die meisten überkommt dieser Zustand, und sie wissen nicht, warum. Und wenn Ihre Sicht nach außen gerichtet ist, glauben Sie ganz ernsthaft (und ich tat das auch), der Partner, das Problem, die Kinder, der Umstand seien schuld an dieser Wut.

Ich habe mich viele Jahre gefragt, warum mein Mann wütend reagiert auf Dinge, die ich sagte, obwohl das Gesagte keinen wirklichen Anlass dazu gab. Ich fand keine Antwort. Ich versuchte dann, bestimmte Themen zu meiden, mit dem Ergebnis, dass es immer weniger Themen wurden, über die wir sprechen konnten. Gleichzeitig habe ich mich gefragt, warum ich wütend oder traurig werde, was vor der Beziehung zu meinem Mann und in Beziehung zu anderen Personen so nicht auftrat.

Die Erklärung, die mir sofort einleuchtete, fand ich viele Jahre später, genau zu einem Zeitpunkt, als ich sie am dringendsten nötig hatte, im Buch von Eva Maria Zurhorst „Liebe dich selbst, und es ist egal, wen du heiratest".[9] Ein Buch, das Sie lesen sollten, wenn Sie Ihre Beziehung besser verstehen wollen. Es beantwortet die meisten Fragen.

Ich habe einige Passagen hier verwendet, weil Frau Zurhorst es einfach so gut erklärt, dass ich mich nicht mit weniger zufrieden geben wollte.

„Stellen Sie sich einen Eisberg vor, von dem die Spitze, die aus dem Wasser schaut, der Teil ist, zu dem wir sagen: Das bin ich. Dieser Teil ist uns bewusst. Mit diesem Teil zum Beispiel glauben wir, den Traumpartner gefunden zu haben. Er ist äußerlich sichtbar und macht vielleicht 1/10 des Eisbergrumpfes aus. In dem anderen Teil jedoch, dem übermächtigen Rumpf, der sich unter Wasser befindet und 9/10 der Eisbergmasse ausmacht, schlummert unsere gesamte komplexe Persönlichkeit, der Teil von uns, der uns nicht bewusst ist. Hier finden wir all das, was unserem Bewusstsein abhanden gekommen ist oder uns noch nie zu Bewusstsein kam – unser Unterbewusstes. Dieser Rumpf enthält alles, was wir aus unserer Ursprungsfamilie mitgebracht haben und dort als ablehnenswert und unerwünscht galt. Was so schmerzte, dass wir es lieber verdrängen und vergessen wollten, was wir nicht verstanden, angenommen und geheilt haben, alle alten Muster, frühe Kindheitserfahrungen, alle Schmerzen, Verletzungen und Ängste. Alles, was wir uns nie zugetraut haben. Alles, was einmal ganz natürlich zu uns gehörte, in unserer Familie jedoch keinen Platz hatte. Weshalb wir einstmals ein unbeachtetes oder böses Kind waren, was wir deshalb heute als gefährlich einstufen, bewusst nicht mehr wahrhaben wollen oder uns nicht mehr erlauben."

Vielleicht denken Sie jetzt, dass das bei Ihnen nicht so viel sein kann. Aber genau das ist die Illusion und Bestandteil des Schlafs! All das hat sich unten in unserem Eisberg zum vermeintlich Bösen verwandelt, in unsere Schattenseite, weil wir es verdrängt oder abgespalten haben. Ähnlich einer Raubkatze, die in einen Käfig eingesperrt wurde und sich deshalb in ein angriffsbereites Ungeheuer verwandelt hat. (Dieses Ungeheuer finden wir zum Beispiel in den Maschinen im Film „Matrix", im Wal in Moby Dick, im Drachen, den Siegfried besiegte, den Ungeheuern, denen sich Odysseus stellen musste, wie wir später noch sehen werden.)

Dieses Tier werde ich – wie Eckhart Tolle – als unseren Schmerzkörper bezeichnen, um ihn als Teil von uns wahrzunehmen. Es ist eigentlich unser Emotionalkörper.

Wie ist er entstanden?

Alles, was wir vom Tag unserer Zeugung erleben – bleibt als Energie gespeichert. Als ungeborenes Kind erfahren wir das gesamte Gefühlsspektrum der Mutter und die Energien aus ihrer Umgebung. Bei unserer Geburt nehmen wir die Gefühle der beteiligten Personen auf. In unserer gesamten Kindheit und Jugend werden wir durch die Gefühlswelt unserer unmittelbaren Bezugspersonen geprägt. Ich habe zum Beispiel die Ängste meiner Eltern während meiner schwierigen Geburt aufgelöst. Und wir bringen schon „Gepäck" aus früheren Leben (Inkarnationen) mit, ebenso wie den kollektiven Schmerz der Menschheit, den wir über viele tausend Jahre mit uns herumtragen. Sind es Emotionen, die starken Schmerz verursachen, wird dieser Schmerz in uns energetisch gespeichert. Da das Leben in den unteren Bewusstseinsebenen, wie wir jetzt wissen, durch destruktive Emotionen geprägt ist, die Schmerz verursachen, tragen wir alle einen großen Schmerzrucksack mit uns herum. Dieser Schmerzkörper ist zu einem Energiefeld geworden, das in unseren Körperzellen lebt und uns unbewusst steuert. Die Kinesiologie nach Dr. Klinghardt hat eine Gefühlskarte entwickelt, die aufzeigt, wo zum Beispiel welche Energien gespeichert sein können (Wut – Leber; Angst – Niere; Ablehnung – Gallenblase; plötzlicher Schock – emotionales Herz; Freudlosigkeit – physisches Herz; chronischer Kummer – Lunge; Blase – Scham usw.). Der Schmerzkörper ist zum Beispiel die Ursache für psychische und einen Großteil anderer Erkrankungen. Er ist, bis auf wenige Ausnahmen, in unserer Kindheit entstanden. Deshalb funktioniert und handelt er auch wie ein Kind.

Sind wir geboren, können wir nicht anderes tun, als empfangen: Nahrung, Wärme, Zuneigung, genauso wie Abweisung und Misshandlung. Unsere Eltern, die genauso unbewusst und schmerzkörpergesteuert waren, konnten mit ihrer Wut, Traurigkeit und Angst nicht umgehen, und so auch nicht mit unseren Gefühlen. Wir bekamen in der Regel nur Liebe mit Bedingungen. Wir sollten aufhören, wütend zu sein, weil wir damit ihren eigenen Schmerz aktivierten, Jungen durften nicht weinen, unsere Traurigkeit wurde als nicht so schlimm hingestellt, unsere Angst nicht ernst genommen. Wir lernten, Gefühle nicht zu fühlen, sondern sie zu verdrängen. Sie waren oft nicht erwünscht. Sogar positive! Ich erinnere mich noch, wie meine Mutter mir oft sagte, wenn ich sehr ausgelassen lachte: „So, wie du lachst, weinst du noch." Es war ihr anscheinend nicht recht, dass ich lange und laut lachte, vielleicht, weil ich damit bei ihr etwas aktivierte. Außerdem passierte wirklich folgendes Paradoxon: Wenn ich lange genug gelacht hatte, musste ich weinen. Lachen schien schmerzhafte Gefühle zu aktivieren.

Immer, wenn wir ausreichend Liebe und Zuwendung bekamen, schreibt Frau Zurhorst, konnten wir wachsen, wenn sie jedoch fehlten, konnte kein Wachstum stattfinden. Bekamen wir als Baby nicht genug Zuwendung und Liebe, dann gibt es einen Teil in uns, der wie ein verängstigtes, einsames oder hungriges Baby reagiert. Wurden wir als Teenager verlacht, verletzt oder missbraucht, dann gibt es einen Anteil, der wie ein verletzter Teenager reagiert. Entsprechend als Kleinkind, Schulkind usw. Immer, wenn unsere Bedürfnisse nach Zuwendung, Nähe, Schutz, Liebe nicht erfüllt wurden und damit eine Unterversorgung oder Traumatisierung stattfand, blieben Teile von uns in ihrer seelischen Entwicklung stecken und spalteten sich ab. Der für uns damit verbundene Schmerz konnte nicht angenommen werden – es tat zu weh. Uns blieb nur eines übrig: Wir mussten ihn verdrängen. Damit jedoch lebt die schmerzliche Emotion in uns weiter. Wir wuchsen heran zu einem Menschen mit teilweise vollständigen und teilweise unvollständigen Persönlichkeitsanteilen, die genau dem Stadium unserer Entwicklung entsprechen, in dem sie entstanden sind und in dem unsere Bedürfnisse nicht erfüllt wurden.

Und so schleppen wir, wenn wir später eine Beziehung eingehen, unsere abgespaltene Großfamilie aus Säuglingen, Kleinkindern, Heranwachsenden und Pubertierenden mit uns herum. Unser Leben kann sich nicht erfüllen, beziehungsweise die Erfüllung ist immer dort blockiert, wo diese Kinder noch ihre ganz eigene Art von Erfüllung suchen. Dieser Schmerzkörper beherrscht unser ganzes Leben, weil wir uns mit ihm identifizieren und glauben, wir seien unser Schmerz, genauso, wie wir glauben, unsere Gedanken zu sein. Und immer wenn wir bewusst handeln wollen, aktivieren sich alte Gefühle und Blockierungen und übertragen sich auf die aktuelle Situation. Das passiert völlig automatisch und unbewusst – reaktiv. Ohne Hinterfragen werden die alten Kindheitsverletzungen und Muster reaktiviert und auf unser jetziges Leben übertragen. Je traumatischer und langanhaltender die Erfahrungen waren, denen wir als Kind ausgesetzt waren, desto intensiver wirken sie heute in uns und machen uns wütend, unbeherrscht, verstimmt, beleidigt, bockig, traurig, ängstlich usw.

Um unseren Schmerz zu reaktivieren, bedarf es manchmal nicht einmal eines Wortes. Das meiste passiert sogar „nur" auf der energetischen Ebene. Ihr Partner redet zum Beispiel aus unbekanntem Grund nicht mit Ihnen. Sie beschleicht ein unangenehmes Gefühl. Vielleicht, denken Sie, habe ich etwas falsch gemacht, weil er nicht mit mir redet? Oder Sie werden traurig darüber, zum Schluss gar wütend, weil er immer noch schweigt. Sie wollen ihn zur Rede stellen, haben jedoch ein flaues Gefühl, das Ihnen Angst macht, es zu tun. Sie wissen nicht, weil Sie es so stark verdrängt haben, dass es sich um eine Situation aus Ihrer Kindheit handelt, in der Ihre Eltern nicht mit Ihnen redeten, weil Sie irgendetwas angestellt hatten. Sie waren dann immer sehr traurig, fühlten sich einsam und verlassen und waren zum Schluss vielleicht wütend auf Ihre Eltern, weil man Ihnen Hausarrest oder eine andere Bestrafung gegeben hatte. Diese alten abgespaltenen Gefühle kann zum Beispiel das Schweigen Ihres Partners aktivieren und Sie damit wieder in Kontakt mit Ihrem alten Schmerz bringen. Sie möchten all Ihre Wut auf Ihren Partner richten und ihn anschreien: Was tust du mir damit an! In Wirklichkeit ist es etwas, was Ihnen lange vor Ihrer Partnerschaft „angetan" wurde von Schlafenden. Auch sie wussten nicht, was sie tun.

Sobald Sie erkennen, dass hier der Ursprung für alles Leid in Ihrem Leben und im Leben anderer Menschen liegt, wird Ihnen auch die Ursache für den gesamten menschlichen Wahnsinn bewusst. Diese Ursache befindet sich in jedem von uns. Sie kann deshalb auch nur von jedem selbst aufgelöst werden. Die Akzeptanz dieser Wahrheit ist erste Voraussetzung für Ihre Bereitschaft, sich auf das Spiel einzulassen und die Illusion zu erkennen, die Illusion von sich selbst!

Ein Beispiel aus dem Leben:

Ein Mann, nennen wir ihn Herrmann, ist mit seiner Frau und seinem Sohn in einer Tiefgarage, aus der er rückwärts herausfahren will. Seine Frau steht, ebenso wie sein Sohn, neben dem Wagen, ohne jedoch zu wissen, was Herrmann genau vorhat, da er eigentlich auch vorwärts hätte herausfahren können. Er fährt etwa in der Mitte der Garage. Rechts und links davon befinden sich schwere Betonpfeiler. An drei der Pfeiler ist er bereits vorbei, der vierte ist noch hinter ihm. Da er nicht zum ersten Mal in der Garage ist, glaubt seine Frau, dass er den vierten Pfeiler sieht und macht sich keine weiteren Gedanken. Plötzlich schlägt Herrmann rückwärts ein, und ihr wird schlagartig klar, er hat den letzten Pfeiler doch nicht im Blick gehabt. Als sie losschreit, um das Schlimmste zu verhüten, ist die hintere Stoßstange des Wagens mit dem Pfeiler bereits kollidiert. Sie bleibt zunächst einmal ruhig, aber als ein Wort das andere ergibt, weil er erklärt, er hätte durch die Rückscheibe wegen des Gepäcks im Kofferraum nicht richtig sehen können, was hinter ihm ist, steigt Wut in ihr auf, weil er ja dann zumindest hätte fragen können. Die Wut resoniert mit seiner Wut, die dadurch so richtig aktiviert wird. Er entlädt sie kurze Zeit darauf auf seinem Sohn, der neben ihm im Wagen sitzt und völlig unbeteiligt an dem Vorgang war, und natürlich auf seine Frau, die eigentlich auch nicht „schuld" war. Der Tag ist verdorben.

Die Auflösung:
Für Herrmann ist es schwierig, andere um Hilfe zu bitten, weil er dabei das Gefühl hat, nicht verstanden zu werden. Wenn er als Kind seine Eltern um Hilfe gebeten hat, bekam er oft nur zu Antwort, er solle sich selbst einen Kopf machen. Das hat ihn jedes Mal wütend und traurig gemacht und ihn oft in einem verzweifelten und hilflosen Zustand zurückgelassen.

Diese Gefühle projiziert er nun auf seine Frau und seinen Sohn, denen er unbewusst die Schuld gibt für den Unfall. In Wirklichkeit meint er damit seine Eltern, von denen er als Kind nicht genügend beziehungsweise keine Hilfe bekam. Die Situation hat ihn in einen Angst- oder Schockzustand versetzt, genau wie er das als Kind oft erfahren musste. Er reagiert mit Wut, Rückzug und Abschottung, aus Angst, den alten Schmerz wieder fühlen zu müssen.

Erkennen Sie, wie das mit unserer Unbewusstheit und unserem Schlafzustand ist? Wut ist immer der beste Indikator. Aber dazu kommen wir noch.

Der Schmerz in jedem von uns erschafft den menschlichen Wahnsinn auf der Erde. In seinem Namen werden Menschen ermordet und Kriege geführt, Ehen zerstört, Kinder geschändet und getötet. In seinem Namen begehen Menschen Selbstmord. Auf diese Weise ist ein Leiderschaffungsprozess ungeahnten Ausmaßes in Gang, den wir nur beenden können, wenn wir aus unserem Schlaf erwachen und erkennen, was uns da beherrscht.

Was uns die alten Mythen und Sagen wirklich mitteilen wollen

Als mir im Prozess des Schreibens die innere Bedeutung des Films „Matrix" klar wurde, war mein Interesse geweckt zu erfahren, wer das Buch zum Film geschrieben haben könnte. Ich kam im Internet zu den Wachowski Brüdern, die für Buch und Regie verantwortlich sind. Es war nicht wirklich viel über sie zu finden, was ich fast schon vermutet hatte. Aufmerksam wurde ich jedoch, als jemand über sie äußerte, wenn sie zusammen wären, wirkten sie, als hätten sie ein gemeinsames Gehirn. Bei 3.856.293 Entscheidungen, die für den Film „Matrix" zu treffen waren, hatten sie nur drei (!) Meinungsverschiedenheiten. Ihre Lieblingsbücher sind unter anderem „Odyssee" von Homer. Ich ging im Internet weiter zu Homer und kam auf „Die Irrfahrten des Odysseus", wo ich mir den Inhalt anschaute. Dort fand ich verschiedene Passagen, die, ohne dass ich tiefer schürfen konnte, meine Vermutungen bestätigten. Odysseus ist der bekannteste Held der griechischen Mythologie. Seine Irrfahrten stehen für unsere Irrfahrten, die wir erleben, wenn wir nicht erwachen. Seine Kämpfe sind unsere Kämpfe, die wir kämpfen, solange wir schlafend sind. Ich besorgte mir daraufhin das Buch und wurde an vielen Stellen fündig. Hier einige Stichpunkte dazu:

Alle Kämpfe, die Odysseus scheinbar im Äußeren zu bestehen hatte, beziehen sich auf den Kampf in seinem Inneren, den Kampf mit seinem Schmerzkörper. Auch dieser Mythos hat neben der äußeren Geschichte eine innere

Parabel, die von unserer Bewusstwerdung handelt. Historiker oder Homer-Forscher, die bemüht waren, den Inhalt zu interpretieren, mussten dies übersehen und sind deshalb am Wesenskern des großen Werks vorbeigegangen. Kurz einige Stichpunkte:

Häufig findet man den Satz: „...noch hab ich unsere Heimat nicht berührt; ich irre noch stets von Leiden zu Leiden...", oder „...ich leide noch stets." Mit Heimat ist nicht das Land, die Insel Ithaka, die äußere Heimat, gemeint. Es ist unsere innere Heimat, unser wirkliches Zuhause gemeint, das Einheitsbewusstsein des Göttlichen. So lange ich es nicht wiedergefunden habe, bin ich leidend.

In unsere innere Heimat gelangen wir erst, wenn wir uns allen Ungeheuern, dem wilden Tier in unserem Inneren, unserem Schmerzkörper, gestellt haben. Das wird durch Odysseus' Kämpfe gegen Seeungeheuer und Zyklopen in der äußeren Parabel deutlich gemacht. Er muss sich seinen eigenen Schatten, die immer größer zu werden scheinen, stellen, indem er sich auf sie einlässt und mit ihnen konfrontiert wird. Denn nur so sind sie zu erlösen. Dabei lernt er, durch die Ängste hindurchzugehen und sich mutig jedem neuen Ungeheuer, das aus seinem Inneren auftaucht, zu stellen.

Vergebung als wichtiger Schlüssel wird durch Odysseus' Besuch der Schattenwelt dargestellt. Er stellt sich damit seiner Vergangenheit, den unerlösten Schatten des Schmerzkörpers, indem er die Verstorbenen besucht, um zu vergeben, was an Unrecht getan wurde, um sich mit ihnen auszusöhnen und inneren Frieden zu finden.

Immer ist er der „einsame Dulder". Das wird sehr häufig erwähnt. Denn all das kann er nur allein tun, niemand kann ihm dabei helfen. Seine Gefährten kommen während seiner Irrfahrten um. Auf dem inneren Weg sind wir immer auf uns selbst zurückgeworfen, wir sind allein und müssen die Wachstums- oder Transformationsschmerzen allein aushalten. Homer beschreibt sogar „Die dunkle Nacht der Seele", die uns in die Erfahrung und damit in die Transformation unserer größten Angst bringt. Es ist ein Zustand, in dem es scheinbar nicht mehr weiterzugehen scheint. Man kann nichts mehr tun, außer sich der schrecklichen und angsteinflößenden Situation vollständig hinzugeben und sie zu durchleben, zu durchfühlen. Im Matrixfilm der Punkt, an dem Neo mit verbundenen Augen in den Schlund des Ungeheuers gefahren wird. Es ist genau der Punkt, an dem wir uns dieser Angst entledigen können. Homer schreibt dazu: „Aber Skylla ließ mich der Vater der Menschen und Götter nicht mehr schauen; ich wäre sonst nie dem Verderben entronnen! Und neun Tage *(und neun Nächte)* trieb ich umher (*auf einem Holzbalken im Wasser*); in der zehnten der Nächte führten die Himmlischen mich gen Ogygia..."[10]

Ich wäre sonst nie dem Verderben entronnen – bedeutet, ich komme nicht heraus aus dem Leid und dem Kampf, die mein Untergang sind, wenn ich mich meiner zentralen Angst nicht stelle. So lange bleibe ich in der Dunkelheit.

Einen weiteren Hinweis auf den inneren Prozess erhält man, indem Odysseus sich mehrmals als „Niemand" bezeichnet. Das kann bedeuten, er gibt seine Identifizierung mit seiner Rolle als König von Ithaka und mit seinem Namen auf (löst sich von der wichtigsten Rolle, die er gespielt hat in seinem Leben – als Bestandteil der Transformation des EGOs), oder er weiß immer noch nicht, wer er ist, so lange er seine innere Heimat nicht wiedergefunden hat. Möglicherweise drückt es beides gleichzeitig aus. All das erkennt man erst durch eigene Erfahrungen im Bewusstwerdungsprozess.

Eine weitere, wunderbare Beschreibung der inneren Prozesse findet sich im Dreizehnten Gesang, als Odysseus auf dem Schiff endlich heimkehrt:

„Heimwärts tragend den Mann, an Weisheit ähnlich den Göttern.

(Wenn die Illusion aufgelöst ist, erfährst du die ganze Wahrheit und erhältst gleichzeitig die Weisheit, die gottgleich ist.)

Ach! Er hatte so viele unnennbare Leiden erduldet, da er die Schlachten der Männer geschlagen und tobende Fluten durchkämpfte.

(Seine inneren Kämpfe und inneren Schlachten, die alle Männer erleiden, indem sie in der äußeren Welt kämpfen.)

Und nun schlief er so ruhig und all seine Leiden vergessend.

(Ab einem bestimmten Punkt in diesem Prozess nimmst du deutlich wahr, dass deine Leiden immer weniger werden, mit jeder Illusion, die du auflöst. Und dann

beginnst du allmählich, deine Leiden zu vergessen. Alles erscheint dir nur noch wie ein Traum, der nicht wirklich war, bis du dich kaum noch daran erinnerst, dass du überhaupt gelitten hast. Du wirst leidfrei.)

Als nun östlich der Stern mit funkelndem Schimmer emporstieg, welcher das kommende Licht der Morgenröte verkündet, schwebten sie nahe der Insel im meerdurchwallenden Schiffe.

(Der Morgenstern ist der Planet Venus, die Venus die Göttin der Liebe. Wenn du dein Leid erlöst hast, erwartet dich das neue Licht der Liebe und des Mitgefühls, du wirst zu Liebe und Mitgefühl. Es wird deine neue Lebensbasis.)

Phorkys, dem Greise des Meeres, ist eine der Buchten geheiligt, gegen der Ithaker Stadt, wo zwei vorragende schroffe Felsenspitzen der Reede sich an der Mündung begegnen.

Diese zwingen die Flut, die der Sturm lautbrausend heranwälzt, draußen zurück; inwendig am stillen Ufer des Hafens ruh'n unangebunden die schöngebordeten Schiffe."[11]

(Das ist die Beschreibung der inneren Stille oder des inneren Friedens, den man erhält, wenn die innere Transformation abgeschlossen ist. Die Stürme des Lebens bleiben draußen zurück, innen bist du friedlich und völlig frei – unangebunden, ohne Identifizierungen. Die schroffen Felsspitzen symbolisieren den starken Schutz, den du dadurch vor den Stürmen des Lebens erhältst. Die Reede ist dein geschützter Ankerplatz, den du von jetzt an in deinem

Inneren besitzt, und an dem du jederzeit verankert sein kannst, sodass die äußeren Stürme dir nichts mehr anhaben können.)

Als Odysseus endlich von seinen Irrfahrten nach Hause kommt, findet er seine vertraute Welt nicht mehr, seine alte Welt, die er einst verlassen hatte, ist verschwunden. Nachdem wir die inneren Prozesse durchlaufen haben, sind wir nicht mehr in unserer alten Welt, weil die Energien, die in der alten Welt vorherrschten, transformiert wurden. Wir bewohnen eine Energieebene mit höherer Schwingung, die nichts mehr gemein hat mit der Welt, die wir verlassen haben.

Odysseus ist jetzt fähig, die Liebe zu Penelopeia, seiner Frau, zu erneuern, indem er die letzten Illusionen, die zwischen ihm und ihr stehen, die Freier, tötet. Außerdem entledigt er sich der Kräfte, die ihm einst treu gedient haben, die er nun jedoch als untreu entlarvt, weil er erkennt, dass sie ihn in Wirklichkeit nur von seiner Heimreise abgehalten haben, der Reise zu sich selbst. Das symbolisiert meines Erachtens das Töten der „untreuen Knechte und Mägde", die die Beendigung des Dienstes des EGO darstellen. Damit ist der Transformationsprozess abgeschlossen. Die „Irrfahrten des Odysseus" beinhaltet also eine innere Lehre, die den Weg zur Befreiung vom EGO/Schmerzkörper und so den Weg der Selbstbefreiung aufzeigt, der heute wieder in das Bewusstsein der Menschheit rückt. Es ist der Weg unserer Heimkehr.

Was ich vermute, obwohl ich mich nicht damit befasst habe, ist, dass auch die arabischen Märchen, wie zum Beispiel „Sindbad, der Seefahrer", Ähnliches zum Ausdruck bringen.

Spontan fielen mir daraufhin die deutschen Sagen ein, und ich suchte unter meinen Büchern etwas Passendes. Im Buch der Nibelungen fand ich meine Vermutungen bestätigt. Siegfried, der Drachentöter, wird durch das Blut des Drachen unverwundbar und findet in der Höhle des Drachens den Schatz. Unverwundbarkeit erlangen wir, wenn wir den Schmerzkörper erlöst haben, unseren inneren Drachen, das wilde Tier. Weil wir dann resonanzfrei zu allen negativen Emotionen sind, wodurch uns niemand mehr verletzen kann. Den Schatz wiederfinden bedeutet, die innere Quelle wiederzuentdecken, unser wahres Sein. Dann erst sind wir zu Hause angekommen, nämlich bei uns selbst.

Kriemhild, die nach dem heimtückischen Mord an Siegfried durch ihren aktivierten Schmerzkörper Hunderte von Männern töten lässt, soll uns auf die Bedeutung von Vergebung im inneren Prozess hinweisen. Die Verwirklichung von Kriemhilds Racheplan ist ein ausdrucksstarkes Beispiel für den Leiderschaffungsprozess und wie er sich immer wieder generiert, so lange Vergebung nicht stattfindet. Wenn man den Teil über Kriemhilds Rache und das grauenvolle Ende liest, möchte man schreiend zu ihr rennen, sie an den Schultern packen und brüllen: „Hör auf mit dem Wahnsinn, wach auf und komm endlich zu Bewusstsein! Erkennst du denn nicht, was du tust? Für ein Leid, das dir angetan wurde, erschaffst du hundertfach neues Leid! Du lässt Hunderte von Männern in ihren besten Jahren töten, nur weil du dich an Siegfrieds Mörder rächen willst. Du zerstörst gerade dein eigenes Leben, weil du nicht bereit bist zu vergeben! Nichts von dem, was dir lieb und teuer war, wird übrig bleiben. Dein Sohn und dein Mann, alle deine Brüder und deine besten Getreuen werden ihr Leben geben müssen, deine Mutter wird vor Kummer vergehen. Ist es das wert? Hör endlich auf zu kämpfen!"

Sie erschafft damit so viel neues Leid, dass sie selbst am Ende sagt, nachdem ihr Sohn ermordet wurde, durch die, die sie töten ließ, „...das habe ich nicht gewollt." Sie hat mit ihrem Hass endgültig ihr eigenes Leben und das vieler anderer zerstört. Doch die ersehnte Befreiung vom nagenden Schmerz in ihrem Innern ist nicht eingetreten. Rache und Kampf können erlittenen Schmerz nicht erlösen. Der Kampf im Außen gegen das vermeintlich „Böse" führt nicht zu unserer Erlösung und ist Illusion – die größte, die unser Leben bestimmt. Erst wenn wir „Schuld" vergeben, beschreiten wir den Weg des inneren Friedens und beenden die Leiderschaffung.

Viele Äußerungen in der Sage bringen zum Ausdruck, dass es hier um die alte und immer wieder neue Wahrheit oder Weisheit geht, verpackt in eine äußere Geschichte.

Der Mensch wusste intuitiv, dass es mit den alten Sagen, Mythen und Märchen etwas Besonderes auf sich hat. Deshalb sind sie uns über so lange Zeit erhalten geblieben. Sie haben immer unser Herz berührt, damit wir jetzt, wenn die Zeit reif dafür ist, ihren inneren Kern aufnehmen und verstehen können, denn sie wollen uns auf den größten Schritt unserer Evolution als Mensch hinweisen und uns den Weg zeigen zu Erwachen und Bewusstwerdung.

Der Leiderschaffungsprozess

Wer den Leiderschaffungsprozess versteht, hat die Chance, sich daraus zu lösen. Auch für mich waren diese Erkenntnisse „Wachrüttler" zur Selbstbefreiung. Sie haben den Boden bereitet.

Aller Wahnsinn der Welt, alles Leid oder Nichtglück, das in Ihrem Leben existiert, hat seinen Ursprung tief in Ihrem Inneren, da, wohin Sie Ihren eigenen Schmerz verdrängt haben, in Ihrem Eisbergrumpf, wo Ihr angriffsbereites Ungeheuer sitzt. Hier beginnt Ihr eigener Leiderschaffungsprozess. Ausgangspunkt sind die Verletzungen Ihrer Gefühle in der Kindheit, die geheilt werden wollen. Da sie jedoch „schlafend" sind, kann Ihnen das nicht bewusst werden. Es passiert somit automatisch auf unbewusster Ebene.

In Ihrem Inneren befindet sich ein energetisch gespeichertes Programm, dessen Energien Sie unbewusst mit dem Aufdruck „Böse" oder „Schlecht" versehen haben. Somit haben Sie sie polarisiert in Bezug auf das Gute, was Sie glauben zu sein. Damit erschufen Sie in sich ein Spannungsfeld, einen Plus- und einen Minuspol, das nach Auflösung oder Erlösung strebt. Diese Polarität der unerlösten Energien hält Ihr Leben so lange in einer Kampf-Rachementalität gefangen, so lange Sie „schlafend" oder unbewusst sind. Sie bleiben Gefangener Ihres eigenen Gefängnisses.

Das Programm heißt etwa so: „Jeder, der mir scheinbar Schmerz zufügt, muss bekämpft werden." Damit rächen Sie sich unbewusst für die in Ihrer Kindheit erlittenen und nicht geheilten Schmerzen. Das kann ein ganzes oder viele Leben dauern. Allein das ist schon verrückt. Das noch Verrücktere daran jedoch ist, dass wir uns meist nicht an denen rächen, die uns den Schmerz angetan haben, sondern an Menschen, die damit in der Regel nichts zu tun haben.

Wie kann das sein, werden Sie vielleicht fragen. Das liegt daran, dass wir den ersten Schmerz erfahren, wenn wir noch sehr klein sind, und zwar von Personen, die wir lieben und die für unsere Erziehung verantwortlich sind. In erster Linie sind das unsere Eltern und Menschen, die uns betreuen, aus Kindertagesstätten, Hort und Schule. Alles, was sie uns unbewusst an Schmerz erschaffen, sind wir „gezwungen" anzunehmen. Als Kinder haben wir nur die Möglichkeit, mit Verdrängung zu reagieren, denn auch diese Menschen sind unbewusst und haben ihre eigenen Gefühle verdrängt. Sie wissen nicht, dass ihr Verhalten und ihr eigener Schmerz zur Abspaltung auch unserer Gefühle und damit zur Erschaffung neuen Leids führen. Sie können uns deshalb nicht helfen. Zudem sind sie für uns Autoritätspersonen, denen wir sozusagen „ausgeliefert" sind. Wir haben sie meist sehr lieb und glauben, uns in jedem Fall nach ihnen richten zu müssen, und haben Angst ihre Versorgung zu verlieren. Sie sind unser Maßstab, mit dem wir alles in unserem Leben messen. Wir wollen ihren Vorstellungen entsprechen.

Des Weiteren kommt hinzu, dass wir als Kinder unbewusst den Schmerz unserer Eltern aufnehmen und mittragen. Das macht unser Schmerzgepäck noch größer. Ich konnte selbst viele destruktive Programme und Schmerzen meiner Eltern in mir lösen.

Im Kontakt zu Gleichaltrigen bekommen wir erstmalig die „Chance", Verletzungen auszuagieren, denn diese aktivieren sehr oft unseren Schmerz. Verbale Boshaftigkeiten oder körperliche Gewalt findet man lange vor dem Schulalter. Kinder, die große Schmerzpakete mit sich herumtragen, werden oft verspottet oder gehänselt. Andere wissen unbewusst oft genau, womit man sie wütend machen kann. Man wusste, mit wem man „es machen kann". Oft waren es Kinder, die nicht gerne in die Schule gingen, weil ihr Schmerz, den sie bereits mitbrachten, ständig durch Mitschüler aktiviert wurde. Sie fühlten sich unwohl, wurden von anderen gemieden und standen außerhalb.

Körperliche Gewalt an Schulen ist der innere Schmerz der Kinder, unbewusst ausagiert auf der äußeren Ebene von Kampf mit „Gegnern", die diesen scheinbar verursachen, jedoch nur den alten, bereits vorhandenen Schmerz aktivieren. Verbale oder körperliche Gewalt jeder Art ist das Projizieren von innerem Schmerz in die äußere Welt mit scheinbaren Gegnern. Wir leben damit in einer Illusion von uns selbst und in tiefer Unkenntnis über die wahren Zusammenhänge.

Eines sollten Sie an dieser Stelle schon mitnehmen, weil es das Verständnis deutlich erweitert: Weder Ihre Eltern, noch Ihr Partner, Ihre Kinder oder Verwandte haben Ihnen böswillig oder vorsätzlich aus einer Laune heraus etwas angetan. Sie haben immer nur ihren eigenen, tief versteckten Schmerz unbewusst an Sie weitergegeben. Wäre ihnen das bewusst gewesen, hätten sie sofort damit aufgehört. Aber sie haben den Wahnsinn nicht erkannt. Aus diesem eigenen Leid ist in jeder nachfolgenden Generation neues Leid entstanden, denn der Schmerzkörper ist „selbstregenerierend", so lange wir nicht erwachen. Da uns als Kinder in diesem Wahnsinn oft das Herz gebrochen wird, ist die kürzeste Formel für Leiderschaffung: Gebrochene oder verwundete Herzen erschaffen immer wieder gebrochene oder verwundete Herzen!

An dieser Stelle ein Beispiel, welche Folgen der Leiderschaffungsprozess haben kann und wie er nicht nur zu psychischer, sondern auch zu körperlicher Krankheit führt. Ich fand es bei Sabine Hinz und Michal Kent in der „Depesche". Dieses von Michal Kent schon seit einigen Jahren verfasste Blatt, das zweimal monatlich erscheint, hat den Untertitel „Für die Freiheit gegen den Wahnsinn". Ich glaube, genau das könnte auch der Untertitel für mein Buch sein. Was das Interessante daran ist, es ist mir gerade erst aufgefallen. Falls Sie die Depesche noch nicht kennen, sie ist sehr empfehlenswert. Für mich war sie ein weiterer Wachrüttler.

Michael Kent schreibt Folgendes: „Als ich meinen Zivildienst machte, gab es da diesen einen Kerl, der an so genannter Gehirnschrumpfung litt, seit zwölf Jahren im Bett lag und gefüttert werden musste. Immer dann, wenn ihm die Schwestern seinen wundgelegenen Rücken neu verbanden, schlug der Knabe um sich und schrie: „Du Arschloch! Du Arschloch! Du Arschloch!" usw.

Die Schwestern versuchten dann immer, ihn nett zu beruhigen, was nie funktionierte. Als ich dann an der Reihe war, den Knaben zu verbinden, ging es wieder los: „Du Arschloch!" usw., und ich erwiderte nur laut und deutlich die folgende Frage: „In Ordnung, wer sagt das?" Und was soll ich Ihnen sagen? Plötzlich war es, als ob der Bursche aus einem zwölfjährigen Schlaf erwachte. Er kam vollkommen in die Gegenwart, schaute mich mit großen Augen an, richtete seinen Oberkörper auf (was er vorher noch nie getan hatte) und sagte: „Mein Vater, warum?" Und ich: „Vielen Dank! Was sagt Ihr Vater weiter?" Und er erzählte mir das gesamte Geschehnis, in dem er von seinem Vater nahezu zu Tode geprügelt worden war, in allen Einzelheiten. Und dann ließ ich ihn alles noch einmal erzählen und noch einmal. Und schließlich war Friede.

Sagenhaft, oder? Ein einziges Prügelengramm (oder Schmerzmuster) mit den Inhalten: „Du Arschloch! Du Arschloch! Du taugst nichts, du Faulenzer, du hast nichts im Kopf, und als der Junge vor den Schlägen des Vaters wegrennen wollte: „Schön hiergeblieben! Du wirst schön hierbleiben! Du wirst nirgendwo hinrennen! So kommst du mir nicht weg!"

Das war, wie gesagt, ein Beispiel aus dem wahren Leben – und die Folge: Der Sohn litt fortan an Gehirnschrumpfung (er befolgte den Befehl: „Du hast nichts im Kopf!") –. Lachen Sie nicht, das ist keine Witzdepesche, und die Auswirkungen sind zu ernst, um sich darüber zu amüsieren – er lag zwölf Jahre lang im Bett („Du wirst schön hier bleiben!"), er schlief fast nur („Du Faulenzer"), er war nach diesen zwölf Jahren „Gehirnschrumpfung" so unfähig geworden, dass er praktisch mit niemandem sprach (außer mit mir, als ich ihn das Geschehnis erzählen ließ, in dem er seit über zwölf Jahren steckte), und er befand sich in einem derart miserablen Allgemeinzustand, dass er mit der Schnabeltasse gefüttert werden musste.

Der Vater war übrigens erfolgreicher Unternehmer, ein gesellschaftlich angesehener Mann. Der Sohn konnte seine Erwartungen nicht erfüllen. Es wäre in diesem Zusammenhang interessant zu wissen, welche Engramme (Muster oder Programme – die Autorin) beim Vater seinerseits restimuliert (oder reaktiviert) waren, als er seinen Sohn beinahe zu Tode prügelte. Doch eigentlich können wir das nach der bisherigen Lektüre schon blind erraten, oder? Wahrscheinlich wurde er seinerseits von seinem Vater mehrfach wortreich verprügelt. So „vererben" sich Gewalt, Wahnsinn und psychosomatische Leiden von Generation zu Generation!"[12)]

So regeneriert sich der Schmerzkörper. Ich danke Michael Kent für dieses Beispiel. Ich konnte es schon vielfach verwenden.

Immer, wenn eine „schlimme Tat" geschieht, ist der Täter völlig unbewusst, weil er sich so stark mit seinem eigenen Schmerzmuster identifiziert, dass er in seinem Wahnsinn alles zu tun bereit ist. Dinge, die er sonst nie vollbringen könnte, werden dadurch möglich. Er ist so unbewusst in einem solchen Moment, dass er sogar die Erinnerung an die Tat verlieren kann, wenn er wieder bei „Bewusstsein" ist. Es gibt viele geprüfte Fälle, in denen

Täter behaupten, die Tat nicht begangen zu haben. Und sie wissen es tatsächlich nicht mehr! Es ist wichtig, das zu verstehen, um den menschlichen Wahnsinn zu begreifen und zu beenden.

Befreien Sie sich von der Illusion, Sie seien eine Ausnahme! Jeder von uns hat genug Schmerz verdrängt. Noch ein bis zwei Generationen zurück gab es für Kinder keine wirkliche Kindheit. Sie wurden von ihren Vätern oft ohne Grund geschlagen, damit diese ihre unbezähmbare Wut abreagieren konnten. Dieses und das neue Leid, das daraus entstand, tragen wir alle mit. Öffnen Sie die Augen, in welcher Form auch immer Ihnen Gewalt und Angst begegnen. Sehen Sie die Täter aus einem neuen Blickwinkel. Ich sage damit nicht, dass sie nicht bestraft werden sollen, wenn sie immer wieder Unheil anrichten. Aber wenn Sie dieser Erkenntnis folgen können, wissen Sie, dass sie in Wirklichkeit nicht bei Bewusstsein und damit unzurechnungsfähig sind. Sie erschaffen weiter Schmerz, weil ihnen selbst so viel Schmerz angetan wurde. Der Dichter W. Longfellow schrieb einmal: „Wenn wir die geheime Geschichte unserer Feinde lesen könnten, würden wir im Kummer und im Leid jedes Einzelnen so viel finden, dass jede Feindseligkeit von uns abfallen würde."

Zum Einstieg in dieses Thema, und besonders für Menschen, die psychische Probleme haben und vielleicht sogar mit Psychopharmaka behandelt werden, kann ich Ihnen das Buch von Ty C. Colbert empfehlen: „Das verwundete Selbst". Colbert durchschaute als einer von wenigen konventionellen Psychiatern, woher all unsere „Verrücktheiten" und unser Wahnsinn kommen. Lesen Sie die Beispiele, die dieses konkret dokumentieren.

Da sein Buch noch nicht neu aufgelegt wurde, werde ich im Anhang die Kindheit von Charles Manson, der mit seiner Gang acht Menschen tötete, und die Geschichte von Anna Jennigs aufnehmen, die sich wegen eines Kindheitstraumas das Leben nahm. Ich gebe Ihnen auch einen Hinweis, wie Sie das Buch noch erwerben können.

Erkennen Sie die Ursache für den menschlichen Wahnsinn, werden Sie wach! Vielleicht meinen Sie, das seien extreme Beispiele. Nicht jeder wird gleich zum Mörder oder verübt Selbstmord. Das ist richtig. Weltweite Gewalt jedoch wird uns durch die Medien schon morgens zum Frühstück serviert, und häusliche Gewalt ist ein Thema, das ebenso präsent ist. Und wir sehen nur die Spitze des Eisbergs, weil die meisten, die davon betroffen sind, es aus Schuld oder Scham erdulden und sich niemandem anvertrauen, geschweige denn an die Öffentlichkeit gehen würden.

Die Ursachen für alle Gewalttaten, ob verbal oder körperlich, sind immer die gleichen: erlittener Schmerz und die Abspaltung, Unterdrückung und Leugnung dieser Gefühle. Aus diesem ungeheiltem Schmerz heraus entstehen unsere psychischen Erkrankungen wie Zwänge, Abartigkeiten, manisch-depressive Erkrankungen, Wahnvorstellungen, Depressionen, Schizophrenien sowie kindliche Verhaltensauffälligkeiten. Schmerz treibt Menschen in den Selbstmord. Ist er groß genug, wird auch diese Schwelle überschritten, denn bei vollem „Bewusstsein" kann sich niemand töten. Immer ist es tiefe, innere Verzweiflung, die unserem unkontrollierten Verhalten zugrunde liegt, egal, in welcher Art und Weise unsere „Abartigkeiten" zum Ausdruck kommen.

Durch die Arbeit meiner Tochter als mediale Heilerin habe ich genug über das menschliche Drama in anderen Familien mitbekommen. Es ist auch beziehungsweise oft besonders intensiv in den Familien vorhanden, denen man es von außen nicht gleich ansieht. Deshalb macht es keinen Sinn, Gewalt zu verurteilen oder gegen sie zu kämpfen, denn Verurteilung ist eine Eigenschaft Ihres EGOs, den eigenen Schmerz zu schützen.

Versuchen Sie Mitgefühl zu finden, auch in vermeintlich ausweglosen Situationen anderer, für das, was sich in Ihrer Umgebung abspielt. Die meisten wissen nicht, was sie tun und sind Gefangene ihres Schmerzes. Sie haben keine Ahnung, wie sie aus leidvollen Situationen herauskommen können.

Betrachten Sie die Dinge, die sich in der Welt abspielen, mehr aus der Warte von Jesus Christus, der als Sehender sagte: „Herr, vergib ihnen, denn sie wissen nicht, was sie tun." Denn wenn sie es wüssten, wären sie schockiert und würden den Wahnsinn sofort beenden.

Versuchen Sie, ob Sie Mitgefühl für Opfer und Täter zeigen können, die beide nur zwei Seiten ein und derselben Medaille repräsentieren, den inneren Kampf des Menschen gegen das scheinbar „Böse", und damit den Kampf gegen sich selbst. Lassen Sie Ihre eigenen Gefühle zu, die in Ihnen aufsteigen wollen im Angesicht solcher „Taten", und bedecken Sie sie nicht mit Ihrem dogmatischen Urteil oder Ihrer Wut, die wiederum nur eigenen Schmerz kaschieren, den Sie selbst nicht bereit sind zu fühlen und anzunehmen. Sie sind ab heute nicht mehr völlig unbewusst, denn Sie besitzen die Erkenntnis, woher der Wahnsinn kommt. Der Elefant steht sozusagen in Ihrem Wohnzimmer, und Sie werden ihn schwerlich dort wegbekommen. Lassen Sie diese Tatsachen in sich wirken und beginnen Sie, die Welt aus einer neuen Perspektive zu sehen: aus der Sicht des Mitgefühls!

Nehmen wir ein aktuelles Beispiel:
George Bush, der amerikanische Präsident.

Er ist ein ehemals alkoholkranker und heute noch tablettenabhängiger Mann, von dem seine engsten Mitarbeiter sagen, er wäre nicht in der Lage, in Krisensituationen vernünftige Entscheidungen zu treffen. Alle Süchte weisen immer auf starke Abspaltungen hin. Er hat so viel Schmerz erlitten, dass er sich als Weltfriedensrichter aufspielt und im Namen des Friedens Krieg und Terror verbreitet. Zu seinen legalen Mitteln gehören die Inkaufnahme des Todes unschuldiger Menschen (World Trade Center, Irak Krieg). Oder glauben Sie immer noch, dass die Anschläge auf das World Trade Center von ausländischen Terroristen ausgeführt wurden? An diesem Tag wurde die gesamte Luftabwehr durch Manöverspiele auf so raffinierte Art und Weise außer Kraft gesetzt, dass niemand mehr unterscheiden konnte, was Spiel und Wirklichkeit war, damit die so genannten Flugzeuge ungehindert in das World Trade Center fliegen konnten. Und wer hatte dazu Machtbefugnisse? Es ist inzwischen nachgewiesen, dass die Türme durch die Flugzeuge nicht einstürzen konnten. Deshalb hat man, ganz bewusst und langfristig geplant, den „Anschlag" dazu benutzt, sie kontrolliert zu sprengen, um anschließend alles schnell zu beseitigen. Der Mann ist wahnsinnig, und sie wissen jetzt, woher sein Wahnsinn kommt. Seine niedrige Bewusstseinsebene und sein psychologisches Alter (kinesiologisch getestet) sind Ausdruck dafür, dass er nicht in der Lage ist, anders zu handeln, und so kann er auch willfährig die Interessen anderer Wahnsinniger durchsetzen.

Beginnen Sie wahrzunehmen, wo in Ihrem Leben Drama, Leid und Unglücklichsein vorhanden sind. Schauen Sie hin, wo Ihr EGO recht haben will, um andere ins Unrecht zu setzen. Erkennen Sie, wenn Ihre Kinder sich von ihnen zurückziehen und nicht mit Ihnen über ihre Probleme sprechen wollen. Fühlen Sie, dass es oft der Schmerz ist, der Sie selbst gefangen hält, der Schmerz, den Sie Ihren Kindern unbewusst mitgegeben haben. Helfen Sie ihnen, sich dem Schmerz zu öffnen, indem Sie selbst Mitgefühl und Liebe zeigen. Erlauben Sie sich und ihnen, wieder zu weinen. Zeigen sie anstelle dogmatischer Bewertung und Maßregelung Ihre eigenen Gefühle und verstecken Sie sie nicht länger hinter Ihrer Wut, Angst oder Ohnmacht. Geben Sie zu, dass sie traurig sind, wenn die Dinge nicht so laufen, wie sie laufen sollen. Öffnen Sie sich Ihren Kindern und Ihrem Partner, was Ihre Gefühle betrifft. Zeigen Sie Ihren Kindern, dass Sie sie in jeder Situation lieben, auch und besonders, wenn etwas schiefgegangen ist. Wenn Sie sich von ihnen abwenden, wird der Schmerz für beide Seiten nur noch größer. Sie können ihn so nicht heilen.

Sich erlauben zu weinen kann oft den größten Gefühlsdruck nehmen. Es öffnet einen Kanal zu der unendlichen Traurigkeit, die wir oft mit uns herumtragen.

Als ich Holographic Healing (eine Energiearbeit) praktizierte und ein guter Freund dabei anfing, ununterbrochen zu schlucken, was sich auch auf mich übertrug, wurde später klar, dass er damit unbewusst versuchte, seine aufsteigenden Gefühle zu unterdrücken. Beim zweiten oder dritten Mal fühlte ich plötzlich in mir eine große Traurigkeit aufsteigen, die ich nicht mehr unterdrücken konnte. Ich ließ sie zu, und mir liefen die Tränen nur so die Wangen herunter. Der Schmerz, und die damit einhergehende Traurigkeit, waren so stark, dass ich nichts anderes tun konnte, als ihn zuzulassen. Er war Teil seines Schmerzes und der Traurigkeit, die er als Kind mit seiner Mutter erlebt hatte, als diese versuchte, sich körperlich etwas anzutun, wie wir danach herausfanden. Erst später, in einer kleinen Gesprächsrunde, in der wir von N.D. Walsch „Eine kleine Seele spricht mit Gott" hörten, war er zu Tränen fähig. Er sagte, es hätte ihn unglaublich erleichtert. Gefühle zuzulassen anstatt sie zu unterdrücken hilft uns, sie zu heilen.

Werden Sie sich bewusst, dass wir keine defekten Schaltkreise haben, wenn wir scheinbar „verrückt" sind. Wir benötigen auch keine Psychopharmaka und unsere Kinder kein Ritalin! Die heutige psychiatrische Praxis und Lehrmeinung bauen in dieser Beziehung auf derselben Illusion auf, in der wir alle leben. Erkennen Sie, dass Gewalt nicht vom Spielen gewalttätiger Computerspiele herrührt, sondern von verwundeten oder gebrochenen Herzen. Heftiges Verlangen ist, wie alle Sucht, ein Schrei nach Liebe. Diese Spiele dienen unseren Kindern unbewusst als Ersatzbefriedigung für die fehlende Liebe, die wir ihnen nicht geben und die sie deshalb nicht zu sich selbst erhalten konnten. So haben unsere verschlossenen Herzen zu ihren verschlossenen Herzen geführt. Der Schmerz hört erst auf, wenn auch wir unsere Herzen wieder öffnen, indem wir uns erlauben, unsere Gefühle zu fühlen, sie anzunehmen und damit zu heilen. Erst an diesem Punkt beginnen wir, eine reale Basis für die Heilung unserer Kinder zu legen.

Warum wir nicht erwachsen werden konnten

Der Glaube, dass wir erwachsen und wach sind, ist die größte Hürde für unsere weitere Entwicklung. Allein das Gegenteil nur zur Kenntnis zu nehmen fühlt sich vielleicht für viele wie ein Angriff auf ihr EGO an.

Erwachsen werden können wir erst dann, wenn wir die Illusion, die wir sind, das, womit man uns „eingewickelt" hat, „abwickeln". Die Illusion, die aus alten destruktiven geistig-emotionalen Mustern besteht. Die Akzeptanz dieser Tatsache ist der größte innere Schritt auf dem Weg in die Freiheit, auf dem Weg ins Erwachen.

Er erfordert außerdem die Anerkennung, dass das, was ich über mich und mein Leben geglaubt habe, auf Sand gebaut ist. Ich bin einer Täuschung von mir selbst auf den Leim gegangen. Wer von Ihnen ist freiwillig bereit, dieses zuzugeben? So lange wir uns im Zustand des universellen Schlafs befinden, können wir von unserem Potenzial, das unser Schöpfer uns mitgegeben hat, keinen Gebrauch machen. Erst wenn wir aus dem kindlichen Stadium unserer Entwicklung herausfinden, indem wir uns von unseren unreifen Emotionen und reaktiven Mustern lösen, kann dieses unglaubliche Potenzial, das in uns angelegt ist, zur Entfaltung gelangen.

Warum sind wir in einem kindlichen Stadium unserer Entwicklung steckengeblieben? Die Frage hat sich eigentlich mit dem vorletzten Kapitel selbst beantwortet. Unsere in ihrer Entwicklung steckengebliebenen Persönlichkeitsanteile mit den entsprechenden unreifen Emotionen und reaktiven Verhaltensweisen sowie unsere unbewusste Abhängigkeit von ihnen sind die Ursache dafür, dass wir, obwohl wir in Wirklichkeit schon vierzig, fünfzig oder sechzig Jahre alt sind, nicht erwachsen werden konnten.

Osho sagte in den Achtzigerjahren, dass das durchschnittliche psychologische Alter eines Erwachsenen zwölf Jahre betragen würde. Unsere kinesiologischen Testungen haben für das Jahr 1985 und die deutsche Bevölkerung ein psychologisches Durchschnittsalter von elf Jahren ermittelt, und damit diese Aussage durchaus bestätigt. Psycho-emotional sind wir Kinder geblieben. Haltungen und Emotionen, die auf dem Spielplatz vorherrschen, finden sich am Arbeitsplatz, in der Weltpolitik und besonders in unseren Beziehungen wieder. Die meisten Erwachsenen sind Kinder, die Erwachsensein nachahmen. Unsere Sprache ist zwar würdiger geworden, aber wir agieren oft nur die Szenarien und Programme aus, geistig-emotionale Reaktionsmuster, die aus unserer Kindheit stammen und auf den Schmerzkörper und das EGO zurückgehen. So sind Eifersucht, Selbstmitleid, Neid, Konkurrenzverhalten, Hass, Rivalität, Dickköpfigkeit, emotionale Ausbrüche, Launenhaftigkeit und Suche nach Bewunderung Eigenschaften von Kindern.

Es gibt die Veranlagung, die Schuld auf andere zu schieben, sie ins Unrecht zu setzen, Verantwortung nicht übernehmen zu wollen, Dinge zu sammeln, „eingeschnappt zu sein", nicht mehr mit dem anderen zu reden, in Hysterie oder Wutanfälle auszubrechen. All das sind Attribute eines Kindes und Beispiele für unsere unreifen Emotionen.

Mobbing zählt ebenfalls dazu. Dickköpfigkeit und Opposition zum Beispiel sind Eigenschaften zweijähriger Kinder. Sie beherrschen die Persönlichkeit bis weit ins hohe Alter, und dann manchmal ganz besonders stark. Ich brauche dabei nur an meinen Opa mütterlicherseits und seine letzten Jahre zu denken. Wenn er mit der Faust auf den Tisch schlug, weil es nicht pünktlich genug das Essen gab und er seinen Ärger darüber zum Ausdruck brachte, habe ich mich immer schnell verzogen, weil ich Angst bekam. Ich war damals etwa acht Jahre alt.

Sicher wissen Sie, was Ihre Kinder sagen würden, wenn sie einen Streit zwischen den Eltern mit anhören müssten...

Wirkliches Erwachsensein kann also erst beginnen, wenn Sie erwachen und aus dem Schlafzustand heraustreten. Erst von diesem Zeitpunkt an beginnen Sie, Ihre unbewussten reaktiven Muster zu erkennen, und Ihnen wird klar, dass die oben genannten Eigenschaften mit Ihrer Kindheit zu tun haben. Sie erkennen, dass Sie selbst es sind, der alle Probleme erschaffen hat, die er in der äußeren Welt erlebt. Und Erkennen ist nur der erste Schritt. Der nächste Schritt, um aus dem Kindstadium herauszutreten, ist, diese Muster abzulegen und sich von ihnen freizumachen, das heißt, die unbewusste Identifizierung mit ihnen aufzugeben. Erst dann werden Sie frei von Ihrer kindlichen Vergangenheit, die Sie bis dahin als „Erwachsener" leben und die Sie oft fest im Griff hat.

Öffnen Sie sich dieser Wahrheit und beginnen Sie, die Illusion von sich selbst zu erkennen und infrage zu stellen. Es gibt keinen anderen Weg zu Ihrer Befreiung. Das Spiel kann Ihnen einen Weg aufzeigen, wie Sie diesen Prozess in Gang setzen können.

Dass wir seit den Achtzigerjahren und dem Beginn des Wassermannzeitalters Fortschritte in Bezug auf unser Erwachsenwerden gemacht haben, zeigen unsere kinesiologischen Testungen. Wie auch der Aufstieg in den Bewusstseinsebenen, zeigt sich eine wachsende Dynamik im psychologischen Durchschnittsalter der deutschen Bevölkerung. Schon im Jahre 1997 ist der Wert von elf Jahren (1985) auf sechzehn Jahre angestiegen. Heute – 2007 – beträgt er bereits vierundzwanzig Jahre! Das psychologische Durchschnittsalter der Weltbevölkerung liegt zurzeit bei neunzehn Jahren, in den USA bei einundzwanzig Jahren. Das kann als Beispiel für die beschleunigte Evolution der Menschheit und das bereits begonnene globale Erwachen angesehen werden und wird durch die Testergebnisse der Bewusstseinsebenen im letzten Kapitel bestätigt.

Vertreibung aus dem Paradies – die Geschichte von Adam und Eva

Diese Geschichte schließt sich beinahe nahtlos an den Leiderschaffungsprozess an. Obwohl sie mir später bewusst wurde, erkenne ich jetzt, wie beides zusammenhängt.

Die meisten Menschen glauben, es handelt sich bei der Vertreibung aus dem Paradies um eine uralte Geschichte aus längst vergangener Zeit. Das jedoch ist nur eine Interpretation aus unserem Schlafzustand heraus.

Die Geschichte von Adam und Eva ist ebenfalls ein Gleichnis, eine äußere Parabel, die uns auf einen inneren Bewusstwerdungsprozess hinweisen soll. Genauer gesagt beschreibt sie den Prozess des Verlusts unseres göttlichen Bewusstseins, was gleichzusetzen ist mit dem Verlassen des Paradieses, das sich in unserem Inneren befindet.

Und es ist keine uralte Geschichte, die sich in ferner Vergangenheit zugetragen hat. Es ist die ganz alltägliche Geschichte der Menschheit, die sich jeden Tag neu hier auf der Erde abspielt, nämlich mit jeder neuen Generation, jedem neuen Menschen, der geboren wird. Adam und Eva sind damit nicht die ersten Menschen gewesen, wie man vielleicht glaubte, sondern das Ganze passiert ständig mit jenen, die „neu" auf die Erde kommen. Es ist die Geschichte, wie jede neue Generation aus dem Einheitsbewusstsein in die Getrenntheit „fällt", die Erfahrung, die uns hier auf der Erde zugedacht ist.

Als ich zum ersten Mal den Satz las: *Das Paradies ist nur einen Gedanken von uns entfernt, wir müssen ihn nur denken,* wurde ganz tief in mir etwas berührt. Lange Zeit versuchte ich, diesen Satz an andere weiterzugeben, damit er sie genauso berühren konnte. Aber er berührte sie nicht genauso.

Mir wurde klar, Paradies hat etwas mit uns selbst zu tun, mit unserem Denken. Ich ahnte damals nicht, dass es noch viele Jahre dauern würde, bis nicht nur meine Gedanken, sondern vor allem meine Gefühle „reifer" sein würden für das Paradies. Ich wusste nicht, dass mich der Weg dorthin durch meine eigene „Hölle" führen und ich es selbst in der Hand haben würde, diese Hölle zu verlassen, um endlich wieder paradiesische Zustände zu erleben.

Die Geschichte von Adam und Eva soll uns daran erinnern, dass wir selbst es sind, die sich aus dem Paradies vertreiben, indem wir jede neue Generation, jedes neugeborene Kind aus seinem göttlichen Bewusstsein „vertreiben".

Wie tun wir das?

Der „Sündenfall" besagt, Adam und Eva, die im Garten Eden, im Paradies, leben, essen entgegen dem Verbot Gottes vom Baum der Erkenntnis. Daraufhin vertreibt Gott sie aus dem Paradies. Adam muss von nun an schwer arbeiten und Eva leiden.

Vom Baum der Erkenntnis essen meint, sich über Wissen mit dem Verstand zu identifizieren und letztendlich mit dem EGO zu verbünden, diesem Teil in uns die Priorität oder Herrschaft einzuräumen und sich von ihm sagen zu lassen, was „Gut" und „Böse" ist. Dabei vergessen wir allmählich die Kraft unseres liebenden Herzens und verlieren die Verbindung zu unserer ureigensten Quelle, dem göttlichen Bewusstsein. Indem das passiert, beginnen wir durch unser EGO, das wir zum Herrscher über unser Leben gemacht haben, Leid zu erschaffen. Wir fallen heraus aus dem Einheitsbewusstsein und leben im Dualitätsbewusstsein mit all seinen Illusionen, Kämpfen und Schmerzen, die wir jedoch selbst erschaffen haben. Wo Verstand und Ego herrschen, ist kein Platz mehr für bedingungslose Liebe, die im göttlichen Einheitsbewusstsein vorherrscht. Auf diese Weise vertreiben wir uns von Generation zu Generation immer wieder aufs Neue aus dem Paradies, mit jedem neuen Menschen, der auf der Erde geboren wird.

Das Paradies ist unser auf diese Weise verlorengegangener göttlicher Geistes- oder Bewusstseinszustand. Es ist jetzt für jeden geöffnet, der den inneren Weg geht.

Den Prozess des Verlusts unseres bei der Geburt vorhandenen göttlichen Bewusstseins haben wir kinesiologisch getestet. Jedes neugeborene Kind betritt die Erde mit einem göttlichen Bewusstsein. Es kalibriert auf der Hawkins-Skala bei einem Messwert von 900 und ist damit „Gott (Selbst)" als Logos, wenn man die von Dr. Hawkins entwickelte differenzierte Messwerttabelle der Ebenen des Lichtbewusstseins zu Grunde legt. Ein heute einjähriges Kind kalibriert bereits deutlich darunter, bei 822. Der Bewusstseinsgrad eines zehnjährigen Kindes liegt bei 675 und der eines achtzehnjährigen Jugendlichen bei einem

Messwert von 396 (Ebene „Akzeptanz"). Damit erreicht er in etwa das heutige Niveau des kollektiven Bewusstseinsgrads der Menschheit (insgesamt 398), gemessen im August 2008. (Noch vor 10 Jahren hätte ein Jugendlicher wahrscheinlich den damaligen Bewusstseinsgrad der Menschheit repräsentiert, der unter einem Messwert von 200 lag.) So hat also in der Vergangenheit jede ältere Generation die Kinder auf ihr Bewusstseinsniveau „heruntergezogen". Dieser Prozess wird erst mit dem Jahr 2012 allmählich zu Ende gehen, nämlich dann, wenn wir uns als Menschheit wieder auf der Bewusstseinsebene befinden, mit der ein neugeborenes Kind die Erde betritt.

Erwachen und Traumpartner

Erwachen befreit Sie von der Illusion, dass es Traumpartner gibt. Ihre Partner können immer nur das Gegenstück zu dem sein, was Sie selbst sind: Bedürftige, Menschen mit Abspaltungen und Schmerzkörper, die genau wie Sie in der Illusion leben, ein Traumpartner könnte ihnen ihre Bedürfnisse erfüllen. Dabei will er eigentlich nur mit Ihnen „weiterschlafen".

Auf der Ebene des universellen Schlafs der Menschheit gibt es keine Traumpartner. Es gibt mit ganz wenigen Ausnahmen nur Schlafende, die in der tiefen Illusion leben, ein anderer Partner könne sie glücklich machen, das heißt, von ihrem Leid befreien. Das kann er aber nicht! Er kann froh sein, wenn er das für sich selbst tun kann, aber auch das ist auf dieser Ebene des Bewusstseins kaum möglich. Beides, sich selbst glücklich zu machen und einen anderen glücklich zu machen, hängt nämlich unmittelbar miteinander zusammen. Bevor ich mich nicht selbst glücklich machen kann, kann ich auch meinem Partner keine bedingungslose Liebe geben. Das ist das scheinbare Dilemma.

So laufen also jede Menge bedürftiger Menschen durch die Welt, in der Hoffnung, einen Glücklichen oder Nichtbedürftigen zu finden, der sie glücklich machen könnte. Das, was Sie suchen, existiert nicht. Sie sind auf der Suche nach einem Phantom. Die gute Nachricht und einzige sinnvolle Schlussfolgerung, die Sie daraus ziehen können, ist, mit der Suche aufzuhören, denn sie ist sinnlos. Sie können dieses unbewusst selbst gestellte Ziel nicht erreichen. Nichts ist schlimmer, als einem Phantom nachzujagen. Sie verschwenden nur Ihre Kraft und vielleicht Ihr Leben damit. Vergessen Sie dieses Ziel einfach. Es ist nichts weiter als eine Illusion, die Sie sich selbst erschaffen haben. Es ist Bestandteil der Matrix. Zeit, aufzuwachen!

Machen Sie sich bewusst, was das für Sie bedeuten kann. Geht es Ihnen mit diesem Wissen besser? Vielleicht kann Sie dieses Wissen erleichtern und Sie können aufatmen? Denn wenn unsere Suche nach dem Traumpartner sinnlos ist, können wir vielleicht in unserer Beziehung endlich zur Ruhe kommen und alle Zweifel, die es diesbezüglich gab, alle Gedanken, doch nicht den „Richtigen" gewählt zu haben, fallen lassen.

Und, um es noch einmal klar zu sagen: Ja, wir haben alle aus den falschen Gründen geheiratet, und wir wussten es nicht. Wir waren schlafend. Unser Partner, von dem wir in der Zeit der rosaroten Romantik glaubten, dass er all das hat, was uns fehlt, konnte uns nicht glücklich machen. Das haben die meisten schnell festgestellt, wenn nach der Hochzeit oder dem Zusammenziehen die Ernüchterung oder Desillusionierung einsetzte. Wir wurden aus unserem Traum gerissen und standen der nackten Wahrheit gegenüber. Die meisten erkannten, irgendetwas stimmt nicht mehr mit dem Partner. Irgendetwas hat sich verändert. Er ist nicht mehr so, wie er am Anfang war. Was ist passiert? Hatte ich Tomaten auf den Augen, oder war ich im anfänglichen Liebesrausch wirklich nicht zurechnungsfähig? Mein Partner hat sich völlig verändert.

Weil mich dieses Ereignis in meiner Beziehung damals ziemlich erschütterte, kann ich mich noch genau daran erinnern. Zuerst trat diese „Veränderung" bei meinem Mann nur zeitweise auf, bis es ein chronischer Zustand wurde. Er hatte einfach dichtgemacht, „Herzklappe" zu und fertig! Ich konnte ihn auf der Herzebene immer weniger erreichen. Was natürlich auch mit mir zu tun hatte und dem „Gepäck", das ich in die Beziehung mitbrachte.

Einmal, als er aus diesem Zustand kurzzeitig herauskam, fragte ich ihn unter Tränen, wo er denn „so lange gewesen sei", aber ich bekam keine Antwort. Er wusste ja selbst nicht, was mit ihm passiert war. Aus Angst vor eigenem Schmerz hatte er sein Herz verschlossen. Ich wurde immer trauriger. Es begann die Odyssee, wie Frau Zurhorst sie in ihrem Buch beschreibt, von Machtkampf über Klette bis Eiszeit. Ich habe alles versucht, doch nicht wirklich etwas erreicht. Ich hatte keine Ahnung, womit das alles zusammenhängt. Aber irgendwie wusste ich immer, das, was ich erlebe, kann nicht die ganze Wahrheit sein. Aber ich wusste nicht, wo ich die Wahrheit finden sollte.

Viele, die den Partner gewechselt oder auch schon den dritten Partner gefunden haben, in der Hoffnung, dass es nun endlich der Traumpartner sei, konnten ihre eigene Illusion noch ein bisschen länger leben. Die meisten von denen, die geblieben sind, haben sicher irgendwann aufgegeben, sich selbst und ihre Beziehung, denn das ist oft der Preis, den wir für unsere Unbewusstheit zahlen. Sie haben resigniert und sich mit ihrem unglücklichen Schicksal abgefunden. Sie haben sich so angepasst und ihre

Gefühle unterdrückt, dass sie oft nicht mehr merkten, wie sehr sie sich abhängig gemacht haben von ihrem Partner. Ihnen wurde nicht bewusst, dass sie oft das Leben ihres Partners führen anstatt ihr eigenes. Sie verloren dabei ihre Fröhlichkeit und Freude, und einige wurden depressiv. Sie hatten keine Ahnung, wie sie aus der Situation herauskommen können.

Für alle, die in einer Partnerschaft sind, gibt es eine zweite gute Nachricht, wenn man erwacht: Die meisten sind in der richtigen Beziehung mit dem richtigen Partner, und genau das eröffnet ihnen die Möglichkeit, doch noch zum Traumpartner zu werden. Das glauben Sie nicht? Das kann ich verstehen. Aber wenn Sie endlich glücklich werden wollen in Ihrer Partnerschaft, ist Erwachen der einzige Weg dazu. Lassen Sie uns deshalb zuerst über die Aufgabe und den wahren Sinn einer Beziehung sprechen. Dazu treten wir aus der Illusion heraus. Das, was ich Ihnen sagen werde, hört sich wieder so an, als würde alles auf dem Kopf stehen. Rechnen Sie also mit dem Protest Ihres EGOs.

Sie wissen bereits, dass in einer Beziehung zwei Menschen zusammenkommen, die nicht erwachsen werden konnten, weil sie in ihrer Kindheit schmerzvolle Erfahrungen gemacht haben, die sie mit vielen abgespaltenen schmerzlichen Gefühlen und nicht vollständig entwickelten Persönlichkeitsanteilen zurückließen. Es treffen sich also zwei verwundete Kinder, die den dringenden, jedoch unbewussten Wunsch haben, endlich wundenfrei und glücklich zu werden. Dieser Wunsch kann in Erfüllung gehen, jedoch nur dann, wenn Sie aufwachen, Ihre eigene Illusion erkennen und sich so sehen, wie Sie wirklich sind. Solange Sie schlafend sind, bleibt dieser Wunsch eine Illusion. In dem Moment, in dem wir erwachen und den inneren Weg beschreiten, können wir glücklich werden. Sie müssen nur herausfinden, wie. Werden Sie sich dazu der Aufgabe und des wahren Sinns einer Beziehung bewusst: Ihre Beziehung ist der Ort Ihrer vollständigen Heilung, der Ort, an dem Sie all Ihr Unglücklichsein, das Leid, die alten Wunden und die Traurigkeit heilen können, die in Ihnen sind. Ein Ort, an dem Sie endlich erwachsen werden können. Die Beziehung zu Ihrem Liebespartner ist der Ort, der sie am schnellsten mit Ihrer eigenen Illusion in Kontakt bringt. Deshalb können Sie hier eine Transformation ungeahnten Ausmaßes erwarten, wenn Ihnen das bewusst wird. Das ist das Geschenk, das unsere Beziehung für uns bereithält.

Wie soll das gehen, werden Sie vielleicht fragen.

Akzeptieren Sie als Erstes, dass Sie sich den Partner ausgesucht haben, der zu Ihnen passt. Selbst wenn wir schlafend sind, finden wir meistens den Partner, der zu uns passt, nämlich zu unserem eigenen Schmerzkörper. Und genau dadurch kann Ihr Partner zum perfekten Spiegel für Sie werden. Er besitzt (ohne es selbst zu wissen) die Kraft, Ihren ungeheilten Schmerz zu berühren und zu aktivieren, damit Sie ihn endlich zur Kenntnis nehmen. Da Sie ihn vor sich selbst versteckt haben, bekommt er durch Ihren Partner die Gelegenheit, aus seinem Versteck aufzusteigen, um wieder gesehen oder gefühlt zu werden. Er kann Ihnen auf diese Weise bewusst werden, was die Voraussetzung für seine Heilung ist. Ihr Partner kennt unbewusst all Ihre Wunden und Schmerzpunkte. Die Aktivierung dieser alten Wunden beginnt jedoch meist erst dann, wenn Sie sich auf Ihren Partner völlig einlassen. So lange Sie sich nur ab und zu treffen oder am Wochenende sehen, ziehen Sie sich unbewusst geschickt zurück. Ihr Schmerzkörper kann damit nicht seine volle Aktivierung erfahren. Aber in dem Moment, wenn Sie die Entscheidung treffen, ständig zusammenzusein, „schnappt die Falle zu", und es beginnt die gegenseitige Schmerzkörperaktivierung. Aus Angst vor Wiederholung der Probleme aus früheren Partnerschaften entscheiden sich einige für „Distanz" in der nächsten Partnerschaft. Beide behalten ihre Wohnung, und man sieht sich nicht täglich. So kann man in der Illusion leben, alles wäre vielleicht in dieser Partnerschaft besser geworden. Man vermeidet Nähe. Aber diese Taktik wird das ursprüngliche Problem nicht lösen. Sie verstecken sich nur weiter vor sich selbst und vertagen die Problemlösung auf unbestimmte Zeit.

Ihr Partner kann Ihnen am schnellsten zeigen, dass Sie eine Mogelpackung sind. Er kennt unbewusst Ihre inneren Wunden und beginnt, mit unglaublicher Genauigkeit auf ihnen herumzutrampeln, wodurch sie sich aktivieren und erneut schmerzen. Das ist die Zeit, in der die rosarote Romantik abrupt oder allmählich ihr Ende findet und Ernüchterung einsetzt. Es ist die Zeit, in der die Kommunikation beginnt, schwieriger zu werden oder ganz aufhört beziehungsweise sich nur noch um Allgemeinplätze dreht, und die Dinge, über die man eigentlich sprechen möchte, scheinbar nicht mehr besprochen werden können.

Ich habe mich jahrelang gefragt, warum mein Mann auf Dinge ärgerlich reagiert, die aus meiner Sicht keinen Ärger hervorrufen können. Später habe ich versucht, diese Themen nicht mehr anzusprechen, mit dem Ergebnis, die Themen wurden immer weniger.

Es ist die Zeit, in der die Schmerzkörper das Sagen haben, denn das Gleiche passiert Ihrem Partner natürlich auch durch Sie. Auch Sie aktivieren seine wunden Punkte. Es kann die Zeit des Kampfs und der Schlachten sein, und Sie können sich das nicht wirklich erklären und glauben vielleicht, in einem verrückten Film mitzuspielen. Sie erleben Drama, Leid und gezielte Schläge auf Ihre alten Wunden. Schuldzuweisungen sind an der Tagesordnung, denn Sie glauben wirklich, Ihr Partner sei an all dem Schuld.

Eine Freundin sagte mir einmal: „Liebe und Hass liegen oft ganz dicht beieinander." Ja, so fühlt es sich manchmal an. Eben noch Liebe oder das Gefühl, das man im „Schlafzustand" dafür hält, und gleich darauf wieder Wut oder sogar Hass. Sie sind nicht in der Lage zu erkennen, dass all das mit Ihnen selbst zu tun hat, denn Sie sind „schlafend". Sie ahnen nicht, dass sich hierin die perfekte Möglichkeit zu Ihrer eigenen Heilwerdung versteckt. Aber genau das ist es! Je mehr „Schläge" Sie scheinbar einstecken müssen, je mehr alte Wunden können aufreißen und sich zeigen, um endlich zu heilen.

Erinnern sie sich an den Ausspruch von Jesus Christus: „Wenn dich jemand auf die eine Wange schlägt, dann halte ihm auch noch die andere Wange hin." Ein Ausspruch, der uns in diesem Zusammenhang in seiner ganzen Bedeutung wieder bewusst werden kann. Er meint nichts anderes, als den Schlag, der deine Wunde trifft, bereitwillig zu empfangen, um ihn zu deiner Heilwerdung und Bewusstwerdung zu nutzen. Denn das ist der kürzeste Weg deiner Selbstbefreiung, der kürzeste Weg zu Gott. Je mehr Schläge du „einstecken" musst, desto schneller bist du heil. Nimm also dankbar den nächsten Schlag entgegen und halte bereitwillig auch die andere Wange hin, denn es gibt viel zu heilen. Tausende von Abspaltungen und damit Schmerzen warten darauf, von dir geheilt zu werden.

Manchmal fragt man sich: Wann hat es endlich ein Ende? Besonders schlimm scheint es zu sein, weil unser Partner es tut, der Mensch, von dem wir es als Allerletztes erwarten. Aber auch unsere Kinder können zielgenaue Treffer landen. Auch sie kennen unsere Wunden. Sie dürfen sie ebenso dankbar annehmen in Ihrem Heilwerdungsprozess.

Protestiert jetzt Ihr EGO? Daran merken Sie, dass Ihr Wächter aktiv ist, der Sie genau daran hindern will, heil zu werden. Seine Welt ist die Illusion, die Matrix, und die will er auf keinen Fall verlassen. Sie jedoch wissen jetzt, dass seine Welt aufhören wird zu existieren. Das Ende der alten Welt der Illusionen wurde bereits eingeläutet. Wir sind im Wassermannzeitalter. Das Spiel um die neue Welt hat bereits begonnen. Die Tage Ihres Wächters sind gezählt.

Wie sagte doch Mr. Smith zu Neo im letzten Teil der „Matrix": „Illusionen, Mr. Anderson, Launen der Wahrnehmung! Vorübergehende Konstrukte eines schwächlichen menschlichen Intellekts, der verzweifelt versucht, eine Existenz zu rechtfertigen, die ohne Bedeutung oder Bestimmung ist!"

Das menschliche EGO ist der Teil in uns, der ohne Bedeutung oder Bestimmung ist. Deshalb ist seine Bestimmung die Auflösung!

Mr. Smith – als Teil des EGOs – wusste in diesem Moment noch nicht, dass er damit sein eigenes Todesurteil gesprochen hatte, denn kurz darauf erkennt Neo, dass es sinnlos ist, gegen ihn zu kämpfen. Er ergibt sich und leitet damit die Transformation und Auflösung seines EGOs (Mr. Smith) ein.

Unsere Beziehung ist der Ort, an dem wir uns am schnellsten entwickeln können. Alles abschälen, was wir nicht sind – all die illusorischen Schichten. Verlassen Sie Ihre Beziehungen immer wieder, bringen Sie sich um die Chance Ihrer eigenen Heilwerdung. Sie laufen immer wieder vor sich selbst weg, ohne sich dessen bewusst zu sein. Wachen Sie auf und erkennen Sie, Ihre Beziehungsprobleme rühren immer nur von Ihren eigenen Defiziten her, mit deren Entstehung unser Partner nichts zu tun hat. Er ist damit auch nicht „schuld", wenn Sie sich nicht mehr wohlfühlen oder unglücklich, einsam oder traurig sind. In jeder weiteren Beziehung werden wir immer wieder auf uns selbst zurückgeworfen, so lange, bis wir begreifen, dass wir alles, was wir mit unserem Partner erleben, selbst erschaffen haben, und bereit werden, uns selbst anzuschauen.

Ich erinnere mich noch genau daran, wie ich eines Tages wieder ein Stück weiter erwachte, was in der Erkenntnis gipfelte: Ich hätte nie geglaubt, so einen großen Anteil an den Problemen in meiner Beziehung zu haben. Das war wie ein positiver Schock, der eine große Illusion auflöste und aus dem die Erkenntnis floss: Ich habe mir vieles selbst erschaffen durch die Illusion alter Programme, die ich unbewusst lebte. Für diesen entscheidenden Entwicklungsschritt benötigte ich zweiundzwanzig Jahre meiner Beziehung.

Beginnen Sie, sich dabei zu ertappen, wie Sie das programmierte Spiel aus Ihrer Kindheit, das Ihre Eltern mit ihnen gespielt haben, auf Ihren Partner übertragen. Dieses Programm, bestehend aus alten reaktiven Mustern und Schmerz, zwingt uns geradezu, immer wieder unbewusst dieselbe Datei zu benutzen. (Mit reaktiven Mustern sind geistig-emotionale Muster gemeint, die wir nicht bewusst steuern können, sondern die im Gegenteil uns so lange steuern, bis wir erwachen und uns ihrer bewusst werden. So lange bleiben wir auch eine gesteuerte Maschine!)

Ist zum Beispiel der Partner verstimmt, nicht liebevoll oder schweigt, können wir glauben, es hätte etwas mit uns zu tun. Haben wir vielleicht etwas getan oder nicht getan, das ihn in diese Stimmung versetzt hat? Unbewusst reagiert unser Schmerzkörper, und wir könnten uns schuldig fühlen. Genauso schuldig, wie wir uns im Spiel mit unseren Eltern fühlten, wenn sie ihre schlechte Laune oder ihre Probleme an uns ausgelassen haben. Wir glaubten nämlich oft, ihre Laune hinge von unserem Verhalten ab. Um die Gunst der Eltern wiederzugewinnen, waren wir bereit, unser Verhalten ihren Forderungen anzupassen. So entstand das Muster: Wenn ich mein Verhalten nach ihren Wünschen ausrichte, sind meine Eltern wieder liebevoll. Unbewusst wurden wir dadurch abhängig von der Stimmung und den Forderungen unserer Eltern, denn wir wollten ihre Liebe nicht verlieren.

Genau dieses Spiel spielen wir mit unserem Partner weiter. Können wir den Grund für seine Stimmung nicht herausfinden, glauben wir oft, daran schuld zu sein und merken gar nicht, wie wir dadurch in die nächste abhängige Beziehung geraten. Wir beginnen, unser Verhalten an dem unseres Partners zu orientieren und erkennen nicht, dass wir uns dabei selbst aufgeben. Ursächliche Gefühle, die dabei immer eine Rolle spielen, sind Angst, den Partner zu verlieren oder Schuldgefühle, nicht genug getan zu haben oder nicht gut genug zu sein. Wir vergessen unsere eigenen Bedürfnisse immer mehr und verkennen völlig, dass wir nur eine alte Platte abspielen, mit der unser Partner nichts zu tun hat.

Finden Sie solche Beispiele in Ihrer Beziehung. Letztendlich spiegelt unser eigenes Drama immer nur das Drama mit unseren Eltern beziehungsweise deren Drama wider. So „schleppen" wir viele Mutter- und Vaterthemen mit uns herum, deren Energien wir unbewusst gegen unseren Partner richten. Unsere Eltern können wir dafür nicht verantwortlich machen. Sie sind nicht schuld, denn sie haben, genau wie wir, in ihrem schlafenden Zustand immer ihr Bestes gegeben. Jeder ist in diesem Prozess der Leiderschaffung sowohl Opfer als auch Täter gewesen. Im Prinzip waren wir nicht zurechnungsfähig in unserer Identifizierung mit dem Schmerz. Wir waren unbewusst.

Bis das die meisten Menschen erkennen, wird noch etwas Zeit vergehen. Bis dahin können Sie als Wissende damit beginnen, Verantwortung für Ihre Gefühle zu übernehmen und aufhören, Ihrem Partner oder den Kindern die Schuld dafür zu geben. Weglaufen ist zwecklos. Beginnen Sie, den Weg zu sich selbst zu gehen, und werden Sie gleichzeitig dabei zum Traumpartner. Es ist möglich, die eigene „Verrücktheit" oder den „Schlaf" wahrzunehmen. Haben Sie bestimmte Emotionen und Muster erlöst, werden die Resonanzen mit dem Partner aufhören, und die belastenden Situationen verschwinden Stück für Stück aus Ihrem Leben. Die innere Arbeit ist der Schlüssel für Ihre innere Veränderung, die gleichzeitig damit Ihr äußeres Leben wandelt. In diesem Prozess lösen Sie sich allmählich von den destruktiven Energien der unteren Bewusstseinsebenen und leiten Ihren Aufstieg aus dem Kellergeschoss in das Erdgeschoss ein. Sie werden wach.

Unseren eigenen Schmerz zu heilen und damit den Leiderschaffungsprozess zu beenden, gehört zur Aufgabe unserer Partnerschaft.

Zur der Aufgabe unserer Partnerschaft gehört auch, unser Kinder zu heilen. Unsere Kinder sind immer der Spiegel unserer Beziehung. Gibt es häufig Probleme oder Streit unter ihnen, so wissen Sie, es handelt sich um Ihre eigenen elterlichen Beziehungsprobleme. Ich erinnere mich noch an eine Situation, die mich sehr bewegte, als meine Tochter Kristin zu ihrem Bruder Mark sagte, während ich dabei stand: „Nicht, Mark, wir haben keine Probleme miteinander. Das sind alles nur Mamas und Papas Probleme." Dieser Satz berührte mich tief im Herzen, und ich fühlte Schuld. Lange habe ich darüber nachgedacht, ohne wirklich etwas tun zu können. Ich war noch nicht so weit, den entscheidenden Schritt zu gehen. Ich war noch zu verstrickt in meinem eigenen Schmerz, in den alten Wunden meiner Kindheit.

Ihre Kinder sind das Barometer Ihrer Beziehung. Unterdrücken Sie ständig Ihre Gefühle, bringen Ihre Kinder sie an die Oberfläche, indem sie sie an Ihrer Stelle ausagieren oder mit körperlichen Symptomen reagieren und krank werden. Strafen wir sie dann noch dafür, dass sie Gefühle ausagieren, die wir unbewusst unterdrücken, zwingen wir sie noch mehr zur Unterdrückung, was die Situation weiter verschlimmert.

Projizieren Sie Ihre Gefühle auf den Partner und sprechen ihn schuldig dafür, erleben Sie ähnliches auch bei Ihren Kindern. Sie streiten ebenso und schieben sich gegenseitig die Schuld zu.

Ich erinnere mich an eine Situation, als eine 13jährige Schülerin von zu Hause weglaufen wollte und dieses auch in die Tat umsetzte. In ihrem Brief, den sie den Eltern hinterließ, stand unter anderem: „Sie will ein neues Leben beginnen". Durch die Frage: „Welches neue Leben, ihres hatte doch gerade erst begonnen"?, wurde klar, dass der Grund ihres Weglaufens nichts mit ihr zu tun haben konnte. Es war das Problem der Eltern oder eines Elternteils, das sie unbewusst übernommen hatte und an deren Stelle ausagierte, weil sie den Schmerz, der sich darin verbarg und den sie fühlte, nicht mehr ertragen konnte. So entsteht reaktives Verhalten. Wir reagieren, ohne später zu wissen, warum. Wir werden „fremdprogrammiert" mit einem schmerzvollen geistig-emotionalen Muster, das in diesem Fall den Eltern gehörte. Weil wir unsere Eltern lieben und nicht mit ansehen oder anhören können, wenn sie leiden, übernehmen wir unbewusst ihren Schmerz und versuchen sogar noch, wie in diesem Fall, das, was sie selbst nicht tun können oder wollen, an ihrer Stelle auszuagieren. Denn wir wünschen uns als Kinder nichts sehnlicher, als sie glücklich zu sehen.

Weil wir als Eltern nicht fähig sind, die Ursache für unsere Probleme zu erkennen, geben wir unseren Kindern unser eigenes Schmerzpaket in ihr Leben mit. Alle „Verrücktheiten" unserer Kinder sind unsere eigenen.

Vor kurzem sah ich einen Filmausschnitt aus „Die Super Nanny" – sicher vielen bekannt. Die Familie, die dort dargestellt wurde, hatte fünf Kinder, vom Baby bis circa acht oder zehn Jahre alt. In der Familie herrschte völliges Chaos. Die Kinder hörten nicht und machten ziemlich verrückte Dinge mit den Eltern, sie spiegelten ihre Eltern. Die Nanny erklärte daraufhin, dass das Benehmen der Kinder den Umgang der Eltern miteinander darstellen würde.

Daraufhin fragte der Vater: „Sie meinen, wenn wir nicht mehr streiten, würden auch die Kinder damit aufhören?" Das bestätigte sie. Ich glaube, da hat es bei ihm „klick" gemacht. Das konnte er einsehen. Aber die Realisierung des verbalen Vorsatzes, nicht mehr streiten zu wollen, ist so lange auf Sand gebaut, wie wir nicht wissen, was der wirkliche Streitverursacher ist, unser Ego/Schmerzkörper, die alten Wunden, die es zu schützen versucht. Der verbale Vorsatz, nicht mehr streiten zu wollen, wird die Situation nicht dauerhaft klären können, obwohl es natürlich ein erster Schritt in die richtige Richtung ist. Es muss Bewusstwerdung der Tatsache dazukommen, dass unsere eigener Schmerz, unser eigenes Drama, die tiefe Ursache für den Streit ist.

Einen Vorsatz zu benutzen, eine neue Verhaltensregel aufzustellen oder eine Erziehungsmaßnahme für uns und die Kinder durchzusetzen, bedeutet nicht, die Ursache zu klären und ist noch nicht die Lösung. Deshalb führen auch die meisten so genannten Erziehungsmaßnahmen zu einem unbefriedigendem Ergebnis, weil sie letztendlich nur das verstärken oder unterdrücken, was es eigentlich zu heilen gilt: alten Schmerz. Jede „strenge Erziehungsmaßnahme" verursacht in der Regel neuen Schmerz und neue Verwundungen bei unseren Kindern. Erst wenn wir uns von unserem eigenen Schmerz befreien und damit zur Selbstliebe gelangen, befreien wir automatisch auch unsere Kinder. Wir werden fähig, bedingungslos zu lieben. Damit betrachten wir unsere Kinder nicht mehr als etwas, das uns gehört und das wir deshalb da „hinerziehen" müssen, wo wir selbst sind. Sondern wir ersetzen das, was wir heute noch unter Erziehung verstehen und was eigentlich oft nur Dressur ist, durch Achtung, Vertrauen und Liebe. Wir treten aus dem Leiderschaffungsprozess heraus, und das Verhalten sowie die Beziehung zu unseren Kindern wird sich deutlich wandeln.

Hier füge ich ein Beispiel aus dem Leben ein, das die Beziehung zu meinem Sohn betrifft.

Seit unsere Tochter eine eigene Wohnung hat, fehlt ihm eine wichtige Bezugsperson. Das wurde mir klar durch das Gespräch mit Kristin. So hat Mark die Dinge, die er zum Beispiel über die Schule mit Kristin besprechen konnte, aus Angst vor Diskussionen nicht mit uns besprochen. Er hat sich noch mehr zurückgezogen und hinter dem Computer versteckt. Mir war schon länger klar, dass er nicht glücklich ist. Ich wusste jedoch nicht, was ich machen sollte. Alle Angebote, aus dem Trott herauszukommen, fanden keine Resonanz.

An dieser Stelle suchte ich das Gespräch mit Kristin. Daraus ergab sich Folgendes:

„Marks Leben ist zurzeit so langweilig und trocken wie Knäckebrot. Du hast Mark immer nur an deinem eigenen Maßstab gemessen, was seine schulischen Leistungen betrifft. Du willst, dass er das genauso ernst nimmt wie du früher. Deshalb hat er Angst, dich zu enttäuschen.

Er hört von dir immer nur dieselben Worte. Du machst ihm Druck aus deiner Motivation der Angst heraus. Es fehlt die Motivation der Liebe.

Du musst gucken, was er selbst bringen kann, denn aus der Motivation von Angst zu lernen verringert die eigene Kraft um fünfzig Prozent!

(Das ist ein Problem, das bei ehrgeizigen Eltern und in „gebildeten" Familien so häufig schief läuft. Aus Druck und dem nur Gelten-Lassen des eigenen Maßstabs entsteht häufig Arroganz.)

Du hattest Mark reduziert auf seine schulischen Leistungen, deshalb glaubte er, ein schlechter Mensch zu sein, weil er nicht die erwünschten Noten bringt. Er hatte Angst, dich zu enttäuschen."

„Ich habe mein Herz verschlossen, deshalb ist dasselbe auch bei ihm passiert. Daraus entsteht das Gefühl, den anderen nicht mehr erreichen zu können.

Was kann ich tun, um wieder eine Verbindung zu Mark zu finden? Was kann ich tun, damit er wieder fröhlich wird?"

„Du musst dein Herz erweichen und ihm eingestehen, dass du völlig hilflos und traurig bist und nicht weißt, was du noch tun sollst, um ihn zu erreichen. Du fühlst, er ist nicht wirklich glücklich. Diese Gefühle musst du ihm zeigen. Nimm ihn in die Arme und lasst die Traurigkeit gemeinsam heraus. Öffne dein Herz, erst dann kann auch er seins wieder öffnen. Sag ihm, wie sehr du ihn lieb hast."

Mir hat man beigebracht, dass das wesentlichste Ziel im Leben gute Zensuren und ein guter Abschluss sind. Ich selbst habe die Schule sehr ernst genommen. Deshalb lag das Problem zwischen mir und Mark in der schulischen Situation.

Ich hatte Angst, dass er sich durch die Noten seine Zukunft verbaut, und ihm deshalb unbewusst und auch bewusst Druck gemacht.

Mein innerer Prozess ging dahin, meine Gefühle, die die Situation erschaffen haben, zu erlösen:

Ich segne meine Angst, dass er sein Studium nicht erreichen könnte.
Ich segne meine Angst, ihn wieder mit meinem eigenen Maßstab zu messen.
Ich werde dir ab heute keinen Druck mehr machen.
Ich erlaube dir, die Leistungen zu bringen, die dir möglich sind.
Ich nehme dir alle Steine aus dem Weg, die ich dir damit in den Weg gelegt hatte.
Du möchtest, dass man deine Kinder als gute Menschen anerkennt.
Diese Wertschätzung werde ich jetzt meinem Sohn entgegenbringen.
Finde heraus, wo er sein Herz hat und was er vom Leben möchte.
Es ist deine Aufgabe, ihn dafür stark zu machen.

Bei der Klärung dieses Themas wurde mir bewusst, dass ich genau die gleichen Gefühle in meiner Kindheit hatte, wie ich sie bei Mark durch das Leben dieses alten Musters hervorrief. Durch Bewusstwerdung erfahren wir, woher alles kommt, was wir im Äußeren erleben. Bewusst-

werdung und Fühlen erlösen die alte Programmierung.
Die Erlösung dieses tiefsitzenden Themas war der Beginn für eine Veränderung in unserer Beziehung. Sie ermöglichte mir auch, ein Stück loszulassen und Mark mehr Vertrauen entgegenzubringen, was die schulische Situation betrifft. Für den Prozess der Herzöffnung war das ein kleiner, jedoch wichtiger Anfang. Er wird sich fortsetzen.
Damit kann unsere eigene Heilung zur Heilung unserer Beziehung und unserer Kinder führen.

Wie einigen bekannt ist, wird in dem Prozess, den die Menschheit jetzt durchläuft, die weibliche Kraft oder das weibliche Prinzip auf die Erde zurückkehren. Die wahre weibliche Kraft wird sich in uns dann manifestieren, wenn wir das EGO/Schmerzkörperspiel mit unseren Männern beenden und in unsere Herzensliebe zurückfinden. Indem wir das Leid in.uns erlösen, kann das alte Spiel auf der Erde beendet werden. Wir finden unsere weibliche Kraft wieder und unsere Männer ihre männliche – die mitfühlende Liebe als natürlichen Zustand eines geöffneten Herzens. Damit beenden wir den Leiderschaffungsprozess auf der Erde. Werden Sie wach und tun Sie den ersten Schritt!

Schmerz kann nur geheilt werden, wenn wir vergeben

Vergebung ist ein entscheidender Prozess für unser Erwachen. Wenn wir nicht vergeben können, hat das sogar Auswirkungen auf unsere Gesundheit, denn wir behindern dadurch unsere Heilung, wie wir später noch sehen werden. Ich erinnere mich an meinen ersten Versuch zu vergeben. Das war auf dem Seminar zur EMF-Ausbildung mit Renata Ash, die die Meditation führte. Wir vergaben unseren Familienangehörigen, Verwandten usw. Das fühlte sich gut an, blieb jedoch, aus heutiger Sicht gesehen, ein Lippenbekenntnis, eine Sache des Verstandes. Denn das Hindernis für Vergebung besteht darin, dass wir nicht wirklich vergeben können, wenn der alte Groll, der Hass und all die anderen destruktiven Gefühle noch in uns sind. Wir vergeben zwar verbal, heilen aber damit nicht unsere Gefühle, denn das ist der Sinn von Vergebung – die Heilung unserer Gefühle.

Als ich dann auf dem Weg zu mir selbst weiterkam, stellte sich durch eine tiefgreifende Bewusstwerdung die Vergebung von allein ein. Mir wurde aus der Situation heraus plötzlich bewusst, und das fühlte sich so an, als ob sich ein innerer Kanal geöffnet hatte, dass ich jetzt allen vergeben konnte. Gleichzeitig jedoch erkannte ich, dass es gar nichts zu vergeben gibt, denn es gibt keine Schuld! Niemand hat dir bewusst etwas angetan! Sie wissen nur nicht, was sie tun, sie sind schlafend und unbewusst.

Und ich erinnerte mich wieder einmal an den Ausspruch von Jesus Christus und verstand zum ersten Mal seine Tiefe: „Oh, Herr, vergib ihnen, denn sie wissen nicht, was sie tun!" Das war eine große Befreiung. Erst mit meiner eigenen Bewusstwerdung wurde Vergebung auf der Ebene, auf der sie stattfinden kann, wirklich möglich. Es bedarf der Kraft der Vergebungsenergie. Zu vergeben hat auf einer bestimmten Stufe unserer Bewusstwerdung genau so lange Bedeutung, wie wir noch nicht vergeben konnten und die alten Wut-, Groll- und Hassenergien noch in uns tragen. Auf der Hawkins Skala ist das unterhalb der Ebene von „Vergebung" und „Akzeptanz".

In dem Moment, in dem wir die Vergebungsenergie integriert haben, gibt es nichts mehr zu vergeben, weil von da an die Akzeptanz beginnt, das Bewusstsein zu durchdringen. Damit werden keine neuen destruktiven Gefühle wie Wut, Hass und Groll erschaffen. Deshalb ist es so wichtig zu erwachen, um den Akt der Vergebung zu fühlen und sich damit selbst zu befreien von den entsprechenden Energien. Oberhalb dieser Ebenen ist Vergebung ohne Bedeutung, weil zunehmend „Verständnis" und „Liebe" integriert und gelebt werden.

Ich vermittle Ihnen noch ein Bild, um diesem inneren Kern etwas näherzukommen. So lange wir uns unserer alten Wunden, unseres Schmerzkörpers, noch nicht bewusst geworden sind, bleiben wir reaktiv in Bezug auf Situationen und Personen. Wir werden sozusagen von innen heraus manipuliert. Das passiert deshalb, weil wir den erlittenen Schmerz unbewusst von uns abgespalten und ihn dadurch zum „Feind" erklärt haben.

Das wissen wir nicht. Damit haben wir uns jedoch einen „Feind hinter den eigenen Linien" erschaffen. Er ist zu einem Teil von uns geworden, aus dem ständig Misstrauen und Angst aufsteigen, die in unserer Welt wiederum Misstrauen und Angst erzeugen.

Stellen Sie sich das bildlich vor. Sie stehen mit Ihren Truppen (Soldaten) im Leben und wollen ausschreiten, um das Leben zu meistern. In Ihrem Rücken und hinter Ihren Truppen, da, wo eigentlich Ihr eigenes Friedensland sein sollte, steht der „Feind". Wie fühlen Sie sich in einer solchen Situation vorne an der Spitze? Sie sind nie wirklich sicher. Dauernd schauen Sie sich um, was der Feind tun wird und wann er zum Angriff gegen Sie rüstet. Und Sie haben seine Angriffe bereits kennengelernt. Diese sind mit allen Wassern gewaschen, und Sie benötigten all Ihre Kraft, um zu widerstehen. Der „Feind" in Ihrem Rücken ist scheinbar zur größten Bedrohung Ihres Lebens geworden. Er hält Sie ständig im Zustand der Angst und macht Ihr Leben unsicher. Immer wieder nach hinten zu schauen und aufzupassen, ist eine Aufgabe, für die Sie einen Großteil Ihrer Energie benötigen. Dadurch versetzen Sie sich unbewusst in einen ständigen Stresszustand, und innere Ruhe und Frieden bleiben eine Illusion. Ihr Lebensweg, auf dem Sie eigentlich kraft- und schwungvoll wandeln könnten, ist mit dem scheinbaren Feind im Nacken zu einem angstvollen und kräftezehrenden Marsch geworden. Wenn Ihr Tag vorbei ist, sind Sie oft erschöpft.

So lange Sie sich auf diesen „Feind" fixieren, und das tun Sie, wenn Sie unbewusst oder „schlafend" sind, spielt er diese Rolle in Ihrem Leben. Denn das, was Sie bewusst oder unbewusst glauben, geschieht auch. Besonders stark wirken die unbewussten Glaubenssätze mit den entsprechenden emotionalen Ladungen. Das, was im Eisbergrumpf als uraltes verstaubtes Glaubenssystem lagert und unser Leben bestimmt. So lange ich glaube, dass es einen Feind in meinem Leben gibt, werde ich einen bekommen. Denn er ist das Ergebnis meiner abgespaltenen Schmerzen und Gefühle, die sich in mir befinden. Ich erschaffe ihn aus mir selbst heraus jeden Tag neu. Lebe ich zum Beispiel in der Angst, dass meine Gegner immer härter werden könnten, dann werde ich erleben, dass es die Wahrheit ist: meine Wahrheit. (Lebe ich zum Beispiel in dem Glauben, alle Männer sind untreu, werde ich untreue Männer in mein Leben ziehen. Und das gilt für jeden Glaubenssatz.) Kampf und Schmerz sind die hartnäckigste Illusion, in der wir leben, so lange wir an sie glauben und sie für Wirklichkeit halten!

Sie handeln in diesem Kampf oft aus purer Verzweiflung (altem Schmerz), weil Sie glauben, er muss doch irgendwann gewonnen und damit beendet sein. Aber Sie bekämpfen nur sich selbst und ruinieren Ihre Gesundheit. Sie fangen an, sich für den Kampf zu schämen und zu hassen, dass Sie vielleicht sogar glauben, nicht mehr zu Gott zurückkehren zu können für das, was Sie getan haben. Und Sie verdrängen Gott völlig aus Ihrem Leben, weil Sie damit rechnen, dass die große Abrechnung mit dem, was Sie getan haben, am Ende kommt und Sie ihr nicht entgehen können. Sie werden Ihre „gerechte Strafe" erhalten. Und vielleicht schaut Ihr Blick angstvoll in die Zukunft, und Sie werden den bangen Gedanken nicht los: Gott wird mich strafen, wenn mein Ende gekommen ist. Sie haben zu viele „Leichen im Keller", wie es ein Bekannter von mir einmal treffend ausdrückte. Vielleicht verhärten Sie sich auch völlig ihm gegenüber und meinen, es kann gar keinen Gott geben, weil Sie so viel erdulden mussten und so viel Leid und Kampf in Ihrem Leben waren. Und wenn Gott so allmächtig sein soll, wie man es oft hört, dann kann er dieses unmöglich zugelassen haben. Dann kann er dieses unmöglich gewollt haben!

Sie verkennen völlig, weil Sie eine Illusion von sich selbst leben, dass Sie alles, was Ihr Leben ausgemacht hat, alles Leid und allen Kummer, alles Unglücklichsein, alle Nichtliebe, allen Hass, alle Schuld, alle Scham und alle Verachtung, alle Wut auf sich und die Welt, selbst erschaffen haben und Gott die Schuld dafür geben wollen.

Sie sind völlig schlafend und unbewusst gewesen und konnten nicht zu der großen Wahrheit und Wirklichkeit vordringen, auf die alle Ihre Leben hinführen: die Liebe zu erkennen, die hinter Ihrem Schmerz versteckt ist, den Sie zuerst heilen müssen. Erst dann finden Sie die Liebe zu sich selbst, und damit zu Gott wieder. Diese Liebe und den inneren Frieden, der damit einhergeht, finden Sie, wenn Sie mit dem Kampf aufhören und dem scheinbaren Feind vergeben, weil es keine Schuld gibt.

Niemand auf der ganzen Welt hat Ihnen böswillig oder vorsätzlich, einfach aus einer Laune heraus, etwas Schlimmes angetan. Hinter jeder „Tat" steht die eigene Wunde, der eigene Schmerz, die eigene Verletzung. Und erst wenn Sie bereit sind, dieses zu erkennen und auf einer tieferen Ebene in sich wahrzunehmen, werden Sie bereit sein, zu vergeben. Und dann können Sie alles vergeben. Und indem Sie genau das tun, wird auch Ihnen vergeben werden.

Sie erfahren in diesem Prozess, dass die Liebe unsere größte Kraft ist. Durch Liebe können all unsere Wunden geheilt werden. Und am allerdringendsten brauchte es schon immer die Liebe zu uns selbst – unsere Eigenliebe. Wir finden sie erst, wenn wir die Schichten beseitigt haben, all die Schatten in uns, die keine Liebe sind, wenn wir uns von unserem Schmerz befreit haben. Tiefe Vergebung verwandelt unseren Groll, die Wut und den Hass, die wir auf andere Menschen projizieren, in Licht und Liebe.

Das ist ein Teil unserer Erkenntnisreise hier auf der Erde. Vergebung ist ein Schlüssel dazu.

Erst wenn Sie anderen vergeben für das, was sie Ihnen scheinbar angetan haben, öffnet sich eine Tür, und auch Ihnen wird vergeben. Es wird endlich Frieden, und Frieden ist die Wirklichkeit. Sie haben die größte Illusion Ihres Lebens aufgelöst.

Erwachen und Gesundheit

Dieser Teil soll dazu dienen, Ihren Geist weiter zu befreien, um die großen Illusionen zu erkennen, die sich um unsere Heilwerdung ranken und im Massenbewusstsein noch tief verankert sind.

Erwachen befreit Sie von der Illusion, dass es unheilbare Erkrankungen gibt. Unheilbare Erkrankungen gehören zum Leben der unteren Bewusstseinsebenen, und so sind viele Menschen heute scheinbar unheilbar krank. Aber die Wahrheit ist, unsere Erkrankungen sind heilbar, wenn wir uns der Heilung zuwenden, unserer inneren Heilung. Denn die innere Ursache für unser Nicht-Heilsein sind wir selbst. Unsere Krankheiten sind der Ausdruck unserer eigenen Konfliktsituation, unseres eigenen inneren Dramas, das wir, so lange wir „schlafend" sind, aus uns selbst oder in uns selbst erzeugen. Sie manifestieren sich in uns, wenn wir die destruktiven, zerstörenden Energiemuster, die wir leben, unbewusst gegen uns selbst richten. Unser Körper kann immer nur das sein, was sein Geist ihm eingibt. Dieser geistige „Input", der sich aus komplexen Gedanken- und Gefühlsmustern zusammensetzt, löst im Körper eine Kaskade von Veränderungen aus, die, wenn es sich um „negative" Muster handelt, Systemstörungen und Krankheit nach sich ziehen.

David R. Hawkins fasste es in die Worte: „Der Körper ist der Spiegel des Geistes, und seine Probleme sind die Dramatisierung der Kämpfe des Geistes, der ihm das Leben verleiht. Was wir in Bezug auf die Dinge „da draußen" glauben, das hat seine Wirkung in unserem Inneren. Jeder stirbt durch seine eigene Hand. Das ist eine harte klinische Tatsache, kein moralischer Standpunkt."[13]

Wir selbst sind die tiefe innere Ursache für unsere Erkrankungen. Uns dieser Wahrheit zu öffnen, gibt uns den wichtigsten Schlüssel für unsere Heilwerdung in die Hand.

Je größer der Wahnsinn, das Drama, der Schmerz oder der Konfliktschock, in dem wir alltäglich leben, desto schwerer oder langanhaltender die Erkrankung. Und je länger Sie sich schon in einem derartigen Zustand befinden, desto dringender ist eine Kehrtwende von ihnen gefordert, nämlich die Illusion zu verlassen, Ihre Krankheit käme ausschließlich von außen und hätte eine zufällige oder unbekannte Ursache.

Lassen Sie am besten in diesem Zusammenhang auch Ihren Glauben los, die Schulmedizin gemeinsam mit der Pharmaindustrie würden die Ursachen für Ihre Krankheit irgendwann finden, und damit eine „Pille" dagegen. Beide sitzen heute weder im richtigen Boot, noch besitzen sie entsprechendes Wissen, das Werkzeug und den Willen, dieses zu tun. Sie laufen damit nur einem Phantom hinterher, das, genau wie ein Traumpartner, heute nicht existiert. Pharma und Schulmedizin sind zur Zeit darauf ausgerichtet, Schlimmstes zu verhüten, völlig Zerstörtes herauszuschneiden, um damit Leben zu verlängern und Symptome zu unterdrücken.

Die Entfernung eines kranken Organs zum Beispiel ist das Eingeständnis, dass es nicht geheilt werden konnte.

Das alles ist zweifelsohne zur Zeit notwendig und verdient unsere Anerkennung. Aber es führt nicht zu unserer Heilwerdung, weil es keine körperliche ohne geistige Heilung gibt. Diese wiederum beinhaltet die Heilung unserer Gefühle.

Kennen Sie einen älteren Menschen, der von Bluthochdruck, einer Herzerkrankung, einem Kreislaufproblem, Arteriosklerose, Diabetes, Nieren- oder Schilddrüsendysfunktion, einer kranken Leber, Osteoporose, Rückenschmerzen, sich verschlechterndem Augenlicht oder Gehör durch die Schulmedizin geheilt wurde? Ich kenne niemanden. Sie alle werden ständig behandelt, bei stärkeren Funktionsversagen der Organe operiert und nehmen in der Regel ständig chemische Symptomunterdrücker ein. An Gesundung glaubt weder der Arzt noch der Patient.

Fragen Sie einmal, falls Sie an einer der oben genannten „Alterserkrankungen" leiden, wie Ihr Arzt die Prognose für Ihre Gesundung sieht. Wenn er ehrlich zu Ihnen ist, muss er gestehen, dass er keine Möglichkeit hat, Sie zu heilen. Es wird niemanden in seinem Praxisbereich geben, der mit einer sogenannten Alterserkrankung (die eigentlich keine ist) als geheilt entlassen wurde, ohne weiterhin Medikamente einnehmen oder behandelt werden zu müssen. Sie müssen darauf bauen, dass die Tablette, die Behandlung oder OP, die er Ihnen vorschlägt, das Symptom so gut es geht unterdrücken und damit eine Verschlimmerung Ihres Zustandes oder Ihr vorzeitiger Tod verhindert wird.

Wenn Sie wirklich gesund werden wollen, ist es an der Zeit, andere Wege einzuschlagen.

Auf der Ebene des universellen Schlafs erschaffen wir Krankheit durch die destruktiven Gefühle oder geistig-emotionalen Reaktionsmuster, die wir unbewusst gegen uns selbst richten. Alles Nicht-Heilsein ist das Ergebnis blockierter Lebensenergien, deren erste innere Ursache hier zu finden ist.

David R. Hawkins schreibt treffend dazu, dass unser zentrales Nervensystem äußerst feinfühlig zwischen lebensfördernden und lebensfeindlichen Mustern unterscheiden kann. Energiefelder mit hoher Kraft aus den oberen Bewusstseinsebenen setzen stoffliche Reaktionen in Gang, wie zum Beispiel das Freisetzen von Endorphinen im Gehirn, und haben auf diese Weise eine tonisierende Wirkung auf alle Organe. Im Gegensatz dazu setzen destruktive Muster Adrenalin frei, wodurch Immunreaktionen unterdrückt und Schwäche und Abgespanntheit der Organe verursacht werden. So lange wir durch unsere Behandlungen nur die Folgen der Grundstörung beheben, die die Organenergie geschwächt hat, nicht aber die wirkliche Ursache – das geistig emotionale Muster, kehrt die Krankheit üblicherweise wieder zurück oder kann nicht beeinflusst werden. Allgemein gesagt ist körperliche und geistige Gesundheit die Begleiterscheinung positiver Gefühle und Muster, wohingegen körperliche und geistige Krankheit an negative Gefühlsmuster und Reaktionen wie Groll, Hass, Neid, Wut, Schuld, Feindseligkeit, Selbstmitleid, Angst und Besorgtheit geknüpft ist.

Das Leben dieser Gefühle, die aus unserem Schmerzkörper resultieren, erzeugt einen großen Stress in uns, der sich immer gegen uns selbst richtet. Deshalb macht es keinen Sinn, unsere Gefühlsreaktionen auf äußere Umstände oder gar Personen zu richten. Sie sind in der Regel selbst erzeugt. Sich dieser Wahrheit zu öffnen, befreit uns von einer großen Illusion.

Sich ständig wiederholende, destruktive, geistig-emotionale Muster verursachen kleinste Veränderungen im Energiefluss zu den Organen, die durch ihre chronische Wirkung den Krankheitsprozess zur Folge haben. Wenn man nun berücksichtigt, dass unser reaktiver Verstand (die Gedanken, die wie eine Endlosspule in unserem Kopf ablaufen und auf die wir scheinbar keinen Einfluss haben) täglich Tausende solcher Muster erzeugt, wird klar, welchen gravierenden chronischen Einfluss diese auf unsere Organe haben. Sind diese Muster lebensfeindlich, also destruktiv, führen sie zu Krankheit. So stellen auch geheime feindselige Gedanken einen Angriff auf unseren Körper dar. Deshalb kann auch Frieden als äußerer Zustand nicht einfach erschaffen werden, so lange ich Gedanken des Kampfes gegen etwas in mir habe. Er kann überhaupt nicht erschaffen werden, wenn ich kämpfe. Er ist das Ergebnis jenes inneren Friedens, der entsteht, wenn wir die nicht friedlichen oder destruktiven Gefühle und geistigen Muster erlöst haben, die wir alle in uns tragen, so lange wir „schlafend" sind.

Werden Sie sich bewusst: Heilung gibt es für niemanden im Sonderangebot. Heilung erwartet den, der für Heilung bereit ist, denn Heilung ist eine tiefgreifende Transformation, die durch einen inneren Bewusstseinsschritt gekennzeichnet ist. Vergleichbar mit einer Veränderung von einem ehemals wütenden, sich selbst bemitleidenden, intoleranten und egozentrischen Menschen, der allmählich oder spontan zu einer sanften, freundlichen, vergebenden und liebevollen Einstellung gelangt, wie es Hawkins beschreibt. Alles, was Sie in Ihrem Leben erfahren, ist der Inhalt Ihres eigenen Geistes, Ihrer eigenen Muster. Sind diese vorwiegend destruktiv, erfahren Sie Leid und Krankheit. Das wiederum kann Sie bewegen, einen inneren Richtungswechsel vorzunehmen.

Wir werden nicht nur wegen innerer und damit selbsterzeugter Ursachen krank. Es gibt weitere Einflüsse, die zu Krankheit führen und man als äußere Einflüsse bezeichnet werden können.

Ein Teil davon ist durch die alternative Medizin oder Heilbereiche erkannt worden, und ich durfte in meiner Zusammenarbeit mit den Professoren Tatjana und Jura Stetsenko aus Kiew diese krankheitsverursachenden Faktoren besser kennenlernen. Dazu gehören zum Beispiel Viren, Bakterien, Pilze und Parasiten, Umweltgifte und Schadstoffe, chemische Medikamente, auch Psychopharmaka und Antibiotika, Hormone, wie zum Beispiel die Pille oder Hormone, die in den Wechseljahren von Frauen eingenommen werden, Impfstoffe jeglicher Art sowie radioaktive Strahlung. Des Weiteren „künstliche" Nahrungsmittel, die mit Konservierungs-, Farbstoffen sowie künstlichen Geschmacksverstärkern und Ähnlichem angereichert wurden.

Noch zu erwähnen schädliche Energien oder Strahlungen in unserer Umwelt, durch alles Künstliche, was wir dort hineingestellt haben: Teppiche, Möbel, Computer, Handy, Mikrowelle, Elektrosmog usw. Diese verringern einerseits unsere Körperenergie beziehungsweise schädigen uns, gleichzeitig atmen wir Ausdünstungen von Möbeln und Teppichen ein.

Ein Wort zur Mikrowelle, die viele als harmlos ansehen. Einst als Waffe entwickelt, strahlt sie sogar noch im ausgeschalteten Zustand. Ganz zu schweigen von den Veränderungen, die sie am genetischen Material der Nahrung verursacht, was vermehrt freie Radikale entstehen lässt. Bei Probanden konnten bereits in den Siebzigerjahren nach dem Verzehr von Mikrowellennahrung pathologische Veränderungen im Blut nachgewiesen werden, die ebenso durch Tierversuche bestätigt wurden.

Ein externer Faktor, der in den letzten Jahren Schlagzeilen gemacht hat und strahlungssensiblen Menschen das Leben erschweren kann, sind Mobilfunknetze. Da diese Faktoren größtenteils bekannt sind, kann man sie durch alternative Methoden feststellen und ihren Einfluss verringern. (Auch Mobilfunknetze lassen sich mit geringem Einsatz finanzieller Mittel harmonisieren, siehe Quellennachweis, Seite 345). Zu den äußeren Faktoren, die wir uns selbst antun, gehören Alkohol- und Nikotinmissbrauch sowie Drogenkonsum. Diese können zu starken und irreversiblen Schädigungen einzelner Organe und des gesamten Körpers führen. Ich denke, das ist jedem hinreichend bekannt.

Verfahren wie Bioresonanz, Radionik, Kinesiologie, nichtlineare Diagnose sind geeignet, relativ verlässlich die bei jedem vorhandenen äußeren Ursachen aufzuspüren und Wege aufzuzeigen, sich davon zu befreien. Kehren einige dieser Probleme nach scheinbar erfolgreicher Behandlung zurück oder sprechen nicht auf die Behandlung an, wissen Sie, dass Sie eine Klärung der inneren oder geistig-emotionalen Ursache herbeiführen müssen, die den Ursprungsimpuls für die Schwächung der Energie des Organs oder Organsystems setzte.

Aus meiner heutigen Sicht ist Krankheit das Ergebnis unserer eigenen destruktiven geistig-emotionalen Programme (Muster), die in ihrer chronischen oder akuten Wirkung auf das zentrale Nervensystem zuerst energetische, später stoffliche Veränderungen in Organen und Organsystemen hervorrufen. Zusätzlich schwächen äußere Krankheitsursachen die Körperenergie oder manifestieren sich erst wegen des bereits vorhandenen Energiemangels. So kann Krankheit als eine Verflechtung innerer und äußerer Ursachen angesehen werden, deren Ausgangspunkt oder Ursprung die innere Ursache, das geistig-emotionale Muster, ist.

Diese Erkenntnis stimmt grundsätzlich mit dem Wissen der modernen Quantenmedizin überein, die davon ausgeht, dass sich der Ursprung aller Erkrankungen im menschlichen Bewusstsein befindet. Je nachdem, welche Informationen unser Gehirn an unsere Körperbereiche sendet, werden diese gestärkt oder geschwächt. Damit ist der Körper Ausdruck und Ergebnis geistiger Entscheidungen und innerer Haltungen.

Im universellen Schlafzustand laufen diese inneren Programme unbewusst in uns ab. Werden sie bewusst gemacht und aufgelöst, gehen die Beeinträchtigungen auf das zentrale Nervensystem zurück, es erholt sich, und die Energie des entsprechenden Organs wird wieder fließen. Das Organ kann gesunden. Gleichzeitig wird ein Teil der äußeren Ursachen Ihren Körper verlassen, weil zum Beispiel Bakterien, Viren und Pilze in der höheren Energie oder Schwingung keine Existenzgrundlage mehr vorfinden. Aufgenommene Schadstoffe können durch den Körper schneller oder überhaupt erst wieder ausgeschieden werden. In diesem Prozess der inneren Klärung wird Ihr Nervensystem gesunden und das Leid aus Ihrem Leben verschwinden, denn Sie bewegen sich zunehmend in höhere Bewusstseinsebenen hinein.

In den Abschnitten über die nichtlineare Diagnose und mediale Radionik werde ich konkreter darauf eingehen.

Erinnern Sie sich aus dem Leiderschaffungsprozess an das Beispiel des erfolgreichen Unternehmers, der seinen Sohn unter starken Beschimpfungen fast zu Tode prügelte, wodurch dieser eine schwere chronische Erkrankung entwickelte, die mit völliger Hilflosigkeit endete. Die negativen Gefühlsprägungen, die der Vater damit bei seinem Sohn verursachte, haben ihm sowohl die Gesundheit als auch sein Leben ruiniert. Unbewusst glaubte er das, und so konnte es seine Wirklichkeit werden. Hätte man rechtzeitig an der Auflösung der destruktiven Muster arbeiten können, wäre er sehr wahrscheinlich gesund geblieben.

Diese erlittenen Schmerzmuster, die man auch Engramme nennt, was von Eingravieren oder Eindrücken kommt, werden so lange in uns gespeichert, bis sie gelöst und damit gelöscht werden.

Wie bereits erwähnt, wird am Institut für Neurobiologie in Stuttgart für die destruktiven Gefühle eine Gefühlskarte (nach Dr. Klinghardt) verwendet, die jedem Organ entsprechende Gefühle zuordnet. Durch den kinesiologischen Test kann mit Hilfe dieser Karte das Gefühl bewusst gemacht und gelöst werden, um das Organ von seinem unterdrückenden Einfluss zu befreien.

So steht beispielsweise der Dünndarm dafür, sich verloren und einsam zu fühlen, mit den Unterteilungen: verlassen, verstoßen, vernachlässigt, Mangel an: Geborgenheit, Nähe, mütterlicher Wärme, Kontakt; Unsicherheit, Liebesentzug.

Die Leber steht für „Wut", mit den Untergefühlen von Verzweiflung, mangelnder Anerkennung, Unzufriedenheit, Vermeiden von Problemen, irrational.

Die Niere steht für „Angst", mit den Untergliederungen Schuldgefühle, machtlos, demoralisiert, egoistisch, Enttäuschung, brutal und ohne Mitleid, Schreck, betroffen, „es geht mir an die Nieren".

Der Magen steht für „heimatlos" und den Einzelgefühlen wie: nicht mögen, machtlos, gebrochener Wille, überlastet, überfordert, Groll, Hass, lustlos, Abneigung, Besessenheit, sich selbst unter Druck setzen, Hunger.

Das physische Herz steht für „Freudlosigkeit" und die Einzelgefühle: Furcht vor Freude, Hartherzigkeit, sich ausgenutzt fühlen, Selbstschutz, eingeengt, ideenlos, bürokratisch, stur und unnachgiebig, Geldgier, Machtgier.

Symptombezogen werden auf diese Weise die destruktiven Gefühle aus dem entsprechenden Organ gelöst. Ich habe diese Methode mehrere Jahre genutzt, wodurch sich mein Verständnis für die Bedeutung destruktiver Gefühle für unseren Organismus deutlich erweitert hat. Man ist dabei völlig frei von Raum und Zeit und kann Antworten auch aus früheren Leben erhalten und damit Ursachen, die bis ins heutige Leben wirken, auflösen. Erkrankungen können somit ursächlich beseitigt werden, wenn das geistig-emotionale Thema, das dahintersteht, bewusst gemacht und die Energie, die es trägt und die unser Körper gespeichert hat, aufgelöst wird.

Aber auch das ist erst der Anfang. Die Fähigkeiten, die wir in unserem Bewusstwerdungsprozess erlangen, werden zukünftig weit darüber hinausreichen.

Angst – eines der stärksten destruktiven Gefühle

Versuchen wir Beispiele zu finden für das destruktive Gefühl, das wir am geschicktesten vor uns selbst verstecken: Angst. Es erscheint in unserem Leben in vielfacher Verkleidung und dominiert unbewusst unser Tun. Wir werden beherrscht von einer Vielzahl von Ängsten wie Verlustängste, Verlassenheitsängste, Versagensängste, Ängste, verletzt zu werden, die letztendlich in die *eine* Angst münden: die Angst vor unserer eigenen Vernichtung. Es ist die Angst unseres EGOs. Im „Schlafzustand" sind wir uns dieser Ängste nicht bewusst, und deshalb glauben viele Menschen, keine Angst zu haben. Die Anzahl der in uns und vor uns selbst versteckten Ängste ist jedoch oft so groß, dass, wenn man beginnt, sie aufzulösen, sich scheinbar kein Ende findet. Diese Ängste sind ein entscheidendes Hindernis für wirklichen Fortschritt in unserem Leben und haben auf unsere Gesundheit entscheidenden Einfluss.

Wie ein Glaubenssatz, der auf Todesangst beruht, tatsächlich den Tod herbeiführen kann, zeigt folgendes Beispiel. Ich fand es bei Bernhard Lown in seinem Buch „Die verlorene Kunst des Heilens". Dr. Lown ist Kardiologe von Weltrang und Friedensnobelpreisträger. Er ist als konventioneller Arzt zu einigen inneren Ursachen von Krankheiten vorgedrungen, da er immer versucht hat, den ganzen Menschen zu sehen, nicht nur das Symptom oder die Erkrankung. Aber jetzt erst einmal zu unserem Beispiel mit der Todesangst:

Ein Hindu-Arzt war von Gefängnisbehörden ermächtigt worden, an einem zum Tode durch den Strang verurteilten Verbrecher ein Experiment durchzuführen. Er überzeugte den Gefangenen, ihm zu erlauben, ihn verbluten zu lassen und versicherte, dass dies ein schmerzloser Tod sei, auch wenn er nur allmählich eintrete. Nach Zustimmung des Verurteilten wurde dieser ans Bett gebunden und bekam eine Augenbinde. An allen vier Bettpfosten wurden mit Wasser gefüllte Gefäße aufgehängt und so angebracht, dass das Wasser in Becken tropfte, die auf dem Fußboden standen. Man ritzte die Haut des Verurteilten an allen vier Extremitäten an, und das Wasser begann, in die Behälter zu tropfen, zunächst rasch, dann immer langsamer. Allmählich wurde der Gefangene immer schwächer – ein Zustand, der durch den immer leiser werdenden Singsang des Arztes noch verstärkt wurde. Schließlich herrschte Totenstille, als das Tropfen des Wassers zum Stillstand kam. Der Gefangene, obwohl er ein gesunder junger Mann war, schien am Ende des Experiments, als das Tropfen des Wassers aufgehört hatte, in Ohnmacht gefallen zu sein. Bei der Untersuchung jedoch stellte man fest, dass er tot war, obgleich er nicht einen einzigen Tropfen Blut verloren hatte.

Hier erkennen Sie die Macht destruktiver Gefühle wie Angst , dargestellt an einem extremen Beispiel. Derartige Beispiele wurden in allen Zeiten gefunden. Heute wissen Ärzte seit langem, dass nervale Aktivität jeden Körperteil beeinflussen kann. William Harley, der Entdecker des Blutkreislaufs, schrieb schon vor etwa 350 Jahren: „Jede Gemütsregung, die entweder von Schmerz oder Lust, Hoffnung oder Furcht begleitet wird, ist die Ursache einer Erregung, deren Einfluss sich bis zum Herzen erstreckt."[14]

Aus der Gefühlstabelle wissen wir heute, dass die Einflüsse destruktiver Emotionen sich bis in jedes Organ des Körpers erstrecken, je nachdem, welcher Teil des Nervensystems dabei in Erregung gerät. Damit bereiten diese Emotionen dem entsprechenden Organ Funktionsprobleme. Stress, der in unserem Inneren erzeugt wird, kann zum Beispiel zum Herzinfarkt führen. Dass jemand an gebrochenem Herzen sterben kann, ist bekannt.

Dr. Lown schreibt ganz konkret aus seinen Erfahrungen und seiner wissenschaftlichen Forschung, dass seelische Störungen den Herzrhythmus beeinträchtigen, zu Angina pectoris prädisponieren, einen Herzinfarkt auslösen und plötzlichen Herztod provozieren können. Er bewies an Hand eines Tierexperiments, bei dem Hunde in einen Schockzustand versetzt wurden, dass noch Monate nach dem Experiment die Erinnerung an das geringfügige Trauma tief im Gehirn der Tiere verhaftet blieb und die Reaktivität ihres Herzens grundlegend veränderte. Man konnte dadurch erstmalig zeigen, dass psychischer Stress ganz entscheidend die Anfälligkeit des Herzens gegenüber Rhythmusstörungen erhöhen kann. Dr. Lown war deshalb immer bemüht, mit seinen Patienten die Schwachpunkte ihrer Biographie herauszufinden und den ganzen Menschen, nicht nur das Symptom, zu sehen.

Der Erfolg blieb nicht aus. Bei einem männlichen Patienten zum Beispiel, dessen Herzprobleme durch Medikamente nicht beeinflussbar waren, fand er heraus, dass er sich mit seinem Schwager überworfen hatte und ihm nicht verzeihen konnte, geborgtes Geld nicht zurückerhalten zu haben. Er verlangte daraufhin von seinem Patienten, sich mit dem Schwager zu versöhnen. Das tat dieser nicht gerade motiviert. Aber er tat es dennoch. Als dieses geschehen war, verbesserte sich seine Herzproblematik schlagartig, und die Medikamente, die er jedoch nur noch in ganz geringen Dosierungen benötigte, wirkten plötzlich. Dafür bringt Dr. Lown in seinem Buch mehrere Beispiele. Als Fazit schreibt er: „Was also ist ärztliche Weisheit? Sie ist die Fähigkeit, ein klinisches Problem in seiner Verwurzelung nicht in einem Organ, sondern im ganzen Menschen zu verstehen."[15] Er verstand zunehmend, dass die Dinge, die den Menschen wirklich plagen, nicht durch technische Geräte erfasst werden können. Geräte können unsere erlittenen Verwundungen, die die innere Ursache unserer Erkrankungen sind, noch nicht sichtbar machen. Wahrscheinlich werden wir dazu auch keine Technik mehr benötigen, denn die „neuen" Menschen, die mit ihren außergewöhnlich feinen Sinnen genau das in uns wahrnehmen können, werden uns bei dieser Bewusst- und damit Heilwerdung unterstützen.

Aber bleiben wir noch etwas bei Beispielen, die bestätigen, wie sich destruktive Gefühle oder Konfliktsituationen auf unsere Gesundheit auswirken.

Dr. Lown schreibt an einer Stelle, dass zum Beispiel Angst die Gerinnbarkeit des Blutes erhöht. Wie komplex Angst jedoch wirkt, fand ich in den Unterlagen unserer Tochter. Dort ist ein Beispiel aus der Tierwelt beschrieben, das sich jedoch so auch bei anderen Säugetieren einschließlich des Menschen verhält, was die Auswirkungen von Angst auf den Organismus betrifft.

Es geht hier um ein Experiment mit südostasiatischen Spitzhörnchen (ähnlich unseren Eichhörnchen). Man nennt sie Tupujas. In der Natur leben sie paarweise, und ihr Territorium wird insbesondere durch die Männchen gegen Eindringlinge verteidigt. Dieses Verhalten zeigen die Tiere auch in Gefangenschaft, indem sie fremde Artgenossen innerhalb weniger Minuten durch Rangkämpfe unterwerfen. Ernsthafte Verletzungen kommen dabei kaum vor, und trotzdem stirbt der Verlierer innerhalb von drei Wochen. Der Tod tritt hier also nicht auf Grund von direkten Auswirkungen des Kampfes ein (Verletzungen), sondern er basiert nach Untersuchungen von Prof. Dietrich von Holst (Universität Bayreuth) auf der Angst durch die ständige Anwesenheit des Siegers.

Prof. von Holst fand heraus, dass sich der Verlierer, wenn er durch eine Holzwand vom Sieger getrennt wird, also diesen nicht mehr sehen kann, ebenso schnell vom Kampf erholt wie der Sieger. Bleibt der Sichtkontakt jedoch erhalten, verliert der Unterlegene zunehmend an Körpergewicht, bis er schließlich stirbt. Er „erleidet den Tod aus andauernder Angst". Der Sieger kümmert sich nach dem Kampf nicht mehr um den Unterlegenen, dessen Verhalten ändert sich jedoch von diesem Zeitpunkt an schlagartig.

Ein Teil der Verlierer wird zu so genannten *passiv Unterlegenen*. Sie sitzen den ganzen Tag apathisch (teilnahmslos) herum und erdulden selbst die seltenen Angriffe des Siegers, fliehen nicht und setzen sich nicht zur Wehr.

Ein anderer Teil wird zu *aktiv Unterlegenen,* die zukünftig die Konfrontation vermeiden, indem sie dem Sieger aus dem Weg gehen. Gleichzeitig orientieren sie ihr Verhalten fast vollständig an dem des Siegers.

Während die siegreichen Männchen in ihren physiologischen Werten ungestörten Kontrolltieren entsprechen, weisen die Unterlegenen deutliche Stressreaktionen auf: Es zeigt sich eine Abnahme der Konzentration der Schilddrüsen- und Geschlechtshormone im Blut, der Gehalt an rotem Blutfarbstoff geht zurück, Cholesterinspiegel und Harn-Stickstoffgehalt steigen an.

Bei einem Teil der *passiv Unterlegenen* entstehen so hohe Harnstoffwerte, dass sie an einer Harnstoffvergiftung sterben. Einige erliegen Infektionen oder Tumorwucherungen. Gleichzeitig werden drastisch erhöhte Ausschüttungen von Kortisol und Kortikosteron (Hormone der Nebenniere) festgestellt, wodurch ihr körpereigenes Immunsystem fast völlig zum Erliegen kommt. Die Zahl der weißen Blutzellen geht innerhalb weniger Tage auf unter zwanzig Prozent des Normalwerts zurück.

Bei den *aktiv Unterlegenen* ist die Funktion der Nebennierenrinde normal, dafür sind jedoch die Aktivitäten des sympathischen Zweigs ihres vegetativen Nervensystems und des damit verbundenen Nebennierenmarks auf Dauer drastisch erhöht. Durch das übermäßige Ausschütten von Adrenalin und Noradrenalin (Stresshormone) wird eine erhöhte Schlagrate des Herzens hervorgerufen, die früher oder später zum Versagen des Herz-Kreislaufsystems führt und den Herztod zur Folge hat.

Die Angst des Unterlegenen, selbst wenn sie nur noch in seiner Einbildung existiert, führt immer zu einer psychischen Belastung, die, je nach Reaktion des Betroffenen, unterschiedliche Krankheitsbilder zur Folge hat.

Fassen wir die wichtigsten, in diesem Experiment festgestellten Symptome noch einmal zusammen, die durch Angst entstehen: Herz-Kreislauferkrankungen, Herzinfarkt, Tumore, Anämie, hoher Cholesterinspiegel, hoher Harnstickstoffgehalt (Übersäuerung, Arthritis usw.), schwaches Immunsystem, ständige Infekte, Störungen des vegetativen Nervensystems, hormonelle Ungleichgewichte.

Erkennen Sie dabei etwas in Bezug auf den Menschen? Glauben Sie immer noch, alles hat zufällige Ursachen oder hätte ursächlich mit unserer Ernährung und zu viel Säurebildnern in der täglichen Nahrung zu tun, zu wenig Vitaminen, Mineralstoffen usw.? Dann nehmen Sie bewusst wahr, dass Angst und damit einhergehende andere destruktive Gefühle, die Sie tief in Ihrem Inneren vor sich selbst versteckt haben, eine entscheidende Ursache für unsere „Zivilisations- und Alterserkrankungen" sind. Erkennen Sie, all das erschaffen wir uns unbewusst selbst, indem wir unsere Gefühle nicht mehr zur Kenntnis nehmen, weil wir sie so stark verdrängt haben. Sie jedoch steuern genau deshalb gemeinsam mit unseren unbewussten Glaubensmustern, die in der Regel ebenso destruktiv sind, unser Leben und ruinieren unsere Gesundheit.

Vor kurzem erzählte mir die Tochter einer guten Bekannten aus Kanada, durch die ich wiederum weiter wachwerden konnte und wovon ich noch berichten werde, sie hätte in einer Zeitschrift von einem Experiment gelesen, bei dem man eine männliche Person zehn Minuten lang ärgerte. Daraufhin ließ man diese Person in einen geschlossenen Kasten, in dem sich ein Meerschweinchen befand, über ein Luftloch **einmalig** ihren Atem hineinblasen. Das Meerschweinchen starb davon! Daraufhin ärgerte man diese Person eine ganze Stunde lang. Das Ergebnis war, dass sie mit einem einzigen Ausatmen mehr als fünfzig Meerschweinchen töten konnte.

Wie oft ärgern Sie sich täglich oder befinden sich in einem Stresszustand? Wissen Sie nun, was Sie sich damit antun? Sie erschaffen große Mengen an Gift und Säure in Ihrem Inneren und beeinflussen alle biochemischen Reaktionen negativ, wodurch Sie Krankheit und frühes Altern erzeugen. Sollten Sie jetzt vielleicht sagen, Sie ärgern sich nicht oder sind nicht wütend, dann haben Sie möglicherweise auch noch das Ärgern oder das Wütendsein unterdrückt, weil Sie unbewusst glauben, diese Gefühle nicht leben zu dürfen, da sie sich nicht „gehören". Vielleicht sind Sie auch, ohne es zu merken, depressiv geworden und können in diesem Zustand des „dunklen Nebels" vieles gar nicht mehr wahrnehmen.

Checken Sie einmal Ihr Leben nach Angst ab. Das kann zum Beispiel Ihre Partnerschaft betreffen. Viele Menschen leben in Angst vor dem Verlust ihres Partners. Sehr oft werden sie deshalb zum aktiv oder auch passiv Unterlegenen, indem sie ihr Verhalten an ihm ausrichten und glauben, dieses sei Liebe, oder aber sie glauben, dass es im Sinne ihres Partners ist. Vieles ist jedoch Abhängigkeit, deren ursprüngliche Basis Angst ist. Das kann aber auch Ihr Beruf sein und die Beziehungen zu Ihren Eltern oder Verwandten. In dem Moment, in dem Sie sich bewusst werden, dass Angst die Basis ist, können Sie Ihre eigene Befreiung davon einleiten.

Übrigens habe ich erst beim Schreiben dieses Absatzes wirklich wahrgenommen, dass ich zu den aktiv Unterlegenen gehörte. Dabei kenne ich das obige Beispiel schon mehr als ein Jahr. Erwachen geht ständig tiefer.

Ich fand noch ein weiteres Beispiel, wie sich Todesangst auf unseren Körper auswirkt. Hier wird Folgendes berichtet:

Sven Hedin, der durch Tibet reiste, erlebte einen Streit einer seiner Mitarbeiter (Dr. H.) mit einem tibetischen Eremiten. Der Eremit prophezeite in seinem Ärger, dass Dr. H. in genau einem Jahr sterben werde. Diese angstvolle Vorstellung bemächtigte sich seiner, denn er glaubte daran. Kurz vor dem vorausgesagten Tag kam Dr. H. nach Berlin zurück. Er fühlte sich bereits so elend, dass er einen Arzt aufsuchen musste. Dieser überwies ihn sogleich in ein Krankenhaus. Die dortigen Ärzte wussten nicht weiter, sahen jedoch, dass es mit dem Patienten zu Ende ging. Als der Oberarzt von der Prophezeiung erfuhr, erkannte er sogleich, dass dies ein Fall von besonders schwerer Selbsthypnose war, die zum Tode führen konnte. Zwei Tage vor seinem „Todestag" glich Dr. H. einem Leichnam. Der behandelnde Arzt versetzte ihn daraufhin für vier Tage in einen hypnotischen Schlaf. Als Dr. H., nachdem er geweckt wurde, erfuhr, der verhängnisvolle Todestag sei schon seit zwei Tagen vorüber sei, fiel die angstvolle Suggestion von ihm ab, und er wurde in kurzer Zeit vollständig gesund. Vielleicht sagen Sie ja, das sei wieder ein extremes Beispiel. Wenn Sie sich jedoch all Ihrer Ängste auf einmal bewusst werden könnten, wäre Ihnen schlagartig klar, dass ihre Vielzahl in ihrer chronischen Wirkung langfristig einen ähnlich zerstörenden Einfluss auf Ihre Gesundheit hat.

Wir alle waren bisher unbewusst gezwungen, mit unseren Ängsten zu leben. Unser „Schlafzustand" ist immer von Angst geprägt.

Psychopharmaka, die zum Beispiel gegen Angstgefühle verschrieben werden, lösen das Problem in keiner Weise. Sie sind nicht in der Lage, die „Erkrankung", (die eigentlich gar keine ist) zu heilen oder zu stabilisieren. Sie stellen lediglich das Gefühlsleben in einer Weise ruhig, indem sie es verkrüppeln, und das manchmal für immer.

Was in diesem Zusammenhang insbesondere auch für ältere Menschen fatale Auswirkungen hat, ist die Unwissenheit oder auch Unbekümmertheit, mit der viele Ärzte Diagnosen verkünden, die den Patienten geradezu in einen Schockzustand versetzen und zu einer negativen Prophezeiung werden können, ähnlich wie der von Dr. H.. Dazu werden manchmal düstere Szenarien entworfen sowie Prognosen mit schrecklichem Krankheitsverlauf entwickelt, um Patienten unter Kontrolle zu behalten und sie willfähriger für therapeutische Maßnahmen zu machen. Allein die Angst, die dadurch aktiviert wird, reicht aus, um den Krankheitsverlauf negativ zu beeinflussen beziehungsweise zu beschleunigen.

Viele Menschen, insbesondere ältere, sterben oft nicht an der eigentlichen Erkrankung, sondern an der Angst, die durch derartige „Prophezeiungen" und die „Tatsache", ihre Krankheit sei „unheilbar", hervorgerufen wird. Ich erinnere mich noch an ein Beispiel, als ein Arzt eine Patientin, bei der Multiple Sklerose gerade erst festgestellt worden war, aufforderte, sich in den von der Schwester hereingebrachten Rollstuhl zu setzen. Auf die Frage der Patientin, was das denn soll, erklärte er sinngemäß, das würde sie in der Zukunft erwarten, und sie solle sich schon einmal darauf vorbereiten. Ein typisches Beispiel für eine negative Prophezeiung. Wie soll ein bereits durch die Diagnose schockierter Patient damit umgehen?

Das sollten einige Beispiele sein, um zu erkennen, welche Macht, oder sagen wir besser Kraft, destruktive Gefühle und Muster auf unsere Gesundheit und unseren Körper haben. Macht haben sie nur über uns, so lange wir sie nicht wahrnehmen und damit unbewusst gegen uns selbst richten. Mit dem Moment ihrer Bewusstwerdung und Annahme können sie sich aus unserem Körper lösen.

Krebs – Geißel oder erklärbare Ursache

Was in diesem Zusammenhang ein neues Licht auf eine der scheinbar schlimmsten „Zivilisationskrankheiten" der Neuzeit – Krebs – wirft, sind die Erkenntnisse des deutschen Arztes Dr. med. Ryke Geerd Hamer (früherer Internist an der Universitätsklinik in Tübingen). Diese Erkenntnisse fand er bereits in den Siebzigerjahren des vorigen Jahrhunderts! Als er sie jedoch „zum Gegenstand einer ärztlichen Diskussion machen wollte, wurde er vor die Wahl gestellt, entweder die Klinik zu verlassen oder seinen neuartigen Theorien sofort „abzuschwören" – so die wortwörtliche Formulierung. Dr. Hamer allerdings konnte und wollte nicht abschwören, zumal er ja wider besseren Wissens hätte abschwören müssen. Er empfand es als Ungeheuerlichkeit, dass man wegen einer wohlbegründeten wissenschaftlichen Erkenntnis, die unwiderlegbar war, der Klinik verwiesen wurde."[16] Und dass mit Methoden behandelt wurde, die die meisten mittelalterlich nennen oder als „Hexenjagd im zwanzigsten Jahrhundert" bezeichnen würden.

Warum das so war, lässt sich leicht erraten: Das, was er herausfand, hätte ein Millionengeschäft mit Chemotherapien, Bestrahlungen und Operationen zunichte machen können.

Ich verwende hier nur wenige Auszüge, die die Themen Erwachen und Gesundheit berühren.

Dr. Hamer hat, angeregt durch eigene Erfahrungen, begonnen, nach den inneren Ursachen für Krebserkrankungen zu suchen. Was er dabei herausfand ist, dass ganz bestimmte Schockerlebnisse – also starke psycho-emotionale Traumata – energetische Abdrücke im Gehirn hinterlassen, die man nachweisen kann. Sie stellen nach seinen Untersuchungen den ursächlichen Auslösefaktor für Krebserkrankungen dar. Bei mehr als 50.000 untersuchten Krebspatienten fand man keine einzige Ausnahme.

Dr. Hamer formulierte als Erster die „Eiserne Regel des Krebs": „Jeder Krebs und jede krebsähnliche Erkrankung entsteht mit einem allerschwersten, hochakut-dramatischen und isolativen Konflikt-Erlebnis-Schock."[17] Es ist ein Konfliktschock, „der das Individuum völlig unerwartet wie ein Keulenschlag trifft, beziehungsweise vollkommen überraschend auf dem falschen Fuß erwischt."

In Gedenken an seinen Sohn, dessen plötzlicher Tod bei Dr. Hamer selbst Krebs auslöste, nannte er diesen Schock „Dirk-Hamer-Syndrom" oder DHS. Das DHS bildete fortan den zentralen Punkt der gesamten Neuen Medizin, die Dr. Hamer begründete. Es sind hierbei nicht die normalen Konflikte, mit denen wir täglich zu tun haben, gemeint, sondern Ereignisse, die wie ein Blitz in unser Gehirn einschlagen und dort tatsächlich einen Kurzschluss verursachen. An der Stelle, wo das passiert, zerreißen buchstäblich die Synapsen, das heißt, die Verbindungen zwischen den Nervenzellen, und zwar so deutlich, dass man es mit Hilfe der Computertomografie sichtbar machen kann. Das Ganze hat Ähnlichkeit mit den konzentrischen Ringen einer Schießscheibe. Früher glaubte man, es handele sich um Zufallsgebilde. Erst Dr. Hamer erkannte ihre wirkliche Bedeutung. Dafür wurde er einer modernen Hexenjagd ausgesetzt.

Wenn die Pharmaindustrie und die konventionelle Medizin wirklich an unserer Heilwerdung interessiert wären, dann müsste derartiges Wissen sofort aufgegriffen und mit dem Nobelpreis ausgezeichnet werden. Was aber passiert? Es wird unterdrückt, damit es auch ja nicht die Öffentlichkeit erreicht. Mit diesem Wissen und seiner intensiven praktischen Anwendung hätten schon seit dreißig Jahren viele Menschenleben gerettet werden können, denn Dr. Hamer zeigte gleichzeitig Wege zur Heilung auf. Aber fahren wir chronologisch fort: Durch das Zerreißen der Synapsen verändern die Organe, die mit diesem Gehirnbereich in Verbindung stehen, ihre Funktion entweder in eine Über- oder Unterfunktion. Es entsteht im Organismus ein Dauerstresszustand.

Dr. Hamer erkannte das zweite Kriterium der eisernen Regel des Krebs: „Der Konflikt-Schock schlägt immer gleichzeitig auf drei Ebenen ein: 1. in der Psyche, 2. im Gehirn und 3. im Organ, beziehungsweise in seinen Geweben und Zellen."[18] Wenn man beginnt, diesen Schock auf der psychischen Ebene zu lösen, fängt der Körper durch Anlagerung von Bindegewebe an, die zerrissenen Synapsen zu heilen, und die betroffenen Organe können wieder normal funktionieren. Mit Hilfe dieses Wissens und der Art des Konflikts fand Dr. Hamer einen immer gültigen Zusammenhang zwischen der Stelle des Schocks im Gehirn und dem Zielorgan mit Krebsentstehung. Er konnte daraufhin sehr präzise Voraussagen treffen, wo genau Krebs entstehen wird. Als Ergebnis jahrelanger Forschung entwickelte er eine umfassende Konflikt-Gehirnareal-Krebs-Tabelle. Werden Sie sich bewusst, dass auch diese Erkrankung nicht nach dem Zufallsprinzip verstreut wird, sondern eine erklärbare Ursache hat, wie die meisten „schweren" Erkrankungen. Viele, besonders ältere Menschen, leben heute in Angst vor dieser Krankheit. Helfen Sie anderen, auch von diesem Wissen zu profitieren. (Im Internet finden sie unter „Germanische Neue Medizin" die Webseite von Dr. Hamer.)

Es ist ein großer Quantensprung, diese inneren Ursachen für eine der scheinbar schwersten Erkrankungen der Gegenwart entdeckt zu haben. Wenn Sie sich an meine Definition von Krankheit erinnern, so liegen die inneren Ursachen für Krebs auf der gleichen Ebene wie die inneren Ursachen unserer Zivilisations- oder Alterserkrankungen. Und das ist kein Zufall. Immer ist es eine geistig-emotionale Belastung, die das Zentrale Nervensystem beeinträchtigt und über dessen gestörte Funktion Störungen des mit diesem Teil des Gehirns verbundenen Organs auslöst. Bei Krebs ist es eine besonders schwere Beeinträchtigung des ZNS, durch den von Dr. Hamer erkannten Konflikt-Schock.

Worauf ich besonders Ihr Augenmerk richten möchte: Die Lösung des Schocks (oder geistig-emotionalen Traumas, Programms oder Musters) auf der psychischen Ebene ist der Beginn unserer Heilung! Die negativen Auswirkungen auf die entsprechenden Organe werden auf diese Weise rückgängig gemacht.

Schock ist eine besonders aggressive Art der Einprägung destruktiver Schmerzmuster, weshalb auch die Synapsen zerreißen. Die Möglichkeiten, Schock zu erleben, sind sehr vielfältig. Es gibt, ausgehend von dem krebserzeugenden Konfliktschock, viele Abschwächungen oder Abstufungen nach unten, und die meisten Menschen merken oft nicht, dass sie einen Schock erlitten haben, selbst wenn man sie darauf anspricht. Schock reißt immer eine Lücke ins Bewusstsein, so, als ob unser Bewusstsein auf Standby geht. Damit kann der Schock tief in unser Unterbewusstsein gelangen und wird dort eingefroren. Er wird dorthin verdrängt und kann somit die Krankheit auslösen. Schock kann uns also mit unterschiedlicher Kraft und Stärke treffen. Wichtig jedoch ist, dass wir uns dieser Situationen zunehmend gewahr werden, um Heilung einzuleiten. Schritt für Schritt können wir auf diese Weise einen inneren Heilungsprozess einleiten, der über die Harmonisierung des ZNS auch unsere Organe von den zerstörenden Energien befreit, die sonst zu Krankheit führen. Mehr dazu im nachfolgenden Kapitel.

Erfahrungen mit der Nichtlinearen Diagnosemethode (NLD) – Innere und äußere Krankheitsursachen

Leiderschaffung oder das, was wir als emotionales Drama erleben, betrifft uns immer ganzheitlich. Es hinterlässt seine energetischen Abdrücke in den Emotionen, der Psyche und im physischen Körper.

In meiner Zusammenarbeit mit Tatjana und Jura Stetsenko – Professoren am Lehrstuhl für physische Rehabilitation, Rekreation und Sportmedizin der nationalen Universität der Ukraine – hatte ich die Möglichkeit, die Nichtlineare Diagnosemethode kennenzulernen. Diese Untersuchungsmethode wird als die modernste medizinische Technologie zu Beginn des 21. Jahrhunderts bezeichnet. Sie ermöglicht es, vollständige Informationen über den Gesundheitszustand des Menschen zu erhalten und erste Veränderungen der Körperzellen aufzuzeigen, Jahre und sogar Jahrzehnte vor der Entstehung von Krankheitssymptomen. Dazu ist es nicht erforderlich, in den Körper einzudringen. Diese Technologie zeigt auf, was mit allen bisher existierenden modernen Untersuchungsmethoden wie Ultraschall, Röntgen, Computertomographie, Magnetresonanztherapie, Endoskopie, Thermographie unter anderem nicht festgestellt werden kann. Die konventionellen Methoden können erst dann eine Diagnose stellen, wenn der Krankheitsprozess bereits begonnen hat. Die Nichtlineare Diagnosemethode entnimmt die Informationen über den Körperzustand aus den Neuronen unseres Gehirns, indem sie gleichzeitig ihre vorhandene bioelektrische Aktivität verstärkt. Sie erhält damit Zugriff auf alle Informationen, die unsere Neuronen von jeder Körperzelle abspeichern, und entschlüsselt diese über ein entsprechendes Computerprogramm. Auf diese Weise ist es möglich, eine zuverlässige Bewertung des Organismus in allen Zell- und Organbereichen zu geben und gleichzeitig die Stufen der Heilung oder die Verschlechterung des Gesundheitszustandes zu diagnostizieren und zu prognostizieren.

Mit Hilfe der Nichtlinearen Diagnosemethode haben wir Menschen untersucht, die oft nicht mehr weiterwussten, da die konventionelle Medizin ihnen keine Hilfe brachte. Was bei diesen Untersuchungen neben den äußeren Ursachen für Krankheit deutlich hervortrat, waren Störungen der Nerventätigkeit. Soweit ich mich zurückerinnere fehlten sie in kaum einer Diagnose kranker Menschen, auch in meiner eigenen nicht. Zu diesem Zeitpunkt war mir die Bedeutung dieser Problematik noch nicht klar, ich wunderte mich nur immer darüber. Heute verstehe ich, dass dieser Zustand indirekter Ausdruck für das unbewusste Drama ist, das sich in jedem Menschen abspielt, weil das Nervensystem sehr sensibel auf destruktive Energien reagiert und davon beeinträchtigt wird. Man kann also über den Nervenzustand Rückschlüsse auf das erlebte emotionale Drama ziehen.

Ein weiteres Diagnoseergebnis, das, soweit ich mich erinnere, bei kaum einem „Patienten" fehlte, war die Feststellung, dass eine bestimmte organische Funktionsstörung nicht durch das Organ an sich bedingt war oder aus diesem heraus entstanden ist, sondern seine Ursache in den Regulationsmechanismen des zentralen Nervensystems hatte, die mit diesem Organ in Verbindung standen. Diese Erkenntnisse führten mich letztendlich zu den Schlussfolgerungen im Teil „Erwachen und Gesundheit", das heißt, zur eigentlichen Ursachenebene unserer Erkrankungen, die destruktiven geistig-emotionale Muster, die wir unbewusst gegen uns selbst richten.

Die Nichtlineare Diagnosemethode wurde auch von Menschen genutzt, die so häufig akut erkrankten, dass sie sich an uns wandten, weil sie keine Lösung mehr darin sahen, zum Beispiel ständig Antibiotika oder andere nebenwirkungsreiche Präparate einzunehmen, ohne längerfristig eine Besserung zu erzielen.

Von einem solchen „Patienten" werde ich Ihnen Auszüge aus der Diagnose geben, die Frau Prof. Stetsenko gestellt hat. Auch wenn Sie vielleicht nicht alle Begriffe kennen, die darin vorkommen, wird sich Ihnen ein Bild erschließen, und ich werde daraus entsprechende Schlussfolgerungen ziehen.

Diagnose

Es wurden eine Vielzahl aktiver Mikroorganismen und Viren sowie aggressive Wurminfektionen festgestellt, zum Beispiel in der Magenwand, der Wand des Zwölffingerdarms, des Dünndarms, der Bauchspeicheldrüse, der Leber, den Gallengängen.

Anämie im unteren Teil des Magens. Entzündliche Prozesse im gesamten Darmbereich. Mastdarm – Nei-

gung zu Hämorrhiden. Entzündungen im kleinen Becken. Leber – Dyskinesie der Gallenblase, bedingt durch neurohumerale Reaktionen (Nervensystem.) Endokrine Störungen (Hormonstörungen); ungenügende Funktion der Nebennieren. Starke Mangelerscheinungen bei Kalzium, Kalium und Eisen.

<u>Atemsystem:</u>
Nasenschleimhaut und Geruchszwiebel mit Herpes und Adenovirus infiziert. Mögliche Tendenz unter ungünstigen Umständen: B-Zell-Lymphom. Schwacher Immunzustand sowie Neigung zu allergischen Reaktionen. Lungengewebe zeigt Beginn einer sich ausbildenden Anämie.

<u>Harnleitungs- und Geschlechtssystem:</u>
Nierenglomerulus, Blasenschleimhaut, Harnröhre, Harnleiter, Geschlechtsnerv, rechter und linker Hoden, Samenkanäle und Prostata zeigen in unterschiedlichem Grad Abweichungen vom Normalzustand sowie Spuren von Herpes und Bacterium Lactis (allgemeine Bestätigung eines geschwächten Immunsystems). Tendenz zur Senkniere.

Es wurden zwanzig Allergene namentlich festgestellt darunter, außer den Nahrungsallergenen, solche wie Nickel-Chrom-Beryllium-Legierungen, Superphosphat, Kupferamalgam, Pyroweinsäure, Molybden, Zinkoxid, Prednisolon (erhaltenes Arzneimittel).

(Durch Reinigung des Organismus von den Metaboliten dieses Mittels kann sich der Zustand der Leber und der Nieren verbessern.)

Endokrines System:
Schilddrüsen-Dysfunktion des Hypothalamo-hypophysären-thyreoiden Systems. Störungen in der Immunkontrolle. Nebennieren – starke Dysfunktion auf energetischer Ebene. Neigung zu Anämie und Ganglioneurom. Die biochemische Untersuchung des Blutes zeigt eine Erhöhung des C-reaktiven Proteins, was Ausdruck einer chronischen Niereninsuffizienz ist.

Augen:
Atrophie des Augennervs, Gefäßhaut der Augen, Netzhaut und Augennerv zeigen Spuren von Giften des Herpesvirus. Neigung zu Blepharitis (Lidentzündung).

Haut:
Gewebemikroskopie zeigt Spuren einer hämolytischen Anämie, was im Zusammenhang steht mit einer verstärkten Zerstörung der roten Blutzellen. Vorhandensein von Mikroorganismen (Microsporum Canis und Epidermophyton Floccosum).

Knochen:
Sehr ausgeprägter Kalziummangel und ein nicht adäquates Ausschwemmen aus dem Organismus schaffen das zunehmende Problem einer frühen Osteoporose. Diese wird durch Untersuchung des mittelsagittalen Schnitts der Wirbelkörper, der Bandscheiben im Brust- und Lendenwirbelbereich, in den Hüft- und Kniegelenken sowie an den Gelenkoberflächen bestätigt.

Ebenso betroffen sind die Knochenhaut und die Fußgelenke.

Chromosomen:
In den Chromosomengruppen B,C,E, G und X-Chromosom sind in unterschiedlichem Grad genetische Veränderungen für eine gestörte Funktion der Nebennieren, der Epiphyse, der Struktur des Knochen- und Bindegewebes und der Sehfunktion vorhanden.

Nervensystem:
Das Nervensystem ist sehr schwach. Es besteht eine Neigung zu Neurasthenie (allgemein nervöse und vegetative Übererregbarkeit und Labilität, meist als Folge geistig-emotionaler Überforderung) und vegetativer Gefäßdystonie (fehlerhafter Spannungszustand des vegetativen Nervensystems). Verstärkte Neurose von Zwangsbewegungen. Systemstörungen sind möglich. Deshalb ist eine ständige Kontrolle der grauen Gehirnmasse (mediale Oberfläche des Großhirns) besonders rechtsseitig erforderlich.

Diese Diagnose wurde innerhalb von drei Stunden erarbeitet. Ich habe große Hochachtung vor den Fähigkeiten von Frau Stetsenko. Sie zieht dabei Schlussfolgerungen, die aus circa einer halben Million Daten über den Körper gewonnen werden. Für eine ähnliche Diagnose benötigten Sie in einer Spezialklinik mehrere Wochen. Sie wäre nur erzielbar durch mehrfaches Eindringen in den Körper, und verschiedene Bereiche wären den konventionellen Untersuchungsmethoden völlig verschlossen, wie auch die Prognostik. Ein Schulmediziner müsste wahrscheinlich bei Betrachtung dieser Tatsachen eingestehen, keine Möglichkeit zu haben, diesen Menschen zu behandeln. Bei der Vielzahl der Abweichungen ist der herkömmliche Tabletten- und Behandlungsweg aussichtslos. Auf diesem Weg ist nicht einmal eine Verbesserung zu erreichen, nur eine Verschlechterung des bereits stark gestörten Körpersystems. Allein das Prednisolon (Hormon), das bereits verabreicht wurde, verschlechterte den Zustand nachweislich. Bei Gabe von unterschiedlichen chemischen Medikamenten wird man immer noch mehr Schaden anrichten. Und genau an diesem Punkt kann man erkennen, man benötigt einen völlig neuen Ansatz. Dieser Ansatz fand sich im alternativen Bereich durch Menschen, die ihn gesucht haben.

Vielleicht glauben Sie ja, die obige Diagnose stammt von einem eher älteren Menschen. Sie wurde jedoch von einem damals achtjährigen Kind erstellt, das häufige Infekte hatte und dem die Schulmedizin nicht wirklich weiterhelfen konnte.

Worauf ich, wie eingangs schon beschrieben, Ihr Augenmerk richten möchte: Dieses Kind zeigt im Alter von acht Jahren, bei gleichzeitig bereits vorhandenen vielfältigen Funktions- und Organstörungen sowie ungünstigen Prognosen, einen beginnenden zerrütteten nervlichen Zustand durch geistig-emotionale Überforderung. Die Folge ist ein fehlerhafter Spannungszustand des vegetativen

Nervensystems, der wiederum die Neurose von Zwangsbewegungen in Gang setzt. Daraus werden zukünftig weitere systemische Störungen zu erwarten sein, wenn die Ursachen bestehen bleiben.

Dieser nervliche Zustand mit allen Folgeerscheinungen ist dem Kind nicht angeboren oder durch schlechte Ernährung, zu wenig Bewegung oder Computerspiele entstanden. Dieser Zustand ist Ausdruck des Schmerzes, den es in den ersten acht Jahren seines Lebens erfahren hat, indem es geistig-emotional belastenden und dramatischen Situationen ausgesetzt war, die sich in seiner unmittelbaren Umgebung abspielten und in die es bewusst oder unbewusst einbezogen wurde. Dieser Zustand ist Ausdruck des erlebten Dramas in der Familie und manchmal auch aus Kindereinrichtungen entstanden.

Belastende Situationen aus der frühen Kindheit wirken immer am stärksten auf das Nervensystem, weil es dann besonders empfindlich oder empfänglich ist für die Energien seiner Umgebung. Deshalb weisen die festgestellten Störungen auf Leid und Konflikte in seiner unmittelbaren Umgebung hin. Die frühe Kindheit ist die Zeit der Prägung unserer „Hardware", mit der wir später als Erwachsene unser Leben meistern müssen. In dieser Phase werden gleichzeitig unsere Körperzustandsmuster wie auch unsere Lebensmuster erzeugt. Als Lebensmuster prägen sie uns auf Unterlegenen oder Bewältiger, als Körperzustandsmuster prägen sie uns auf leidenden oder gesunden und glücklichen Menschen. Deshalb kommen unser Leid und unsere Krankheiten nicht erst irgendwann im Alter und scheinbar zufällig zu uns. Sie sind das Ergebnis dieser kindlichen Prägungen. Häufig sind sie später überlagert von äußeren Krankheitsursachen, beziehungsweise das Symptom tritt erst dann zum Vorschein, wenn auf die innere Schwächung des Organs oder Körperteils auch noch der äußere Faktor oder die äußere Krankheitsursache hinzukommt. Beide verschmelzen dann miteinander.

Da die äußere Ursache mit den neuen alternativen Untersuchungsmethoden festgestellt werden kann, die innere meist noch nicht, hat man das Hauptaugenmerk auf die Beseitigung dieser äußeren Ursachen gelegt. Allein das half, wie auch unsere Erfahrungen mit der NLD zeigten, bemerkenswerte Verbesserungen des Gesundheitszustands zu erreichen, so lange man sich an das empfohlene Programm hielt. Hörte man damit auf, weil man glaubte, wenn das Symptom verschwunden ist, bin ich gesund, setzte in einigen Fällen ganz allmählich wieder eine Verschlechterung ein, beziehungsweise die Symptome kehrten zurück. Für mich war das ein Zeichen dafür, dass wir noch nicht genug wissen. Dieser fehlende Baustein und die Fragen, die sich daraus ergaben, führten mich in den Bereich der inneren Ursachen, das erlebte Leid in seiner Manifestation als destruktive geistig-emotionale Muster. Es sind die „Schmerzpakete" unserer Eltern oder anderer Erziehungspersonen, die sie uns bewusst oder unbewusst übertragen und die wir ihnen oft unbewusst aus Liebe abnehmen. Sie werden zu unserem eigenen Schmerzkörper, wie ich es im Leiderschaffungsprozess beschrieben habe.

Ich fand durch diese Bewusstwerdung den Weg der geistigen Heilung, der Voraussetzung für unsere körperliche Heilung ist. Unsere psychischen und physischen Erkrankungen sind keine Schicksalsschläge, die uns unverhofft treffen. Wenn Sie wacher geworden sind, erkennen Sie zunehmend, dass es wenig Sinn macht, ausschließlich das Symptom zu bekämpfen. Auch ist Kampf gegen ein Symptom oder eine Krankheit nicht der richtige Ansatz. Auf diese Weise können Sie nicht wirklich heil werden.

Krankheit ist eine körperliche Reaktion auf emotionale Konflikt- oder Schocksituationen, die wir auf geistig-emotionaler Ebene nicht verarbeiten konnten, weil sie Schmerz bereiteten. Dabei spielen unsere eigene Vergangenheit, die Vergangenheit unserer Familie sowie unsere Vorleben eine Rolle. Da dieses bei jedem Menschen sehr unterschiedlich ist, sind auch die inneren Krankheitsursachen individuell und vielschichtig. So kann das destruktive geistig-emotionale Muster, das bei einem Menschen zum Beispiel Parkinson oder Multiple Sklerose hervorgerufen hat, bei einem anderen, der an der gleichen Erkrankung leidet, ein völlig anderes sein. Es ist in der Regel auch nicht nur ein Muster, das letztendlich die Erkrankung auslöst, sondern eine Schicht von Mustern, die sich „übereinanderlegen".

Durch die Diagnose des Kindes können wir dem Leiderschaffungsprozess sozusagen direkt ins Gesicht schauen und seine Folgen erkennen. Dieser Prozess läuft so lange weiter, bis wir endlich wach und erwachsen sind und durch Heilung unserer eigenen Verwundungen und Herzen keine weiteren mehr bei unseren Kindern erzeugen. Ich bin mir aber gleichzeitig sicher, dass wir durch den Aufstieg der Erde und die entsprechenden Frequenzveränderung den Prozess des Loslassens von Leid und Krankheit schneller durchlaufen werden, als es im Moment vorstellbar ist, weil wir noch nichts Vergleichbares erlebt haben. Den neuen Kindern (Indigos, Kristall- und Sternenkindern) steht dieses Wissen und die Fähigkeit zur Heilung bereits jetzt zur Verfügung. Sie werden ihr Potenzial zu nutzen wissen und nutzen es bereits. Allein die Entwicklung, die unsere Tochter in kurzen Zeiträumen durchläuft, ist eine ausreichende Bestätigung dafür und bereitet mir sehr viel Freude.

Worauf ich in der Diagnose des achtjährigen Kindes noch hinweisen möchte, sind die Feststellungen, die Sie unter „Chromosomen" finden. Sie deuten darauf hin, dass bei dem Kind genetische Voraussetzungen die Ursache für verschiedene Störungen darstellen können. Eine Aussage, die zu der Annahme führen kann, Chromosomenveränderungen als etwas nicht Veränderbares zu betrachten. Besonders die konventionelle Medizin hat es manchmal mit Schlussfolgerungen wie „erblich bedingt" eilig. Ich glaube inzwischen, dass wir der Wahrheit am nächsten kommen, wenn wir genetische Veränderungen nicht als unabänderbar ansehen, sondern sie mit wenigen Ausnahmen ebenso als Folgeerscheinung der inneren Krankheitsursachen verstehen lernen. Also Veränderungen, die durch destruktive geistig-emotionale Muster, Konflikt- und Schocksituationen hervorgerufen werden. Warum das so sein könnte, ergibt sich aus den Zusammenhängen, die ich unter „Erwachen und Emotionen" beschrieben habe. Wir besitzen neben unserer physischen DNS eine emotionale DNS, die um die physische DNS „gewickelt" ist. Indem wir die emotionale DNS verändern, können wir auch unsere physische DNS verändern. Ebenso gilt im Umkehrschluss, dass unser emotionales Drama Veränderungen der physischen DNS hervorruft. Mit der Klärung und Lösung unserer destruktiven Emotionen und Muster können wir unsere physische DNS in ihren Normalzustand zurückführen. Ein neuer Ansatz. Lesen Sie dazu weitere Ausführungen in dem oben genannten Kapitel.

Die in der obigen Diagnose festgestellten vegetativen Dysfunktionen werden (wenn nicht an den inneren Ursachen gearbeitet wird) weiterhin Dysbalancen in den entsprechenden Organen und mit zunehmendem Alter stärkere Systemstörungen (Krankheiten) erzeugen, die mit konventionellen Methoden nicht beeinflussbar sein werden. Wir haben damals entsprechende alternative Maßnahmen empfohlen (gesundheitsfördernde Produkte und ein Psychotraining). Das hat sich positiv auf den Zustand des Kindes ausgewirkt. Heute ist mir klar, dass tiefgreifende Änderungen erst dann möglich sind, wenn Bewusstwerdung bei den Eltern einsetzt, sie ihre Verantwortung bei der Erschaffung der gesundheitlichen Probleme des Kindes erkennen und mit ihrer eigenen Heilung beginnen. Das ist ein Prozess, der kaum von heute auf morgen realisierbar ist. Ohne Bewusstwerdung jedoch bleibt er Illusion. Wir werden weiterhin im Leiderschaffungsprozess nicht nur uns selbst, sondern unsere Kinder krank machen, durch die psychoemotionale Konfliktsituation, die unsere Partnerschaft an die Oberfläche befördert.

Das Diagnosebeispiel des achtjährigen Kindes, sowie weitere Untersuchungen mit der NLD, unter anderem auch an meinen Kindern, haben mir gezeigt, dass die Basis für unsere Erkrankungen, die sich mit zunehmendem Alter zeigen und an denen wir letztendlich sterben, bereits in unserer Kindheit geschaffen wird. Heute, und das ist ebenso Teil unseres Erwachens, gibt es so gut wie keine gesunden Menschen, weil das auf der Ebene des universellen Schlafs der Menschheit sehr selten ist. Egal, in welcher Altersgruppe Sie Untersuchungen vornehmen, Sie finden die meisten Störungen bereits im Ansatz, die mit zunehmender Zeit stärker werden und entsprechende Symptome und Krankheiten ausbilden. Mit Hilfe der NLD können Sie die zukünftige Entwicklung der Störungen prognostizieren, wenn keine bewusste Veränderung herbeigeführt und Verantwortung für die eigene Gesundheit übernommen wird. Diese bewusste Veränderung ist am effektivsten, wenn sie sowohl die körperliche als auch die geistig-emotionale Ebene einbezieht. Ohne die Einbeziehung letzterer wird vollständige Heilung nicht erreichbar sein. Unsere Heilwerdung ist der Weg, Geist (Bewusstsein) und Körper auf ein höheres Schwingungs- oder Energieniveau zu heben.

Auf der körperlichen Ebene können Sie mit einer „artgerechteren" Ernährung, die frisches, also rohes Gemüse und Obst einbezieht, zielgerichteter Nahrungsergänzung, innerer Reinigung (siehe auch Hinweise im Anhang), ausreichender Zellbewässerung und sinnvoller sportlicher Betätigung an frischer Luft enorme Veränderungen herbeiführen und Ihr Energielevel erhöhen. Machen Sie dabei aus all dem kein Dogma. Unterziehen Sie sich keinen strengen Ernährungsrichtlinien, sondern lassen Sie sich von dem leiten, was auch mit Ihrem Herzen übereinstimmt.

Essen Sie zurzeit noch sehr viel Fleisch, beginnen Sie einfach, die Fleischportionen etwas zu verkleinern und dafür mehr Gemüse, Kartoffeln und Obst zu essen. Für die Verdauung von Fleisch wird viel Energie benötigt. Gleichzeitig fallen größere Mengen zu entsorgender Giftstoffe an. Sie müssen nicht zum Vegetarier werden. Erleichtern Sie Ihrem Körper die Aufgabe der Verdauung, die einen großen Teil seiner Kraft benötigt, indem Sie weniger schwer Verdauliches wie Fleisch zu sich nehmen. Frisches Obst sollte täglich Bestandteil des Speiseplans sein. Frische oder fast frische, das heißt, enzymaktive Pflanzennahrung, die Sie das ganze Jahr über essen können, finden Sie bei David Sandoval – „Best of Greens" (Google: David Sandoval, Platinum Europe). Das ist eine der besten lebendigen grünen Nahrungen, die ich damals finden konnte und die ich viele Jahre verwendet habe. Sie verhalf mir innerhalb von sechs Wochen zu fünfzig Prozent mehr Energie. Die Energieerhöhung des Körpers wird Ihr Erwachen fördern, weil sie sich ebenso positiv auf Ihren geistigen Zustand, Ihr Bewusstsein auswirkt.

Eine weitere lebendige Nahrung, die ich erst seit kurzem kenne, stellt „Das Lichtzentrum" zur Verfügung. Nach der Wahrnehmung unserer Tochter, die die Wirkung auf den Körper sofort bei der Einnahme spüren kann, ist diese Nahrung noch effektiver, weil die kleinsten Partikel in den Grünkonzentraten zusätzlich elektrisch aufgeladen werden und damit eine höhere Elektronenenergie erhalten. Das ist die eigentliche Form von Energie, die Pflanzen von der Sonne aufnehmen und speichern. Sie beträgt in den „Supergreens" 250 MHz. Herkömmliche Vitaminpräparate liegen durchschnittlich bei 10 MHz. Diese Nahrung stellt nach meiner Ansicht eine neue Generation von lebendiger grüner Nahrung dar, die sehr wirkungsvoll zur Energieerhöhung des Körpers beiträgt, wenn sie in entsprechender Menge aufgenommen wird (siehe Quellennachweis, Seite 345).

Allein durch diese wenigen Maßnahmen können Sie verschiedene Symptome zum Abklingen oder völligen Verschwinden bringen. Ausreichende Zellbewässerung ist die Basis, die in alle Bemühungen zur Wiederherstellung der Gesundheit einbezogen werden sollte, da sie für die Wiederherstellung aller Stoffwechselvorgänge die Grundlage bildet und jedes Krankheitsproblem positiv beeinflusst und dazu beiträgt, Schmerzen zu vermindern oder zu beseitigen, die durch chronische Dehydrierung entstanden sind. Besonders betrifft das Kinder in der Wachstumsphase, die gleichzeitig mit jedem Wachstumsschub die benötigte zusätzliche Wassermenge für die neu entstanenen Zellen „bereitstellen" müssen. Ebenso sollten Jugendliche, die bei sehr aktivem Stoffwechsel oft nur dehydrierende (zum

Beispiel Cola, Kaffee) oder nicht ausreichend hydrierende Getränke (Eistees, süße Limonaden oder gesüßte Säfte) zu sich nehmen, auf eine bessere Wasserversorgung achten. Konsequentes ausreichendes Wassertrinken (mindestens 30 ml/kg Körpergewicht) ohne Zusätze wie Kohlensäure kann einige Schmerzsymptome innerhalb kurzer Zeit beseitigen.

So litt ich fast dreißig Jahre an einer sehr schmerzhaften und unregelmäßigen Menstruation, die in jungen Jahren manchmal sogar ganz ausblieb. Das Trinken von 1,5 – 2 Liter Wasser täglich (bei einem Normbedarf von 1,3 Liter) brachten meine Regelschmerzen nach etwa drei Monaten völlig zum Verschwinden, und ich konnte von da an die Uhr stellen, was die Regelmäßigkeit der Menstruation betraf. Das passierte in einem Alter, in dem einige Frauen bereits in den Wechseljahren sind. So brachte mir das regelmäßige Wassertrinken noch für circa acht Jahre eine beschwerdefreie, regelmäßige Menstruation, nachdem ich dreißig Jahre darunter gelitten hatte und Schmerztabletten benötigte. (Beachten Sie dabei, dass der Wasserbedarf bei Frauen zu Beginn der Menstruation wegen des Blutverlusts nochmals um etwa 50 – 100 % ansteigen kann. Sollten Sie also bei der obigen Menge (30 ml/kg) immer noch Schmerzen haben, trinken Sie bitte, wenn Ihre Menstruation bevorsteht, für ein bis zwei Tage die doppelte Menge an Wasser. Sie werden Ihren individuellen Bedarf dabei schnell herausfinden.)

Als ich nach zweiundvierzig Jahren chronischer Dehydrierung mit dem Wassertrinken begann, hörte neben den Regelschmerzen fast gleichzeitig mein Sodbrennen auf, das mich viele Jahre begleitete, und kam nie wieder zurück. Meine Rückenschmerzen besserten sich, und ich bekam mehr Energie. Außerdem bin ich fast vier Zentimeter größer geworden! Das waren kleine Wunder für mich. Auch Sie dürfen Ähnliches erwarten, wenn Sie beginnen, Verantwortung für Ihren Körper zu übernehmen und seine Bedürfnisse besser befriedigen.

Große Wunder erwarten Sie, wenn Sie zusätzlich auch Verantwortung für Ihren Geist übernehmen und sich der Heilung Ihrer verwundeten Gefühle und destruktiven Muster zuwenden, also die innere geistig-emotionale Ebene einbeziehen. Die daraus folgende innere Wandlung und Bewusstwerdung wird das Verlassen der Energiefelder ermöglichen, unter deren Einfluss Krankheit und Leid entstanden sind. Ziel ist es, Energiefelder zu erreichen, die die innere Selbstzerstörung beenden und die Kraft besitzen, zu heilen. Sie selbst können zu dieser Heilung werden. Jeder, der wirklich heil werden will, wird sich auf die eine oder andere Weise auf den inneren Weg begeben müssen. Einen Anfang, den Sie selbst ohne Hilfe nutzen können, ist das Spiel, das ich am Ende des Buches beschreibe. Es kann Ihr Erwachen in Gang setzen. Effektive Hilfe zur Lösung destruktiver geistig-emotionaler Muster, die gleichzeitig zur Klärung Ihrer Lebensprobleme sowie Verbesserung Ihrer Gesundheit beitragen, finden Sie im Anhang. Sie allein haben es in der Hand und entscheiden darüber, wie schnell sich für Sie das Paradies wieder öffnen wird.

Anmerkung

Hat die Entwicklung unseres Bewusstseins eine bestimmte Ebene erreicht, wird die Ernährung unseren Körper immer weniger beeinträchtigen. Das erklärt sich dadurch, dass die Bewusstseinsentwicklung mit einer zellulären Energieerhöhung einhergeht, wie wir es bereits mit Hilfe der Skala von Dr. Hawkins beschrieben haben. Jede höhere Bewusstseinsebene ist ein Energiefeld von stärkerer Kraft. Oberhalb der Ebenen von „Heiligkeit" (Messwert 575) steht uns so viel Energie zur Verfügung, dass wir zum Transformator niedriger Schwingungen werden. Was mit uns in Kontakt kommt und niedriger schwingt, kann dann „hochtransformiert" werden. Das trifft auch auf unsere Nahrung zu. Schwingt sie niedriger, wird sie mit der Aufnahme auf unsere Körperschwingung angehoben. Bis das jedoch möglich ist, kann die Ernährung bewusst genutzt werden, um die Körperenergie zu stabilisieren und die Energieerhöhung auf diese Weise zu unterstützen

Auf diesem Weg werden wir die meisten zurzeit existierenden Ernährungskonzepte wie auch Nahrungsergänzungen allmählich loslassen. Unser Bewusstsein wird sich aus sich selbst heraus auf dem inneren Weg weiterentwickeln und uns zu Gesundheit und unserem höchsten Potenzial führen.

☆☆☆

Eigenes

Die großen Wunder jedoch erlebte ich, als ich zum Beobachter wurde und nach innen schaute, dorthin, wo alles entsteht.

Als mir bewusst wurde, dass meine verbliebenen Schmerz-, besonders die Rückenschmerzsymptome mit meinen eigenen destruktiven Mustern in Zusammenhang stehen, wurde ich ein Stück weiter wach. Die tiefe Wahrnehmung von: Mein Körper ist das, was ich fühle, denke und glaube, machte mich bereit, hinzuschauen, wo alles herkommt. Gleichzeitig wurde auch klar, dass die Glaubenssätze, die mir nicht bewusst waren, mein Leben und meine Gesundheit auf viel stärkere Weise bestimmten. Jedes Mal, wenn ich im alten Spiel, im alten Muster war und zum Beispiel mein Schulter- oder Rückenschmerz genau in dem Moment aufflackerte, wurde ich mir dessen schlagartig bewusst, schickte einen Gruß nach oben und signalisierte: „In Ordnung, ich habe verstanden!" Dieser Lernprozess dauerte einige Monate und hat mich stark wachgerüttelt. In dieser Zeit konnte ich zunehmend mein zentrales Thema wahrnehmen (das die meisten Menschen haben) und, vor allen Dingen, akzeptieren lernen. Obwohl ich es bereits von einer Lebensanalyse her kannte, hatte ich diese Erkenntnis noch nicht gelebt. Erst die aufflackernden Symptome haben mich weichgeklopft. Ich hörte auf zu bocken und zu verdrängen und schaute wirklich hin, und damit der Illusion direkt ins Gesicht: „Liebhaben statt Recht-haben" war mein zentrales Thema, und

Recht-haben die illusorische Basis meines EGO-Kampfes. Recht haben durch Lieb-haben zu ersetzen wurde zu einer großen Lernaufgabe und leitete einen weiteren Bewusstseinswandel ein. In der inneren Arbeit mit diesem zentralen Muster bäumte sich mein EGO am meisten auf. Am Anfang fühlte es sich an, als müsste ich mein EGO unterwerfen, so stark war es und solche Macht hatte es über mich. Immer wieder suggerierte es mir: Los, kämpfe, lass dir das nicht gefallen! Und mein Schmerzkörper fiel immer wieder darauf herein. Ich kämpfte meinen eigenen inneren Kampf im Außen und tat mir damit selbst weh. Als mir meine Tochter klar sagte, dass ich nicht kämpfen und auch keinen Hass haben müsse auf die Dinge, die in mir sind, begann ich langsam, ein friedvolleres Verhältnis zur Stimme meines EGOs aufzubauen. Dadurch konnte ich die Situation, in der ich das alte Muster ausagierte, zunehmend neutraler wahrnehmen und das Spiel erfolgreicher spielen. Ganz allmählich verschwanden die Situationen, die mit dem zentralen Thema zusammenhingen, aus meinem Leben, weil ich das Energiemuster in mir auflöste und dadurch die Resonanzen mit den äußeren Umständen ausblieben. Die akuten Schmerzzustände im Rücken verblassten zunehmend.

So lange Sie nicht bereit sind, sich selbst zu beobachten, bleiben Sie Gefangener Ihrer alten Muster und sitzen, ohne es zu wissen, in einem selbst erschaffenen Gefängnis.

Was in direktem Zusammenhang mit meinem zentralen Thema stand war, mich zu rechtfertigen. Ich hatte den Glauben, mich in vielen Situationen des täglichen Lebens rechtfertigen zu müssen für das, was ich tue oder auch unterlasse, und warum ich das tue. Vieles davon hing mit Ängsten zusammen, die mir nicht bewusst waren. Eine zentrale Angst war die vor dem Verlust meines Partners. Als mir dieses zum ersten Mal bewusst wurde und ich die Angst fühlen konnte, war ich schockiert, weil ich es nicht glauben konnte. Ein Großteil der Motivation in meiner Beziehung basierte auf Verlustangst. Aus heutiger Sicht verrückt. Aber es war mir damals nicht bewusst.

Vielleicht kennen Sie das auch von sich selbst. Wenn mein Mann mich in ganz bestimmtem Ton fragte, warum ich das so mache, wie ich es mache, und nicht so, wie es seiner Meinung nach „richtig" wäre, schaltete sich sofort mein Rechtfertigungs-EGO ein, das mit den alten Wunden der Kindheit in Verbindung stand. Wie mir später klar wurde, waren es kindliche Muster, die in mir ein schlechtes Gewissen und Angst erzeugten. Endlich konnte ich wahrnehmen, dass ich durch Rechtfertigung nur „mein Recht fertig mache". Alles Rechtfertigen führte zu nichts. Egal, wie logisch, gut begründet und „durchdacht" meine Rechtfertigung war, hinterher gab es nur mehr Probleme. Denn solange der Schmerzkörper aus mir sprach, tat die Energie der alten Wunde das Ihrige, um auch bei meinem Mann den Schmerzkörper auf den Plan zu rufen oder zu verstärken. Alle Argumente griffen nicht, weil wir in diesem Zustand weit entfernt von „Neutralität" waren und unbewusst unser verwundetes Selbst in den Kampf schickten. Es dauerte relativ lange, bis ich Fortschritte erzielte, weil ich immer wieder in das alte Muster fiel. Am Anfang erinnerte mich mein Sohn daran, dass ich gerade wieder „mein Recht fertig machen würde". Ich wurde auch hier zunehmend bewusster, was viele Klärungen herbeiführte, ohne dass Worte notwendig waren. So verschwanden auch die Rechtfertigungssituationen zunehmend aus meinem Leben, und ich wurde wieder ein Stück mehr ich selbst.

Zu erleben, wie sich die problematischen Situationen aus meiner Beziehung verabschiedeten, die mehr als zwanzig Jahre bestanden hatten, waren schon größere Wunder.

In dieser Zeit der intensiven inneren Arbeit lernte ich auch wieder, zu fühlen und das wahrzunehmen, was wir durch Verdrängung vor uns selbst versteckt hatten. Traurigkeit zum Beispiel fühlte ich erst, wenn sich bei mir Tränen zeigten. Die Vorstufen nahm ich meist nicht wahr. Wenn Kristin mir sagte, ich sei traurig, behauptete ich schlicht das Gegenteil. Sich auf seine Gefühle wieder einzulassen, war ein wichtiger Lernprozess. In dieser Zeit konnte ich mit Hilfe spezieller CDs wahrnehmen, wie sich innere Ruhe anfühlte, und wie es ist, tagsüber völlig entspannt zu sein. Dadurch wurde mir bewusst, in welchem Stresszustand ich mich mein ganzes Leben davor befunden hatte. Erst durch das Fühlen dieses Unterschieds wurde es mir später möglich, immer wieder Entspannung zu erreichen und meine innere Balance wiederherzustellen, wenn sie durch bestimmte Ereignisse oder Situationen verlorengegangen war. Das war für meine weitere Energieerhöhung von entscheidender Bedeutung. Wirkliche Klarheit, wohin mich das Ganze führen würde, hatte ich zu diesem Zeitpunkt jedoch noch nicht. Ich wollte nur eins – heraus aus dem eigenen Leiderschaffungsprozess.

Erst als sich mein Leben und meine Beziehungen allmählich auf wunderbare Art und Weise wandelten, nahm ich wahr, wohin mich das Ganze führte. Die Bewusstmachung und Auflösung der Muster des alten Spiels brachte mich immer mehr zu mir selbst zurück, näher an die Liebe, die wir alle sind, und dadurch kam gleichzeitig immer mehr Liebe in mein äußeres Leben. Ich arbeitete in dieser Zeit mit meiner Tochter und anderen medial begabten Menschen kinesiologisch und später kurzzeitig mit der medialen Radionik, von der ich noch berichten werde. Unterstützung fand ich immer da, wo ich sie gerade benötigte. Der Zeitraum, in dem ich mit intensiver innerer Arbeit befasst war, beträgt bis zum heutigen Tag (August 2007) etwa 2,5 Jahre. Noch zum Ende des Jahres 2006 konnten bei mir immer noch die alten Prognosen mit Hilfe der Nichtlinearen Diagnose festgestellt werden, die seit der ersten Untersuchung, etwa 1998/1999, bestanden hatten. Dieses waren, mit Ausnahme letzterer Prognosen, keine Diagnosen, also etwas, was mich in der Zukunft erwarten würde.

In den acht Jahren bis Ende 2006, in denen ich auf der stofflichen Ebene Einfluss nahm durch Ernährung, innere Reinigungen, Basenbäder, Wasser, Nahrungsergänzung, Sport und dadurch meinen Energiezustand spürbar verbesserte, blieben diese Prognosen ohne wesentliche Veränderungen bestehen.

Ich führe die wichtigsten davon auf, damit Sie eine bessere Vorstellung bekommen:

Erosive Gastritis – Magenschleimhautentzündung
Osteoporose – Knochenschwund
Arteriosklerose – Arterienverkalkung
Neurasthenie – Nervenschwäche
Neuralgie – Schmerzen im Bereich peripherer Nerven ohne nachweisbare anatomische Veränderungen
Radikulitis – Entzündung der Wurzeln der Rückenmarksnerven
Diabetes – Zuckerkrankheit
Morbus Crohn – „unheilbare" Darmerkrankung, die oft mit der Resektion des entsprechenden Darmabschnitts endet. (Das war bereits eine Diagnose.)

Nur zwei Jahre, nachdem ich begann, Verantwortung für meine geistig-emotionalen Muster zu übernehmen und sie durch innere Arbeit zu klären, erwartete mich bei der Nachuntersuchung eines der großen Wunder. Alle Prognosen hatten sich stark abgeschwächt beziehungsweise waren völlig verschwunden.

Erinnern Sie sich an die Erkenntnis aus dem Kapitel über Krebs: Die Lösung auf der psychischen Ebene ist der Beginn unserer Heilung. Ich war an diesem Tag glücklich und dankbar und fand alles, was ich über Heilung wusste, bestätigt. Indem ich die zerstörenden Energien der unteren Bewusstseinsebenen befreite und mich von vielen Ängsten, Scham- und Schuldgefühlen, Kummer und Sorgen, Ablehnung, Schuldzuweisung, Strafe und Rache löste, – Gefühle, die wir auf der Ebene des universellen Schlafs in uns tragen und gegen uns selbst richten –, konnten sie meinen Körper und meine Organe verlassen. Mein Nervensystem erholte sich zusehends, und die Prognose Neurasthenie verschwand.

Ich hörte auf, das alte Spiel zu spielen, indem ich den Widerstand und den damit verbundenen Kampf gegen bestimmte Ereignisse im Außen aufgab. Ich ließ den Fluss des Lebens immer mehr zu und hörte allmählich auf, Personen und Ereignisse beeinflussen zu wollen.

Es entstand innerer Frieden mit mir und der Welt.

Osteoporose und Diabetes schwächten sich stark ab. Mein Magen-Darmsystem begann zu gesunden, was sich durch den Rückgang der Prognose Erosive Gastritis ausdrückte. Die „unheilbare" Darmerkrankung Morbus Crohn begann zu heilen und war als Diagnose nicht mehr nachzuweisen. Dazu trug insbesondere auch die mediale Radionik bei, über die ich im nachfolgenden Kapitel schreibe.

Die Prognosen Radikulitis und Neuralgie schwächten sich deutlich ab. Mein Blutdruck normalisierte sich, ohne dass ich es bemerkte, auf Werte zwischen 120 – 130 zu 80.

Machen Sie sich an dieser Stelle noch einmal bewusst: Die inneren Ursachen unserer Erkrankungen, auch die, die wir heute noch als „unheilbar" bezeichnen, finden wir auf der Ebene unserer destruktiven geistig-emotionalen Muster, die uns unbewusst von innen heraus zerstören. Das kann so lange geschehen, bis wir erwachen und dieses endlich wahrnehmen und eine Kehrtwende einleiten. Hätte ich nicht den Mut gefunden, nach innen zu schauen, wären die vorgenannten Prognosen in einigen Jahren oder Jahrzehnten meine Wirklichkeit geworden. Genauso, wie es auch unseren Eltern und den Generationen vor ihnen ergangen ist, die krank wurden und lange oder kurze Leidenswege bis zu ihrem Tode gegangen sind. Sie können jetzt erkennen, was zu tun ist, wenn Sie diesen Weg verlassen wollen. Zu sagen: Das passiert mir nicht, was meinem Vater oder meiner Mutter passierte, oder: Das will ich auf keinen Fall, im Alter leiden oder anderen zur Last fallen, wird nicht ausreichen. Sie sind das Kind Ihrer Eltern und tragen genauso Ihre Muster und den Schmerz in sich, auch wenn Sie inzwischen vielleicht zu einer besseren Bildung gelangt sind.

Heute weiß ich, dass unser Körper nur Liebe benötigt, um gesund zu werden und zu bleiben. Denn Liebe ist die höchste kohärente Emotion, zu der wir Menschen fähig sind. Sie erzeugt von innen heraus einen geordneten und damit gesunden Zustand unseres zellulären Systems, was gleichzeitig bedeutet, gegen Erkrankungen immun zu sein. Damit unser Körper diese Liebe bekommen kann, ist die Erlösung all der Nichtliebe erforderlich, die wir in den unbewussten, destruktiven geistig-emotionalen Mustern festhalten.

Öffnen Sie sich und nehmen Sie wahr, dass es in Wirklichkeit keine unheilbaren Erkrankungen gibt, nur unheilbare Menschen, die sich dieser Tatsache noch nicht bewusst geworden sind. Schon jetzt haben Sie die potenzielle Möglichkeit, sich von Ihrer Krankheit zu befreien oder sie deutlich abzuschwächen. Einige Wege sind bereits geebnet. Es wird zunehmend effektivere geben. Sie können ihnen folgen. In nicht allzu ferner Zukunft werden Krankheiten für immer aus unserem Leben verschwunden sein. Für diejenigen unter uns, die in diesem Leben tief genug erwachen, kann das bereits heute Wirklichkeit werden.

Viele Menschen meiner Generation werden davon noch profitieren können. Für die meisten unserer Elterngeneration wird es in diesem Leben schon zu spät sein. Aber es erwartet sie ein neues Leben, und je nach der Zeit, in der sie beschließen wiederzukommen, vielleicht schon eine neue Erde, die dieses Wissen bereits lebt.

So einfach ist das. Und weil es so einfach ist, werden einige sagen, das kann nicht sein. Sie werden weiterhin auf den konventionellen Weg vertrauen, von dem sie glauben, dass er der richtige ist. Viele jedoch werden ihren Glauben verändern und erkennen, dass sich hier der Weg für unsere vollständige Heilung befindet.

Erfahrungen mit der medialen Radionik

Die Zukunft, die für einige Wissende heute schon Realität ist, bringt uns noch effektivere Möglichkeiten für Heilung. Eigentlich müsste ich schreiben, ...bringt uns zum ersten Mal seit langer Zeit eine reale Basis für Heilung.

Bisher hatten wir keine wirkliche Chance, gesund zu werden. Alles so genannte Gesundsein war immer nur ein bisschen weniger krank sein! Wir hatten als Schlafende keinen Zugang zur Gesundheit, weil wir uns der inneren Ursachen unserer Erkrankungen nicht bewusst waren. Das, was uns im Wassermannzeitalter erwartet, liegt fernab von konventionellen Behandlungen und Therapien. Die Richtungen, die sich seit einigen Jahren herausbilden, haben unterschiedliche Bezeichnungen, ebenso wie ihre Herangehensweisen. Aber ob man sie als Mediale Heilung, Geistheilung, Mediale Kinesiologie, Biologisches Dekodieren oder anders bezeichnet, ist nicht von entscheidender Bedeutung. Wichtig ist, dass die Methoden, die uns zu wirklicher Gesundheit zurückbringen werden, Körper und Geist *(und Seele)* in ihrer Einheit betrachten und, ausgehend vom verursachenden Impuls – Geist –, eine Gesundung des Geist-Körper-Systems in Gang setzen. Die Basis dieser Methoden ist also Bewusstwerdung und Erlösung destruktiver geistig-emotionaler Muster, der Teil in uns, der von innen heraus Krankheit erzeugt. Erst wenn wir die selbstzerstörenden Energien der unteren Bewusstseinsebenen erlösen, erreichen wir die Energien, die Heilwerdung ermöglichen. Dieser Bewusstseinssprung steht unmittelbar bevor.

Die Hoffnung, dass die konventionelle Medizin ein Wundermittel erfindet, um Sie von einer schweren Erkrankung zu befreien, wird eine Illusion bleiben und Sie nur länger in der Matrix festhalten. Dieses Wundermittel wird es nicht geben. Der konventionelle Weg endet diesbezüglich in einer Sackgasse.

Sie haben Ihre Heilung selbst in der Hand, mehr als Sie vielleicht glauben! Der bevorstehende Bewusstseinssprung wird die Menschen erwachen lassen und auf den Weg ihrer inneren Heilung führen. Ich sehe es an mir, meiner Familie und vielen anderen Menschen, die diesen Weg bereits beschreiten. Auch einige junge Menschen, denen man konventionelle Therapien und sogar Operationen vorschlägt, sind nicht mehr bereit, den alten Weg zu gehen und wenden sich mit Erfolg ihrer inneren Heilung zu. Erkennen Sie Ihre Möglichkeiten. Werden Sie wach und übernehmen Sie selbst Verantwortung!

Die Methode, mit der ich Sie jetzt bekannt machen werde, vereint die medialen Fähigkeiten einer erwachten Frau auf geniale Art und Weise mit einem speziellen Radionik-Gerät. Ich nenne sie deshalb „Mediale Radionik".

Diese Methode verbindet auf der Frequenzebene die Diagnose und Heilung von Organ- und Systemstörungen mit den ursächlichen geistig-emotionalen Mustern. Sie geht also noch einen Schritt weiter als die NLD und wendet sich den inneren Ursachen unserer Krankheiten sowie ihrer Bewusstwerdung und Lösung zu. Dabei wickelt sie Schicht für Schicht das ab, was wir nicht sind und weshalb wir krank wurden – alte krankmachende Glaubenssätze und Emotionen. Sie finden sich hinter jedem Symptom und jeder Erkrankung. Sobald die alten Programme gelöscht oder erlöst werden, wird unser Körper frei davon, sein Energiewert steigt an, die betroffenen Organe erholen sich. Mit der Medialen Radionik kann in den tiefsten Schichten des Unterbewussten gearbeitet werden, wo ich bisher mit meiner inneren Arbeit noch nicht hinkommen konnte. Raum und Zeit spielen hier, ähnlich wie bei der medialen Heilarbeit, keine Rolle mehr.

Wir erhielten die Behandlungen aus Kanada, ohne irgendwelche Umstände damit zu haben. Natürlich telefonierten wir, um über die Probleme und Ergebnisse der Behandlung in Kenntnis gesetzt zu werden, sowie Hinweise zu erhalten, welche Bewusstseinsveränderungen jetzt in unser tägliches Leben integriert werden sollten, also, welche alten Muster ausgedient haben würden, um nach der Behandlung nicht wieder Krankheit zu erzeugen.

Stellen Sie sich vor, negative Emotionen erzeugen außer der energetischen Wirkung Gift. Dieses Gift sammelt sich in den entsprechenden Organen an. So werden diese Emotionen zu Blockaden, die das Fließen der Lebensenergie behindern und Stau verursachen. Das Organ wird schwächer. Wird die Gefühlsblockade gelöst, kann das Gift in die Lymphe abfließen. Der Stau löst sich auf, und der Energiewert erhöht sich.

Bei mir war der größte Schmerzkörper das Verdauungssystem (Magen-Darm). Da habe ich unbewusst vieles hineingeschluckt, was schmerzlich für mich war, so lange, bis die Belastung zu groß wurde und sich Störungen zeigten. (Entzündliche Prozesse und Verschlechterungen der Nahrungsresorption usw.) Alles war jedoch noch verdeckt und bereitete wenig Probleme. Dann jedoch wurde eine zuvor so noch nicht diagnostizierte Erkrankung festgestellt, die die konventionelle Medizin mit „unheilbar" etikettiert: Morbus Crohn oder Crohnserkrankung. So bekam ich die Chance, am eigenen Beispiel zu erfahren, dass unheilbar zu den Illusionen gehört. Etwa drei Wochen Frequenzbehandlung mit der Auflösung tief sitzender, krankheitserzeugender Muster und meine eigene innere Arbeit waren erforderlich, um diese Diagnose abzuwenden und die Heilung einzuleiten.

Da ich die Mediale Radionik nicht vollständig beschreiben kann, denn die deutsche Übersetzung dazu liegt noch nicht vor, belasse ich es bei wenigen Beispielen.

Wir bekamen unter anderem Ergebnisse bei meinen beiden Männern, die etwa so aussahen:

„Alle Systeme blockiert durch alten Groll, Wut und Ärger – Vergebung notwendig! Knochen, Wirbelsäule, Gewebe und Muskeln zeigen sich schwach, auch da wieder Vergebung."

Ein ähnliches Programm fand sich bei Mark: „Groll und Wut in Knochen, Wirbelsäule und Rückenmark – Vergebung!" Das sind die Gefühlsblockaden, von denen wir bereits sprachen.

Erkennen Sie, was wir an unsere Kinder „vererben" – alte Schmerzprogramme, die sie übernehmen und die bei ihnen ähnliche Krankheiten im weiteren Leben zum

Vorschein bringen. Werden Sie sich bewusst, was wir uns zum Beispiel auch auf unseren Rücken laden, bis er sich durch Schmerzen bemerkbar macht, und wir, wenn wir die Ursachen auf der inneren Ebene nicht lösen, ständig behandelt werden müssen, ohne dass Heilung eintritt. Das Loslassen dieser Programme lässt innerhalb von Stunden die Organ- und damit Körperenergie auf hohe Messwerte ansteigen. Bei Mark gingen die Werte von anfänglich 4000 auf Werte in den Quatrillionen. Dieses Beispiel zeigt deutlich, wie wichtig in einer bestimmten Entwicklungsetappe Vergebung ist. Solange Sie alten Groll, Wut und Ärger bewusst oder unbewusst festhalten und nicht bereit sind zu vergeben, behindern Sie Ihre eigene Heilung. Damit steht unsere Fähigkeit zu verstehen, zu vergeben und anzunehmen in direktem Zusammenhang zu unserer Gesundheit. Viele Menschen sind oft erst im Angesicht ihres eigenen Sterbeprozesses bereit zu vergeben. Sie wissen nicht, dass sie nur sich selbst schaden, wenn sie die ungelösten Konfliktenergien in ihrem Körper festhalten. Deshalb ist es Zeit aufzuwachen.

Sie jedoch sind ein wenig wacher geworden und können eine bewusstere Wahl treffen.

Frau Hämmerle, die das Radionikgerät mit ihren medialen Fähigkeiten verbindet, sagte mir, eines Tages wird sie für diese Arbeit kein Gerät mehr benötigen. Daran können Sie erkennen, wie die Zukunft aussehen kann und welchen Einfluss diese Entwicklung zum Beispiel auch auf die Gesundheitskosten haben wird. So wurden im Fall Anna

Jennings (s. Anhang), den T. C. Colbert in seinem Buch beschreibt, für die konventionelle Behandlung in siebzehn Jahren vier Millionen Dollar ausgegeben. Das Ergebnis war, sie wurde immer kränker und nahm sich das Leben. Ihre Mutter, die später im Fach Psychologie ihre Dissertation dazu schrieb, bemerkte, dass eine am Trauma orientierte Behandlung, die außerdem noch Aussicht auf Genesung gehabt hätte, insgesamt nur etwa 265.000 Dollar gekostet hätte.

Nach meinen jetzigen Erfahrungen mit dem medialen Heilungsbereich können wir davon ausgehen, dass heute wahrscheinlich ein Hundertstel der letztgenannten Summe ausreichend gewesen wäre, um Anna Jennings zu heilen. Und dazu wären keine siebzehn Jahre notwendig gewesen, sondern maximal mehrere Wochen. Und auch das ist noch hoch angesetzt.

Können Sie sich vorstellen, was uns in der Zukunft erwartet?

Psychiatrien werden Auslaufmodelle sein, genau wie andere Einrichtungen, die heute noch der ständigen Behandlung chronisch kranker Menschen dienen.

Wie meine eigene Heilung immer weitergeht, ohne dass Geräte zum Einsatz kommen, zeige ich jetzt noch an einem eher ungewöhnlichen Beispiel, das ich erst kürzlich erlebte:

Schon mein ganzes Leben lang hing mir an, ich hätte die Kümmelschen Füße. Das geht auf die Füße meiner Großmutter väterlicherseits zurück, die den Namen Luise

Kümmel trug. Ihre Füße waren, nehme ich an, für jeden orthopädischen Schumacher ein neues Meisterstück und eine neue Herausforderung. Denn selbst in solchen handgefertigten Lederschuhen hatte sie immer noch Probleme beim Laufen. Schon ziemlich früh, im Alter von zehn bis zwölf Jahren, bekam auch ich Fußprobleme, die sich darin äußerten, dass der Fußrücken meines rechten Fußes schmerzte, wenn ich Leistungssport betrieb. Ständig suchten wir nach bequemen Schuhen, aber nichts half wirklich. Am Ende blieb mir nur, den Leistungssport aufzugeben, um dieses Drama zu beenden. Als es beendet schien, traten jedoch neue Fußprobleme auf, besonders, wenn es um Schuhe mit höheren Absätzen ging, da bekam ich Ballenschmerzen. Ich ließ auch die Absatzschuhe sein, um diesem Problem aus dem Weg zu gehen. Aber auch das war nicht die Lösung. Später merkte ich, dass ich auch noch in geschlossenen Schuhen – Slippern – ständig Schmerzen auf dem rechten Fußrücken hatte. Also kaufte ich nur noch flache Pumps. Außerdem begannen sich am rechten Fuß ein Ballen und ein Überbein herauszubilden, und der zweite Zeh verformte sich. Da war endgültig klar, ich hatte die Füße von Großmutter Luise und müsste mich wohl mit diesem „Vererbungsfaktor" abfinden.

Eines Abends, Kristin war gerade zu Besuch, erzählte ich ihr vom bekannten englischen Medium Paul Meek, und wir sprachen über verstorbene Seelen, woraufhin Kristin auf meine Oma Luise zu sprechen kam, die bereits 1996 verstorben ist. Ich bemerkte plötzlich, wie mein rechter Fuß zu schmerzen begann. Zuerst wenig, dann jedoch sehr deutlich. Als ich dieses eher beiläufig erwähnte, meinte Kristin: „Großmutter will dich sprechen. Sie ist jetzt anwesend."

Nachdem ich mich innerlich beruhigt hatte, konnte Kristin die Botschaft von meiner Großmutter aufnehmen, die mir mitteilen wollte, dass ich keine Schuld tragen würde an Ereignissen in unserer Familie, die ich unbewusst schon als Kind übernommen hatte und die durch meinen Fußschmerz zum Ausdruck kamen. Auch tat es ihr leid, dass sie mich eher als Jungen gesehen und mich Konnes genannt hatte. Der Fußschmerz steigerte sich während des Gesprächs derart, dass er das Gefühl einer schweren Ischialgie hervorrief. Ich musste mich hinlegen. Der Fuß fühlte sich an, als ob jede Sehne brennen würde. Kristin ließ mich die Schuldgefühle annehmen und loslassen und arbeitete gleichzeitig energetisch an meinem Fuß. An Aufstehen und Auftreten war nicht zu denken. Sie meinte, der Fuß würde jetzt heilen. Die Nerven könnten durch die Aktivierung den alten Schmerz loslassen. Ich blieb etwa zwei Stunden liegen und ging danach zu Bett. Am nächsten Tag war alles deutlich besser. Bereits am Abend konnte ich schon wieder normal laufen.

Worauf ich auch hier noch einmal hinweisen möchte: Vererbung so, wie wir sie bisher verstanden haben, gibt es möglicherweise nicht. Vielleicht sind auch hier destruktive Muster die innere Ursache, die wir mittragen und an die nächste Generation weitergeben. Die Aussagen im Kapitel „Erwachen und Emotionen" stützen diese Sichtweise. Bei mir waren es in Bezug auf meinen rechten Fuß zum

Beispiel Schuldgefühle, die ich unbewusst als Kind übernommen hatte.

Derartige Erlebnisse hatte ich viele in den vergangenen zwei Jahren, die meisten ohne Beteiligung der „anderen Seite". Dabei nahm Kristin die geistig-emotionalen Muster wahr, die mit dem entsprechenden Schmerz zusammenhingen, und half mir, sie aufzulösen.

Was ich damit zum Ausdruck bringen will ist, dass wir zunehmend Fähigkeiten erlangen, die uns ohne Geräte das wahrnehmen lassen, was wir heute mit Krankheit bezeichnen. Ich erinnere mich dabei an eine Information, in der man berichtete, wie ein medial begabtes Kind durch die Abteilung eines Krankenhauses zu den einzelnen Patienten geführt wurde. Ohne etwas über die Patienten zu wissen, diagnostizierte dieses Kind zum Erstaunen der Ärzte alle Krankheiten, unter denen diese litten, und bestätigte die ärztlichen Diagnosen beziehungsweise ging noch darüber hinaus.

Alle neuen Erfahrungen konnte ich machen, weil ich zu glauben begann, dass es Lösungen für unsere Probleme geben muss, die für jeden zugänglich sind. Erst wenn auch Sie Ihren Glauben verändern, kann es Ihre Wirklichkeit werden.

Psychische Erkrankungen

Erwachen befreit Sie von der Illusion, die Ursache für psychische Störungen seien biochemische Ungleichgewichte. Tausenden Menschen, die wegen psychischer Probleme in Behandlung sind, wird dieses erzählt. Der konventionelle Ansatz zur Behandlung psychischer Störungen mit Medikamenten hat keine Grundlage und konnte bisher nicht bewiesen werden. Man ging von der Annahme aus, wenn ein Medikament die Symptome reduziert oder beseitigt, wirkt es auf die Ursache der Erkrankung. Biochemische Ungleichgewichte, die bei Patienten festgestellt werden, sind jedoch nicht die Ursache für die Erkrankung, sondern bereits eine Folgeerscheinung dieser.

Die konventionelle Psychologie der Neuzeit benutzt als ihr wichtigstes Handwerkszeug Gesprächstherapien und Psychopharmaka. Das Ergebnis ist, die meisten Menschen, die eine psychische Störung haben, können nicht wirklich gesund werden und sind oft gezwungen, ein Leben lang Tabletten einzunehmen oder sich mit etwas weniger Kranksein abzufinden. Die Psychologie ist, was die Erforschung der Ursachen unserer psychischen Erkrankungen betrifft, nicht wesentlich vorangekommen. Somit konnte sie auch keine Wege der Heilung aufzeigen. Sie richtet ihr Hauptaugenmerk im ersten Stadium psychischer Krankheit darauf, den Menschen nach Möglichkeit wieder arbeitsfähig zu machen, und versucht mit Gesprächstherapien und/oder Tabletten, sein Verhalten oder seine Einstellung anders auszurichten, um bestimmte Situationen besser zu bewältigen. Wird er dadurch nicht wieder arbeitsfähig oder rückfällig, bleibt er bei weiterer Tabletteneinnahme in der Regel zu Hause mit seinem Problem sitzen. Ist auch das nicht möglich, weil er Verhaltensweisen an den Tag legt, die ihm oder seinen Angehörigen schaden könnten, oder ist er für sein Umfeld nicht mehr tragbar, nimmt man ihn unter Aufsicht in eine entsprechende Einrichtung und behandelt mit Tabletten oder Spritzen und Gesprächstherapien. Das ist in der Regel das konventionelle Prozedere für psychisch kranke Menschen. Das Ergebnis sind oft Menschen, die den Rest ihres Lebens in einem Zustand sozialer und emotionaler Invalidität verbringen.

Bisher gab es keinen Ausweg aus dieser Situation, obwohl es immer Menschen gab, die sich von den Psychopharmaka befreien konnten und Wege zur Heilung fanden. So konnte die konventionelle Psychologie die Ursachen unserer psychischen Erkrankungen nicht erkennen. Wenige, wie der Psychiater Ty C. Colbert, sind weitergegangen und haben die inneren Ursachen unserer „Verrücktheiten" aufgespürt.

Vor kurzem erzählte mir ein alter Freund, der wie ich auch in Moskau ausgebildet wurde, er sei arbeitslos und lebe von Harz IV. Ich konnte es kaum glauben, als ich seine traurige Geschichte erfuhr. Seit circa zehn Jahren ist er gezwungen, Tabletten gegen oder für seine psychische Erkrankung einzunehmen, ohne eine Chance auf Heilung zu haben. Der Preis, den er bezahlt, ist die Verkrüppelung seines Gefühlslebens. Ich glaube kaum, dass er sich in diesem Zustand wenig besser fühlt als ein stark depressiver Mensch. Er lebt in einem Dämpfungsfeld, das ihn wie zähen Nebel umgibt. Wirkliche Freude am Leben ist damit völlig ausgeschlossen. Ich habe Mitgefühl für ihn und hoffe, er findet den Mut, seine Situation zu verändern.

Waren Sie schon einmal bei einem Psychiater oder Psychologen? Ich war 1983 bei einem Psychologen, nicht, weil ich psychisch krank war, sondern weil ich trotz aller Bemühungen nicht schwanger werden konnte. So schickte mich mein Hausarzt außer zum Gynäkologen auch noch zum Psychologen, weil er vermutete, es gäbe da ein Problem. Es gab auch eins. Aber das fand ich später selbst heraus. Ich lernte es durch das Leben. Was ich hier sagen möchte, ist Folgendes: Als ich das Sprechzimmer des Psychologen betrat und er mich begrüßte, wurde mir auf einmal ganz komisch im Magen. Im Verlauf des Gesprächs verstärkte sich dieses flaue Gefühl immer mehr, und wenn ich heute daran denke, kann ich es aktivieren. Es schien mir zunehmend, dass der Psychologe nicht ganz normal war. Ich hatte den Eindruck, er bedürfe einer Therapie. Er benahm sich sehr seltsam, lachte zum Beispiel an Stellen, an denen es nichts zu lachen gab, und hatte noch andere eigenartige Verhaltensweisen, an die ich mich nicht mehr genau erinnere. Das Einzige, was ich wollte, war schnell wieder heraus aus dem Zimmer. Zum Glück dauerte unser Gespräch nicht allzu lange. Ich bin auch kein zweites Mal zu ihm gegangen, weil mir klar war, dass er mir nicht helfen konnte.

Jahre später hörte ich von jemandem, der einen Psychiater benötigte, Ähnliches.

Ich glaube, dass dieses „Phänomen" nicht unbekannt ist und man es einfach so hingenommen hat, dass Psychiater oder Psychologen selbst Probleme haben können, wenn sie ständig von psychisch kranken Menschen umgeben sind. Warum das so ist, haben sicher die wenigsten hinterfragt. Mit meiner Bewusstwerdung erhielt ich eine Antwort darauf. Diese Antwort ergab sich aus der Erkenntnis der inneren Ursachen psychischer Erkrankungen. Sie sind für den Erkrankten und für den Psychiater gleich: Beide leiden an der Unterdrückung oder Abspaltung ihres verwundeten Selbst, an der Unterdrückung ihres emotionalen Schmerzes. Denn der Schmerzkörper, unsere inneren Verwundungen, wovon wir im Leiderschaffungsprozess ausführlich sprachen, ist die Ursache für unsere psychischen Erkrankungen. Es gibt keine biologischen, genetischen oder biochemischen Ursachen für Manie, Depression, Schizophrenie, Zwänge und kindliche Verhaltensauffälligkeit. Unser Gehirn ist nicht krank. Die psychischen Symptome sind individuelle Strategien, die wir unbewusst zur emotionalen Schmerzbewältigung entwickeln, wenn starker Schmerz unsere normalen Bewältigungsmechanismen übersteigt. Es sind Abwehrmechanismen unserer Psyche, um ein Übermaß an Schmerz zu bewältigen. Sich dieser Wahrheit zu öffnen, ist ein großer Schritt nach vorn.

Dem Psychiater/Psychologen ist in der Regel nicht bewusst, dass er selbst einen Schmerzkörper hat, den er schon sein ganzes Leben lang verdrängt. Verdrängung kann zu psychischer Krankheit führen, wie wir jetzt wissen. Kommt nun ein Patient zum Psychiater/Psychologen und konfrontiert diesen mit seinem Problem, aktiviert er unbewusst auch den Schmerzkörper des Arztes, worauf dieser verstärkt mit Verdrängung reagieren muss, weil er den Patienten von seinen Problem befreien will. In seiner Autorität als Arzt muss er im Gespräch mit dem Patienten seine eigenen schmerzlichen Gefühle unterdrücken. So ist er unbewusst gezwungen, noch stärker zu verdrängen, denn er gerät mehrmals täglich in Resonanz zu den Schmerzkörpern seiner Patienten. Während seines Studiums hat er darüber nichts erfahren. Jeder Patient, der ihm seine Geschichte und damit Schmerz mitbringt, zwingt ihn über das Maß hinaus, die eigenen, dabei aufsteigenden oder reaktivierten Wunden zu unterdrücken. Dadurch können mit der Zeit bei ihm ebenso psychische Verhaltensabnormalitäten entstehen, er kann psychisch krank werden.

Und die Praxis zeigt, dass es passiert. Damit es nicht geschehen kann, müsste er sich zuerst selbst von seinen Verwundungen heilen. Dann haben auch seine Patienten eine wirkliche Chance zur Heilung. Für die mediale Psychologie bildet es die Basis, auf der sie aufbaut, um Menschen einen Weg zu wirklicher Heilung ihrer psychischen Krankheit aufzuzeigen. Indem die medialen Psychologen gelernt haben, ihre eigenen Schmerzen zu erlösen und zu heilen, sind sie fähig geworden, dieses auch für andere zu tun. Damit leisten sie einerseits einen Beitrag zur Heilung wie auch Bewusstwerdung der Menschheit. Denn wenn wir uns von unserem alten Schmerz befreien, kann das hervortreten, was wir wirklich sind – Liebe.

Damit verschwinden alle unsere Verrücktheiten. Heilung unserer Gefühle, unserer Verwundungen oder unseres Schmerzkörpers ist der Schlüssel. Diese Arbeit hat auch mein Erwachen gefördert. Ich bin sehr dankbar, dass diese Möglichkeit im Entstehen ist, wodurch Ergebnisse erreicht werden können, die für das konventionelle Modell kaum vorstellbar sind. Der mediale Psychologe ist nicht mehr darauf angewiesen, Schilderungen und Details von Patienten zu erhalten, wozu sonst viel Zeit verwendet werden muss. Die kurze Darstellung des Hauptproblems reicht aus, damit er den Faden aufnehmen kann, um die Ursachen in den alten energetischen Mustern zu finden und zu lösen. Das ist das Entscheidende, die Lösung der Energie, die das emotionale Muster im physischen Körper verankert. Ohne diesen Prozess können mit dem Patienten jahrelang Gesprächstherapien geführt werden, ohne dass er wirklich gesund wird. Denn er „hängt im Energiemuster" fest, das ihn immer wieder unbewusst zwingt, die gleichen Gedanken zu denken und ähnliche Handlungen durchzuführen.

Alle emotionalen Schmerzen und Traumata besitzen eine bestimmte energetische Komponente – destruktive Energie. Erst wenn diese gelöst wird, kann Heilung durch die eintretende Balance des Nervensystems geschehen. Denn die Energien unserer Emotionen und Glaubenssätze bestimmen die Chemie des Gehirns. Wir sind damit bei der eigentlichen Ursache unserer psychischen Erkrankungen angekommen, den Energien unserer destruktiven geistig-emotionalen Muster, die, solange wir schlafend sind, zerstörend auf unser zentrales Nervensystem und die mit ihm in Verbindung stehenden Organe wirken.

Damit wird klar, dass die Ursachen für unsere psychischen und körperlichen Erkrankungen auf der gleichen Ebene liegen – nämlich auf der geistigen Ebene, auf der Ebene unseres Bewusstseins. Mit dieser Bewusstwerdung öffnen sich auch die Wege für unsere Heilung, die bereits jeder, der wach genug ist, benutzen kann. Diese Wege sind so effektiv, dass sie in Zukunft enorme Mittel einsparen werden, die heute noch für die teilweise lebenslange Behandlung chronisch kranker Menschen eingesetzt werden.

Aber bleiben wir bei den psychischen Erkrankungen. Können die krankmachenden geistigen Muster gelöst werden, normalisieren sich die energetischen und biochemischen Prozesse im Gehirn, wodurch sich gleichzeitig die energetischen und stofflichen Prozesse der Organe des Körpers, für deren Regulierung das Nervensystem verantwortlich ist, ausgleichen. Auf diese Weise stellt sich zunehmend eine innere Balance zwischen Geist und Körper wieder her. Das ist die Hauptarbeit der medialen Psychologie. Sie ist in der Lage, die energetischen Muster wahrzunehmen und zu lösen. Dabei muss der Patient nicht einmal körperlich anwesend sein. Sie arbeitet in der Regel telefonisch und kann so Menschen auf einfache und unkomplizierte Art und Weise helfen, egal, wo sie leben.

Unsere „Neuen" Kinder, die Indigos-, Kristall- oder Sternenkinder, wie wir sie nennen, aktivieren und vervollkommnen ihre medialen Fähigkeiten jetzt hier auf der Erde. Und indem sie sich zuerst selbst heilen, programmieren und dekodieren sie ihre DNS neu. Damit erschließen sie sich ein gewaltiges Potenzial, das in jedem von uns angelegt ist, und werden gleichzeitig zu Heilern.

Ich erinnere mich noch an einen Termin meiner Tochter, als sie aus ihrem Zimmer kam und rief: „Wir sind durch, Mama! Das Thema ist aufgelöst." Sie erzählte mir daraufhin, wie sie es geschafft hätte, in fünf Telefonsitzungen zu je einer Stunde, eine Frau von ihren Selbstmordabsichten zu befreien. Das war für sie eine große Bestätigung. Zu diesem Zeitpunkt war sie selbst erst zwanzig Jahre alt. Seitdem sind bei ihr unglaubliche Fortschritte eingetreten, und obwohl sie in ihrem Alter in diesem Leben vieles selbst noch nicht erfahren konnte, hilft sie bereits Menschen aller Altersgruppen bei der Klärung und Auflösung ihrer psychischen Probleme und ermöglicht auf diese Weise geistige und körperliche Heilung.

Dabei werden Themen geklärt, die das aktuelle und auch vergangene Leben betreffen. Diese haben oft einen nicht unbedeutenden Einfluss auf Gegebenheiten, die im aktuellen Leben passieren. Lösen wir den Energieknoten aus der Vergangenheit, egal, wie lange es zurückliegt, werden wir frei davon.

Das zeigt die Möglichkeiten der medialen Psychologie, die uns helfen wird, auf der ursächlichen Ebene durch Heilung unseres Schmerzkörpers und destruktiver geistig-emotionaler Muster auch körperlich wieder heil zu werden.

Ich möchte Ihnen damit Mut machen, falls Sie sich in einer scheinbar ausweglosen Situation befinden und nicht weiter wissen. Sie müssen sich nicht damit abfinden, ständig Tabletten einzunehmen und mit verkrüppelten Gefühlen das Leben eines „Zombies", wie es manche Patienten beschreiben, zu führen, nur weil Ihnen die Schulpsychologie erklärt, es gäbe keinen anderen Weg. Jetzt gibt es andere Wege, die allen offenstehen. Der psychatrisch-medizinische Weg, der oft zu dauerhafter Behinderung führt, ist es nicht. Letztlich wird Ihr Weg davon abhängen, was Sie sich entschließen zu glauben. Das alte Modell, das auf Sand gebaut ist, oder das Modell, das zu Ihrer wirklichen Gesundung führt.

Wenn Sie sich für den Weg der Wahrheit entschließen, benötigen Sie eine Menge Mut, um Ihre Krankheit hinter sich zu lassen. Sie werden nicht daran vorbeikommen, Ihre Verwundungen zu heilen und auf diese Weise ein neues Gleichgewicht wiederherzustellen, das auch das biochemische Gleichgewicht normalisiert. Sobald Sie jedoch bereit sind, Selbstverantwortung für Ihren Zustand zu übernehmen, werden sich Türen und Wege öffnen, die Ihnen aus dieser Situation heraushelfen. Lesen Sie als Einstieg das im Anhang angeführte Buch von Ty C. Colbert (S. 53 „Die Wahrheit über die psychiatrische Medikation").

Wie klar T.C. Colbert den Zusammenhang zwischen emotionaler Verwundung und psychischer „Unnormalität" sah, zeigen auch seine abschließenden Aussagen am Ende des Buches, indem er schreibt:

„Psychische Erkrankungen als Krankheit zu betrachten verhindert, dass man den in unserer Gesellschaft existierenden Schmerz zur Kenntnis nimmt. Es verhindert aber auch, dass man lernt, einen kooperativeren, weniger verletzenden Weg im Umgang miteinander zu gehen. Wenn man den Schmerz aufspürt, der dem Verhalten der als schizophren Diagnostizierten zugrunde liegt, und sich dazu verpflichtet, diesen Menschen nach besten Kräften zu heilen, dann hat man mehr getan, als diesen einen Menschen zu heilen. *Man heilt einen potenziellen Heiler...*

Einen emotional gestörten Menschen „krank" zu nennen und seinen Schmerz mit Medikamenten zu blockieren bedeutet, jenes unschätzbare Geschenk zu verschmähen, das darin besteht, dass wir unseren eigenen Schmerz erkennen und von der Liebe anderer berührt werden... Wir tragen Verantwortung füreinander, und wir können nicht zulassen, dass das medizinische Modell diese Verantwortung umgeht; denn dann verlieren wir das, was unsere Gesellschaft zusammenhält: die Heilung aller verwundeten Herzen."[19]

Das Wassermannzeitalter wird uns die ganze Wahrheit offenbaren, und alles Überlebte, was uns noch nicht den Weg zur Heilung zeigen konnte, wird allmählich verschwinden. Gehen Sie davon aus, dass unser Körper ein intelligentes System ist, das die Mittel seiner Heilung bereits in sich trägt. Sie treten hervor, wenn wir aufhören, sie zu blockieren.

Indem wir uns auf der Leiter des Bewusstseins nach oben bewegen und uns dadurch von den destruktiven Energien der unteren Bewusstseinsebenen befreien, gehen wir den Weg unserer ganzheitlichen Heilung und erlangen Immunität gegenüber allen, heute bekannten Erkrankungen.

Das ist der entscheidende Paradigmenwechsel, der auch die anderen gesellschaftlichen Bereiche erfassen wird, nicht nur unser Gesundheitssystem. Bewusstwerdung und Erwachen sind der Schlüssel dazu.

Erwachen und Tod

Erwachen befreit Sie von der Illusion, dass der körperliche Tod unsere Auslöschung, unser Ende ist. Der Glaube an eine endliche Existenz ist Bestandteil des Dualitätsbewusstseins und löst sich mit dem Erkennen auch dieser Illusion auf. Nehmen Sie es als eine der freudigsten Botschaften an, und werden Sie sich bewusst, dass der Tod nicht wirklich existiert. Alles ist nur ununterbrochenes Leben in unterschiedlicher Schwingungsfrequenz – grobstofflich und feinstofflich. Eine kurze Weile bewohnen wir hier auf der Erde als geistiges Wesen einen Körper, und wenn wir diesen Körper am Ende eines Lebens wieder verlassen, sind wir für eine weitere Weile reiner Geist, bis wir uns erneut entscheiden, einen Körper zu bewohnen und auf die Erde zurückzukommen, so lange, bis wir auch diesen Kreislauf abgeschlossen haben.

Wenn Sie den Energieerhaltungssatz noch in Erinnerung haben, wissen Sie, Energie kann nicht verloren gehen, sie kann sich nur wandeln. Das, was wir als energetische Essenz sind, löst sich nicht auf. Im Moment unseres körperlichen Todes stirbt nur das Grobstoffliche, das Feinstoffliche, unsere Essenz, öffnet sich für ein neues Leben.

Wir alle hatten schon viele Leben, die nicht mehr zu zählen sind. Von einigen meiner eigenen Vorleben konnte ich Konkretes erfahren, wenn es für die Erlösung eines Themas im Jetztleben erforderlich war. Sie gingen zurück bis in die Zeiten von Jesus Christus, in die Zeit von Atlantis und noch weiter. Und was scheinbar unglaublich ist:

Die Menschen, mit denen ich heute zusammen bin, kenne ich oft schon aus früheren Inkarnationen (Leben). Nur die Rollen, die wir spielen, ändern sich. So war ich schon Kind von jemandem, für den ich heute Mutter bin, oder ich war Partner für jemanden, der heute mein Kind ist. Immer wieder entscheiden wir uns anscheinend für eine Inkarnation in der gleichen Seelengruppe, da wir auch nach unserem körperlichen Tod in diese Seelengruppe – unsere Seelenfamilie zurückfinden.

Meine Freundin Astrid, die ich schon seit sechsundzwanzig Jahren kenne, wurde zum Beispiel am selben Tag im selben Jahr wie ich geboren. Zufall, werden die meisten sagen. Aber schon ein ganz gewaltiger Zufall, oder? Von Anfang an hatten wir ähnliche Interessen und haben uns oft über neues Wissen ausgetauscht. Das begann mit den politischen Veränderungen in der Sowjetunion, als wir den bekannten „Sputnik" lasen, bis später, als wir herausfanden, dass wir in einem vergangenen Leben schon einmal Zwillingsschwestern waren. Diese Botschaft hielt unser Geburtsdatum nämlich für uns bereit.

Zufälle in dem Sinne, wie die meisten sich das vorstellen, gibt es nicht. Alles ist ein Energiespiel, das auf Resonanz oder Nichtresonanz beruht.

Meinen Vater, der im vergangenen Jahr starb, kannte ich bereits im Mittelalter. Es ändert sich also nur die Art der Beziehung, die wir miteinander eingehen. Aber wir kommen immer wieder.

Menschen, die sich heute mit ganz bestimmten Aufgaben für das Neue Zeitalter zusammenfinden, haben auch in früheren Leben oft schon solche Aufgaben gelöst. Wir wissen, dass Menschen hier sind, die bereits in Atlantis versucht haben, das Schlimmste zu verhindern, um es vor dem Untergang zu bewahren. Sie setzen heute ihre Fähigkeiten für den Aufstieg der Erde in die Neue Dimension ein, damit das Goldene Zeitalter des Lichts noch schneller kommen kann.

Nehmen Sie die Erkenntnis mit: Sie kommen immer wieder, und das, was Sie in diesem Leben scheinbar nicht mehr bewältigt haben, worüber Sie traurig sind, oder das Ihnen das Herz zerreißt, weil Sie es ungeschehen machen möchten, erwartet Sie wieder in Ihrem nächsten Leben. Sie können Ihren Lernaufgaben nicht davonlaufen. Sie haben die Aufgabe, es immer wieder „besser" zu machen, so lange, bis Sie kein Leid mehr erschaffen und zu Liebe geworden sind. Genau dann hat ein entscheidender Teil der tiefgreifenden Wandlung stattgefunden, die das Wassermannzeitalter für alle bereithält: vom Leiderschaffer zum Schöpfer von Liebe. Der Sinn besteht darin, dieses schon zu Lebzeiten zu erfahren.

Vergessen Sie den „Tod" als Ende unseres Lebens. Er existiert nicht. Er ist Bestandteil der Illusion, so lange wir daran glauben.

Wenn Sie das schwer akzeptieren können, lesen Sie von Neale Donald Walsch sein letztes Buch „Zu Hause in Gott – über das Leben nach dem Tod". In seinem Gespräch mit „Gott persönlich", also mit dem Bewusstsein selbst, erhält er alle Antworten auf Fragen zu diesem Thema. So schreibt er zu den Stadien des „Sterbens": „In drei Schritten der Re-

Identifikation erfahren wir den so genannten Tod. Im ersten Stadium erleben wir die Trennung vom Körper, verbunden mit der Überraschung, dass das Leben weitergeht und unser Wesenskern nicht mit dem Körper identisch ist. Im zweiten Stadium erleben wir, was wir glauben beziehungsweise, was wir erwarten: Hölle, Himmel, Ungewissheit, das Nichts, Erinnerungen an vergangene Leben usw.. Das dritte Stadium bringt die Verschmelzung mit der Essenz. Die Identifikation mit der Seele löst sich auf. Auf diese Erfahrung der Einheit erfolgt eine nächste Inkarnation."[20]

Der Augenblick der Verschmelzung der Seele mit der Essenz des Göttlichen ist unbeschreibbar. Neale Donald Walsch versucht, dieses dennoch zu beschreiben: „...es ist das Gefühl, herzlich umarmt, zutiefst getröstet, grundlegend geachtet, wirklich geschätzt, sanft genährt und absolut verstanden zu werden, voll und ganz Vergebung erlangt und vollständige Absolution erhalten zu haben, schon lange erwartet worden zu sein, voller Glück willkommen geheißen, absolut geehrt, voller Freude gefeiert und total beschützt zu werden, zu sofortiger Vollkommenheit gelangt zu sein und bedingungslos geliebt zu werden – alles auf einmal. Die Seele, die ohne das geringste Zögern oder Bedauern aber auch alles an Gefühl von individuellem Selbstsein aus sich entlässt, begibt sich in das Licht. Dort geht sie in so etwas Wunderbares ein, dass sie jeglichen Wunsch verliert, je etwas anderes kennenzulernen; sie schmilzt hinein in die atemberaubende Herrlichkeit der unendlichen Großartigkeit, unvergleichlichen Schönheit und unübertroffenen Vollkommenheit des Seins.

Wenn du vom Licht umfangen wirst, verschmilzt du mit deiner Seele. Du erkennst und weißt endlich, dass du nicht ein Körper und nicht ein Geist und noch nicht einmal nur eine Seele, sondern dass du alle drei bist. Darum geht es beim ganzen Todesprozess."[21]

Werden Sie wach und befreien Sie sich von Ihrer größten Angst, der Angst, nicht mehr zu sein – sie ist Illusion!

Ich bin der Schöpfer

Erwachen heißt, sich bewusst zu werden, dass man sein Leben und seine Lebensumstände selbst erschaffen hat und sie jeden Tag wieder neu erschafft. Es bedeutet gleichzeitig wahrzunehmen: Eine objektive Realität existiert nicht. Alles sind nur subjektive Welten, so viele, wie es Menschen gibt. Jede dieser subjektiven Welten ist die Widerspiegelung des inneren Seinszustands eines jeden Menschen. Eine so genannte objektive Realität ist Bestandteil der Illusion, der Matrix. Sie lebt nur so lange, wie wir schlafend sind, und löst sich auf, wenn wir erwachen.

Diese Bewusstwerdung verlangt von Ihnen die Akzeptanz, dass es keine zufälligen Umstände gibt. Alles, was Sie erleben, ist selbsterzeugt oder zumindest miterzeugt durch Ihr eigenes Energiefeld, gemeinsam mit den Energiefeldern der beteiligten Personen oder Umstände. Es verlangt die Akzeptanz: Ich habe meine Energie bewusst oder unbewusst dazu hergegeben, dass diese Situation aus der Möglichkeit in die Wirklichkeit treten kann. Und so lange wir schlafend sind, passiert dieses in der Regel unbewusst. Ohne Ihre Energie hätte die Situation so nicht erschaffen werden können. Nehmen wir ein einfaches Beispiel aus dem Leben. Eine Situation, die immer wieder in Ihrem Leben auftaucht, weil Sie seine Botschaft bisher noch nicht verstanden haben, sonst hätte sich die Illusion bereits aufgelöst, und das Ereignis wäre für immer verschwunden.

Das Beispiel:
Ihr Sohn sieht am Abend fern. Die Zeit für sein Zubettgehen ist bereits leicht überschritten. Ihr Partner fordert sie auf, dem Sohn klarzumachen, dass dieser endlich den Fernseher ausschalten und schlafen gehen soll. Sie merken, wie sich in Ihnen Widerstand aufbaut und sich dabei die Frage nach oben drängt: Warum sagt er ihm das nicht selbst. Bin ich etwa sein Laufbursche? Er ist doch der Vater und also auch erziehungs-berechtigt. Warum soll ich schon wieder gehen? Vielleicht rutscht Ihnen ja noch etwas in dieser Richtung heraus, woraufhin Ihr Partner – in Resonanz gehend mit ihrer allmählich aufsteigenden Wut – Ihnen erklärt, Sie seien unfähig, den Sohn „richtig" zu erziehen, oder Ihnen sei seine Erziehung gleichgültig. Das aktiviert noch mehr Wut, denn Sie haben aus Ihrer Sicht immer und oft die alleinige Verantwortung für die Erziehung der Kinder getragen. Sie schlucken trotzdem alles hinunter, weil Sie nicht wollen, dass sich die Situation noch mehr zuspitzt, und gehen, gegen Ihren Willen, zu Ihrem Sohn, um ihn an das Zubettgehen zu erinnern.

Nachdem Sie dieses getan haben, sehen Sie, dass er sich gerade einen lustigen Film anschaut, der auch Ihnen gefällt. Und da Sie heute nur gearbeitet haben, ohne etwas Gutes für sich zu tun, beschließen Sie spontan, sich den Film noch ein wenig mit ihm anzusehen. Es ist gleichzeitig die Gelegenheit, den Ärger aus dem Disput mit Ihrem Partner „zu vergessen". Sie sitzen also und amüsieren sich gemeinsam über den Film, da erscheint Ihr Partner plötzlich wütend in der Tür und lässt einen entsprechenden Kommentar ab. Der Abend ist verdorben. Sie fühlen sich irgendwie schuldig, nicht „richtig" gehandelt zu haben, glauben gleichzeitig aber auch, dass Sie ein Recht haben, sich frei zu entscheiden. Sie erkennen nicht, warum die Situation schon wieder eskalierte und Ihr Partner ärgerlich wurde, denn es war nicht das erste Mal. Immer wieder haben Sie Bauchschmerzen dabei bekommen und unbewusst Angst davor entwickelt. Aber Sie wissen nicht, warum. Vielleicht fragen Sie sich ja noch, warum tut das mein Partner mit mir?

Dieses Mal jedoch werden Sie etwas wacher und gewahr, dass es irgendwie mit Ihnen zu tun haben muss. Jetzt sind Sie bereit hinzuschauen. Vorher war das nicht möglich, weil Angst Sie daran hinderte. Sie gehen mit Ihrer Wahrnehmung zu sich selbst und fühlen plötzlich, sie führt Sie zurück in die Kindheit, in ein „Spiel" mit Ihren Eltern. Traurigkeit kommt nach oben. Weil Sie den tiefen Ursprung nicht erkennen, holen Sie sich Hilfe bei jemandem, der in Ihre Vergangenheit sehen kann. Und Sie erfahren, das Drama geht auf einen Glaubenssatz zurück, der wie folgt lautet: Ich habe es nicht verdient, in Ruhe gelassen zu werden. Da „sehen" auch Sie den ursprünglichen Zusammenhang, wie Sie als Kind von Ihren Eltern bei vielen Dingen „beeinflusst" wurden: Mach dies so, weil es besser ist, lass das sein, weil es nicht gut ist, tue dies jetzt sofort, obwohl Sie es gar nicht oder erst später tun wollten. Selten konnten Sie in Ruhe etwas tun, was nicht durch Ihre Eltern bestimmt wurde. Eigene Entscheidungen wurden oft durch sie zurückgenommen oder verändert. Sie ließen

Ihnen nicht die nötige Ruhe, damit Sie Entscheidungen treffen konnten, um aus den sich daraus ergebenden Erfahrungen zu lernen und sich zu entwickeln. Sie manipulierten Sie ununterbrochen auf Grund ihrer eigenen Angst, Sie könnten nicht das „Richtige" tun und später im Leben nicht zurechtkommen.

So lange schon glauben Sie unbewusst, dass Sie es nicht verdient haben, in Ruhe gelassen zu werden. Diese Glaubensenergie projizieren Sie wieder und wieder auf Ihr aktuelles Spiel mit Ihrem Partner. Damit leben Sie unbewusst eine Illusion, die so lange existiert, bis Sie sie endlich in ihrer ganzen Tiefe bereit sind anzuerkennen und zuzugeben. Sie selbst haben sie immer und immer wieder erschaffen, aus der Energie dieses unbewussten Glaubenssatzes! In dem Moment, wo Ihnen genau das bewusst wird, nehmen Sie diese Energie an, und sie kann sich durch das Licht Ihres Bewusstseins, was Sie ihr damit geben, auflösen. Sie können von nun an, unabhängig von der alten Energie, eine neue Entscheidung treffen. Sie wissen nun sicher, wenn sich das nächste Mal Ihr Mann mit dem gleichen Anliegen an Sie wenden sollte, denn er hat ebenso ein eigenes altes Thema damit, werden Sie nicht mehr in Resonanz gehen dazu, weil Sie gleichzeitig bei der Auflösung des Glaubenssatzes Ihre eigene Angst transformiert haben, die Angst, Entscheidungen treffen zu dürfen, ohne dass Ihnen jemand reinredet. Es war die kindliche Angst von „Was werden meine Eltern dazu sagen" – ein uraltes kindliches Muster. Sie sind frei davon und können beim nächsten Mal völlig neutral zum Ausdruck bringen, Ihr Partner möge das dem Sohn bitte selbst sagen. Sie haben auf diese Weise Ihr Verhaftetsein oder Ihre innere Bindung an die Emotion losgelassen und ein weiteres reaktives Verhalten abgelegt.

Viele solcher Glaubenssätze, Muster und Emotionen warten darauf, von Ihnen bewusst wahrgenommen zu werden, um sich endlich aufzulösen, denn Sie schöpfen, so lange Sie schlafen, aus diesen destruktiven Energiemustern die Illusion Ihres Lebensdramas. Und so lange Sie aus dem Drama schöpfen, bleiben Sie im Drama.

Es ist immer die Identifizierung mit einem alten Schmerzmuster, das durch Resonanz zu Ihrem Partner oder einer anderen, an der Situation beteiligten Person zu tun hat. Erlösen Sie das Schmerzmuster, gehen Sie den ersten Schritt in Ihre eigene Befreiung. Sie schälen gleichzeitig die Schicht ab, die Sie nicht wirklich sind. Es ist nur ein altes Muster – eine Programmierung, die dazu beigetragen hat, sich von Ihrem wahren Wesen zu entfernen, von dem, was Sie sind – Liebe.

Die Akzeptanz dieser Tatsachen ermöglicht es Ihnen, Erwachen vorzubereiten, indem Sie beginnen, Verantwortung für sich selbst und damit für alle Lebenssituationen zu übernehmen, denn Sie sind von Ihnen mit erschaffen worden. Sie kommen nicht weiter mit dem alten Spiel, indem Sie die „Schuld" und somit die Verantwortung bei Ihrem Partner, den Kindern, den Eltern, den Verwandten oder Umständen suchen. Das ist das Spiel der Illusion, und es ist vorbei. Das Wassermannzeitalter wird es hinwegfegen. An dieser „Messlatte" können Sie erkennen, wie tief Sie wirklich schlafen und wie weit Sie von der Realität und damit von der Wahrheit entfernt sind.

Die gute Nachricht oder Erkenntnis aus all dem ist: Sie brauchen nicht darauf zu warten, dass Ihr Partner oder eine andere Person sich ändert. Indem Sie beginnen, Verantwortung für sich selbst und Ihre Gefühle zu übernehmen, kommen Sie in die Kraft, die das alte Spiel beenden wird. Das lässt sich einfach erklären. Sie erlösen das Energiemuster in Ihrem Inneren, und es kann auf der Basis des Gesetzes der Resonanz nicht mehr mit anderen gleichartigen Energien resonieren. Ist die alte Angst oder der Schmerz erlöst, kann sie durch Ihren Partner oder eine andere Person nicht wieder aktiviert werden. Das ist so, als ob er eine Tür einschlagen will, von der er nicht weiß, dass Sie sie kurz zuvor aufgemacht haben. Er wird hindurchfallen und sich wundern. Er kann das alte Drama nicht mehr ausleben. Es existiert in Ihnen keine Resonanz mehr dazu. Das ist eine wichtige Entdeckung, die Erwachen mit sich bringt. Sie müssen nicht darauf warten, ob und wann Ihr Partner einen Schritt tut. Sie können sofort eigenverantwortlich an der Lösung Ihres eigenen Dramas arbeiten. Und der Erfolg ist Ihnen sicher.

Ich zeige Ihnen, wie Sie sich erste Erfahrungen in dem neuen Spiel schaffen können. Woran Sie erkennen können, dass Sie das alte Spiel spielen, ist Ihr innerer Widerstand gegen eine Situation, die in Ihr Leben tritt. Da Sie nun wissen, Sie selbst haben diese Situation geschaffen oder miterschaffen, bedeutet es nichts anderes, als dass

Sie Ihr Geschaffenes nicht annehmen wollen. Sie verhalten sich damit wie ein Kind, das etwas von ihm selbst Gebautes (Erschaffenes) nicht haben will, sondern lieber das, was ein anderes Kind gebaut hat. Dieses scheint nämlich viel schöner zu sein.

Aber so funktioniert Schöpfung nicht. Und deshalb müssen Sie zuerst einmal bereit sein anzunehmen, was Sie selbst erschaffen haben. Das heißt, sie kommen nicht umhin, jede Lebenssituation anzunehmen und mit dem kindlichen Widerstand aufzuhören. Stellen Sie sich weiter gegen bestimmte Lebenssituationen, dann tun Sie nichts anderes, als sich gegen sich selbst zu stellen. Und genau damit blockieren Sie sich und kommen nicht weiter, sondern erleben mit wenigen Abweichungen immer wieder dieselben Situationen. Sie können erst dann Fortschritte machen, wenn Sie den Widerstand beenden und bereit sind hinzuschauen, wo dieser Widerstand herkommt – zu den alten Mustern, Ihrem illusorischen Selbst, Ihrem EGO. Denn das EGO ist der größte Widerständler. Es ist genau der Teil von uns, der ohne Bestimmung oder Bedeutung ist und deshalb aufgelöst werden wird in dem neuen Spiel. Auf dem Weg seiner Auflösung verlassen wir die Rolle eines unbewussten Leiderschaffers und treten ein in die Rolle eines bewussten Schöpfers von Liebe. Das ist der neue Erfahrungszyklus, der uns jetzt bevorsteht. Freuen Sie sich darauf!

Sie wissen jetzt also, dass Sie die Erfahrungen Ihres Lebens verursacht beziehungsweise mitverursacht haben.

Sie sind derjenige, der sie erschafft, um sie dadurch erfahren zu können. Es gibt kein „objektives Leben" außerhalb von ihnen. Ich selbst erschaffe, was ich dadurch erfahre, indem ich in die Erfahrung eintrete und sie sozusagen in Besitz nehme. Ich war schon immer der Schöpfer meines eigenen Lebens. Wenn das die Wahrheit ist, folgt daraus, dass ich mir jede beliebige neue Erfahrung schaffen kann, um sie dadurch leben zu dürfen. Ich bin Erschaffer und Erfahrender gleichzeitig. Das Einzige, was mich oft davon abhält, ist Angst – ein altes Muster. Deshalb wird der größte Fortschritt dann erreicht, wenn ich die Angst durchschreite, so lange und so oft, bis keine Angst mehr da ist. Denn da, wo mein Drama erschaffen wurde, kann es nicht beendet werden. Ich muss die destruktiven Energieebenen verlassen, die durch Angst bestimmt sind. Erst dann kann ich auf der großen Bewusstseinsleiter nach oben klettern und zum bewussten Schöpfer werden.

Ich bringe noch eine zweite Situation aus dem Leben, die sich wenig später nach der Auflösung des Glaubenssatzes „Ich habe es nicht verdient, in Ruhe gelassen zu werden", ereignete. Die Situation war sogar identisch. Sohn beim Fernsehen, Mutter ebenso im Wohnzimmer. Vater ärgerlich, weil Sohn die Aus-Taste nicht findet. Vater schaltet selbst aus. Die Atmosphäre ist gestört. Sohn geht zu Bett. Mutter spürt tiefe Traurigkeit in sich aufsteigen.

Sie nimmt durch Selbstbeobachtung und Fühlen wahr, dass die Situation sie in ihre Kindheit zurückbringt, in ein Stadium, in dem sie noch klein war. Sie lässt die Traurigkeit zu, die noch größer zu werden scheint. Sie bemüht sich um liebevolle Annahme. Es wird etwas leichter. Sie fühlt jedoch, tiefer gehen zu müssen, um an die ganze Ursache zu kommen. Allein schafft sie es nicht. Sie holt sich am nächsten Tag Hilfe.

Die medial Sehende, mit der sie telefoniert, führt auf ein Ereignis zurück, bei dem sie als sechsjähriges Kind eine Entscheidung für sich getroffen hatte, die durch die Oma mit Gewalt zurückgenommen wurde. Als Kind ist sie mit einer Gruppe junger Menschen durch den Wald fast bis in den nächsten Ort mitgegangen, weil die Menschen so fröhlich waren und sie sich in einen der Jungen verliebt hatte. Die Oma, aus eigener Angst heraus handelnd, verprügelt sie dafür. Es entsteht ein Schock, der das Muster einprägt: Ich darf Entscheidungen nicht für mich treffen! Dieser Schock lässt das Kind ab diesem Zeitpunkt vorsichtig werden und bei eigenen Entscheidungen immer auf die Interessen anderer Rücksicht nehmen, aus Angst, Eltern oder Großeltern könnten nicht damit einverstanden sein und es wieder körperlich maßregeln.

Die Lösung dieses alten Musters wird durch Sprechen und Fühlen folgendermaßen vorgenommen (gekürzt):

„Ich segne das Gefühl, zu schwach zu sein, eigene Entscheidungen zu treffen. Ich segne das Gefühl von Schwäche. Ich lasse das Gefühl von Schwäche in Liebe los, in allen Zellen, auf allen Ebenen. Ich wollte nicht weit weggehen und hatte vor, wieder zurückzukommen. Ich segne meine Schuldgefühle, die Oma mir einreden wollte.

Ich gebe meiner Oma ihre Schuldgefühle wieder zurück, denn es sind ihre, aus ihrer eigenen Kindheit, die sie auf mich projiziert hat.

Ich erlaube mir jetzt, eigene Entscheidungen zu treffen, auch wenn das anderen nicht gefällt. Ich segne den Druck, der dadurch in mir entstanden ist. Ich übergebe den ganzen Druck meinem Schutzengel. Ich bedanke mich bei meinem Mann, dass er das Thema berührt und die alte Wunde geöffnet hat."

Auf dieses frühkindliche Thema legen sich im Laufe des Lebens gleichartige, weil gleichschwingende Erfahrungen, die mit diesem Muster übereinstimmen. So wickeln wir um unser wahres Sein Schichten von Illusionen. Wahre Entwicklung und Heilwerdung ist somit Abwicklung genau dieser Schichten, die nur aus Energien und Glaubenssätzen bestehen, die uns oft sehr schmerzvoll eingeprägt wurden.

Eigene Entscheidungen zu treffen ist für viele Menschen, die in einer Partnerschaft leben, und besonders auch für Frauen, ein Problem, denn wir alle tragen solche oder ähnliche Muster mit uns herum. Aus Angst, der Partner könnte mit den Entscheidungen, die wir für uns selbst treffen, nicht einverstanden sein, erlauben es sich Frauen nicht, nur für sich zu entscheiden. Sie unterdrücken oft eigene Wünsche und Ziele, weil sie glauben, nur Entscheidungen im Sinne der Kinder und des Partners sind „richtige" Entscheidungen, und haben ein schlechtes Gewissen, etwas nur für sich alleine zu wollen und dann auch zu verwirklichen. Und wenn sie es tun, kommen sie sich egoistisch dabei vor. Es macht ihnen ein flaues Gefühl im Magen, als ob sie dieses nicht dürften. Viele Frauen, insbesondere ältere und auch meiner Generation, haben sich dabei in den Entscheidungen für den Partner, die Kinder, den Beruf und die Gesellschaft verloren. Vieles von dem, was sie gerne tun würden, erlauben sie sich nicht, weil sie ein schlechtes Gewissen, Angst, Schuld- oder Schamgefühle haben oder in einer Opferrolle gefangen sind. Wachen Sie auf, es sind nur alte Muster und alter Schmerz!

Als ich die Entscheidung traf, dieses Buch zuerst fertigzustellen, bevor ich mich einer anderen wichtigen Aktivität mit ganzem Einsatz widme, rechnete ich nicht damit, dass mein Mann sauer reagieren und auch mein Sohn kein Verständnis dafür haben würde. Ich war total überrascht und eigentlich traurig. Heute, nach zwei Monaten, hat mein Mann sich daran gewöhnt, und mein Sohn unterstützt mich, indem er mich zum Schreiben motiviert. Beginnen Sie, eigene Entscheidungen zu treffen und durchzuführen. Dinge, die Ihr Herz zum Klingen bringen, die Sie sich schon lange versagt haben oder nicht trauten, oder bei denen Sie überlegten, was wohl Ihr Partner dazu sagen könnte. Gehen Sie durch das alte Muster und die Angst, die Sie scheinbar davon abhält. Erkennen Sie, genau dahinter erwartet Sie Freiheit. Tun Sie etwas nur für sich alleine und haben Sie Spaß daran. Das ist ein erster wichtiger Schritt für Entwicklung. So lange wir das nicht lernen, bleiben wir immer nur die eine Hälfte von einem

Wir, anstatt ein Ich oder ein Selbst zu sein. Meine Tochter sagte mir: Wir kommen alleine, und wir gehen alleine, und wir treffen auch alleine unsere Entscheidungen! Erst mit den Entscheidungen für uns selbst kommt unser Leben in Fluss und hört auf, sich im Kreis zu drehen, und wir hören auf, auf der Stelle zu treten. Wir finden heraus aus der Abhängigkeit, nur die Hälfte von einem Wir zu sein.

Erwachen und Emotionen

Das Spiel, das ich in den letzten Kapiteln beschreibe, ist das Spiel unserer emotionalen Befreiung und Heilung. Es ist das wichtigste Spiel, das hier auf der Erde stattfinden wird, denn bevor es nicht stattgefunden hat, kann der menschliche Wahnsinn nicht beendet werden. Es bringt uns auf der großen Leiter des Bewusstseins viele Stufen nach oben und führt uns ins Licht.

So lange wir diese Bewusstwerdung nicht erlangen, bleiben wir alle ein bisschen ver-rückt, sind nicht in unserer Kraft und deshalb in einem unnormalen Zustand. Das Wort Emotion kommt aus dem Lateinischen und ist von „emovere" abgeleitet, was Störung bedeutet. Immer, wenn Sie leiden, depressiv sind, wütend werden, Ihnen vielleicht die Hand ausrutscht, Sie jemanden verbal angreifen, ihn zwingen, etwas zu tun und dabei erregt, ärgerlich oder wütend sind, laut werden, weil es Ihnen reicht, Angst haben, obwohl niemand Sie körperlich angreift, traurig sind, alles in Ihrem Leben leer und sinnlos finden, glauben, andere seien bestimmt viel glücklicher als Sie, dann sind Sie mit einer alten schmerzlichen Emotion identifiziert, mit einer Störung, und sind selbst gestört. Je nach Grad der Identifizierung und Stärke der alten Emotion sind Sie „ver-rückt", nicht bei sich selbst, nicht in Ihrer Mitte, nicht im Jetzt.

Es gibt keine wirkliche Grenze zwischen ein bisschen und völlig verrückt (reif für die Anstalt). Zwischen beiden besteht kein qualitativer Unterschied. Es ist lediglich ein quantitativer Unterschied vorhanden. Je mehr „Verrücktheit" vorhanden ist, desto mehr Schmerz haben Sie erlitten, desto mehr Traumatisierung erlebt, oder desto früher hat die Traumatisierung begonnen. Je mehr mussten Sie von sich abspalten und verdrängen. Kommen Sie mit Ihrem Leben nicht klar, leiden Sie oder sind Sie nicht glücklich, finden Sie keinen Partner, der zu Ihnen zu passen scheint, haben Angst, eine neue Beziehung einzugehen oder bleiben in der neuen Beziehung auf Abstand, betrügen Ihren Partner, glauben, nur mit mehreren Partnern Glück zu finden, kaufen sich Sex, jagen ständig äußeren Befriedigungen oder scheinbar glücklich machenden Situationen hinterher, sind süchtig (wobei alles zur Sucht werden kann – essen, trinken, fernsehen, Computerspiele, Glücksspiele, Arbeit, Drogen, Süßigkeiten, exzessiver Sport usw.), sind auf der Jagd nach Besitz und Geld, dann ist es Zeit, endlich aufzuwachen und sich dem zu stellen, was die Ursache dafür ist: Ihren eigenen ungeheilten Emotionen, Ihrem Schmerzkörper mit den dazugehörenden geistigen Mustern. Sie sind aufgefordert, sich Ihrer eigenen „Verrücktheit" zu stellen. Sonst wird Ihr weiteres Leben davon bestimmt werden.

Sie versuchen, sich mit Illusionen abzulenken und laufen unbewusst vor sich selbst weg. Aber es gibt kein Entrinnen. Sie werden immer wieder auf sich selbst zurückgeworfen werden. Mit jeder Beziehung, die Sie verlassen, tun Sie zum Beispiel genau das. Und mit jeder neuen Beziehung, die Sie eingehen, werden Sie wieder auf sich selbst zurückgeworfen, solange, bis Sie entweder endlich aufwachen oder die Illusion sich noch mehr verfestigt, dass

Sie oder die Partner nicht beziehungstauglich sind und Sie vielleicht sogar letztlich allein Ihr Dasein fristen und nur ab und zu die Kinder zu Besuch haben. Können Sie wahrnehmen, was Ihr EGO dazu zu sagen hat? Das ist die Stimme der Illusion, der Sie gerade Ihr Gehör schenken. Denn nur Ihr EGO erhebt diese Illusion zur Wirklichkeit und erklärt umgekehrt die Wirklichkeit zur Illusion.

Als ich an dem Punkt war, wo ich es nicht mehr aushielt und in eine Sackgasse geraten war, kaum noch Luft zum Atmen bekam, so sehr hatte ich mich in meine eigene Illusion verstrickt, da wollte ich vierzehn Tage einfach nur raus, weg von den Problemen in Beziehung und Familie. Und in genau dem Moment, als ich diesen Entschluss fasste, schoss es wie ein Lichtstrahl durch mich hindurch: Du läufst nur vor dir selbst weg! Diese tiefgreifende Erkenntnis holte mich schlagartig in die Wirklichkeit zurück. Ich wachte ein Stück weiter auf und erkannte, da, wo du jetzt bist, hast du die größte Chance, das Problem zu klären: nämlich in dir selbst. Das ganze Dilemma hängt mit dir selbst zusammen.

Diese Entscheidung, mich dem wirklichen Problem zu stellen, brachte alles ins Rollen. Ich habe es am Anfang des Buches kurz beschrieben. Ich begann mit dem Spiel, der alte Schmerz brach sich seine Bahn nach außen. Ich begann mit der Erlösung der Emotionen. Unsere Tochter war zuerst die entscheidende Kraft, durch die ich loslassen konnte, weil sie die uralten Themen meiner Kindheit wahrnahm und mit mir zur Erlösung brachte. Als ich begann, war es sehr schmerzlich, aus dem Verdrängen in das Fühlen längst vergessen geglaubter Emotionen zu gehen. Nichts davon war über die Jahre verlorengegangen. Aller Schmerz, den ich erlebt und verdrängt hatte, wollte endlich angenommen werden, um in meinem Herzen zu heilen.

Als ich begann, befand ich mich immer noch in dem Glauben, auch mein Partner müsste doch endlich etwas tun. Obwohl ich bereits Erkenntnisse und erste eigene Erfahrungen hatte, glaubte ich immer noch der Illusion, erst dann wirklich glücklich sein zu können, wenn auch mein Partner sich ändern würde. Ich vertraute meinem Prozess noch nicht. Ich konnte noch nicht fühlen, dass ich alles selbst in der Hand hatte, was nötig war, um meine alten Verwundungen zu heilen und meine Eigenliebe wiederzufinden. Meine Tochter sah die Veränderungen schon deutlich, die ich noch nicht wahrnahm. Und auch als ich selbst wahrnahm, dass es leichter wurde, vertraute ich immer noch nicht meiner eigenen Kraft. Wie viel davon mussten wir abgeben, um auf die Stufe zu sinken, auf der ich begann! Wie viel wirkliche Kraft ist uns genommen worden in unserer Kindheit!

Eine gute Freundin sagte mir damals, als ich schon mehrere Monate den inneren Weg ging, zu Beginn des Jahres, auf meine Frage, wie lange der Prozess noch dauern würde: Im Sommer bist du durch! Und tatsächlich ging zum Ende des Sommers die Sonne auf. Ich wurde herausgehoben aus den Energiefeldern, die uns unsere Kraft rauben, in eine Ebene des Lichts, wo jeden Tag die Sonne scheint. Erst da konnte ich es glauben, dass die Kraft, die keinen Namen hat und die alles bewegt, in mir ist. Jeder, auch Sie, kann sie in seinem Inneren finden, wenn er bereit ist, da hinzuschauen, wo die verdrängten Emotionen und Muster sitzen, um sie wahrzunehmen und zu erlösen. Dazu ist jeder fähig, unabhängig davon, ob sein Partner Veränderungen herbeiführt. Wir haben es alle selbst in der Hand, diese Entscheidung zu treffen, und es gibt bereits von vielen Seiten Unterstützung. Sie sind schon lange nicht mehr der erste Spieler. Wenn Sie bereit sind, steht Ihrer eigenen Befreiung, außer Ihre Angst und vielleicht Ihr alter Glaube, nichts mehr im Wege. Wagen Sie diesen entscheidenden Schritt!

Die neue Psychologie, die im Entstehen ist, zeigt uns den Weg, der uns endlich auf den Pfad der Wahrheit führt, der Wahrheit über uns selbst. Was auf diesem Weg für jeden Einzelnen, und damit für die Menschheit, wirklich passieren wird, können sich zurzeit nur wenige vorstellen. Die Menschen werden endlich heil werden, heil von den Verwundungen, die bis dahin ihr gesamtes Leben bestimmt haben, heil von allen psychischen Abnormitäten. Das ist auch die Basis für unsere körperliche Heilung!

Mit der inneren Arbeit der Klärung unserer Emotionen und alten Glaubensmuster haben wir eines der mächtigsten Werkzeuge in der Hand, uns selbst aus dem Leid und Unglücklichsein herauszuziehen und die Transformation unseres EGOs einzuleiten.

Ich erinnere mich noch, als unsere Tochter mir eines Tages sagte: „Weißt du, Mama, mit meiner Arbeit programmiere ich die DNS um." Das war eine unglaubliche Aussage für mich. Die Arbeit der Heilung unserer schmerzlichen Emotionen und Muster programmiert unsere DNS um! Kristin wusste das aus ihrer Verbindung mit der Quelle. Mein Verstand wollte eine Erklärung. Ich weiß nicht mehr, was der Anlass war, aber ich gelangte eines Tages auf die Webseite des Instituts für holistisches Bewusstsein, auf der ich genau diese Erklärung fand:

Unser Körper wird einerseits durch unsere Emotionen geformt, und gleichzeitig beeinflusst er unsere Emotionen. Wir haben eine emotionale DNS, die auch als das emotionale Zellgedächtnis bezeichnet wird. Diese hat mit der physischen DNS auf der Basis von Resonanz eine wechselseitige Beziehung. Lange glaubte man, unsere physische DNS ließe sich nur durch Genmanipulation verändern. Aber das ist nicht die Wahrheit. Da unsere emotionale DNS gemäß dem Resonanzprinzip auf mentale, körperliche, familiäre und akustische Schwingungen, und somit auf Sprache, reagiert, wird klar, dass wir unsere physische DNS in dem Maße verändern können, wie wir unsere Emotionen verändern, sowie die mit ihnen im Zusammenhang stehenden geistigen Muster. Diese Emotionen, die sich wie eine Schicht um unsere physische DNS gelegt haben, können geklärt oder gelöst werden. Damit verändert sich unsere emotionale DNS, was wiederum eine Veränderung der physischen DNS nach sich zieht.

Was bedeutet das? Es bedeutet, dass wir eine Intelligenz in uns tragen, ein mächtiges Werkzeug, das es uns ermöglicht, in der inneren Arbeit mit unseren Emotionen unsere physische DNS zu verändern und unser wirkliches Potenzial zu öffnen. Erinnern Sie sich an die Leiter des großen Bewusstseins von David R. Hawkins: Indem wir durch Klärung unserer Emotionen auf dieser Leiter aufsteigen und dadurch fähig werden, immer mehr Liebe und Mitgefühl auszudrücken, öffnen wir uns unserem höchsten Potenzial und nähern uns unserer Meisterschaft. Wenn wir zu Liebe und Mitgefühl geworden sind, werden Krankheit und Leid vergehen, denn die Energiefelder, in die wir dadurch gelangen, sind heilend und lebenserhaltend. Unser physischer Körper wird davon so beeinflusst, dass er von innen heraus gesunden kann. In diesem Prozess, der bereits begonnen hat, werden alle alten destruktiven geistig-emotionalen Muster aus ihrer verdichteten Schwingung „herausgerüttelt" und somit unser Körpersystem an eine höhere Schwingungsebene angeglichen. Die schwächeren Magnetfelder der Erde unterstützen diesen Prozess des Loslassens. Unsere energetische Einbindung in die alten Muster wird auf diese Weise „gelockert". Dabei kann es in der Übergangsphase durchaus zu heftigen emotionalen Reaktionen kommen, und unsere Beziehung wird stärkeren Belastungen ausgesetzt sein.

Das Wissen darüber kann Ihnen sehr hilfreich sein, wenn Sie bereit sind, sich auf den Prozess einzulassen. Warten Sie deshalb nicht auf äußere Ereignisse, die irgendwann ablaufen sollen, wie zum Beispiel einige auf das Jahr 2012 warten. Die äußeren Ereignisse sind Ausdruck unserer inneren Veränderungen. Wie innen, so außen! Der Wandel findet in Ihnen statt, und Sie können diesen Wandel bewusst beschleunigen, wenn Sie mit der Klärung Ihrer Emotionen beginnen und alte, lebensschwächende Programmierungen loslassen. Sollten Sie vielleicht in dem Glauben sein, diese Dinge würden sich in der neuen Schwingung von selbst erledigen oder Sie kämen da schon irgendwie drum herum, dann machen Sie sich auf eine Überraschung gefasst! Auch in der neuen Schwingung werden wir uns mit unseren wunden Punkten so lange weiterbeschäftigen müssen, bis wir sie transformiert haben. Genau das wird die Zeitenwende hervorbringen. Ihre Emotionen weisen Ihnen den Weg und sind der Schlüssel zum neuen Bewusstsein. Das ist der Aufstieg der Erde und die Auferstehung der Menschheit.

Ich fasse noch einmal zusammen:
Die Klärung und Erlösung destruktiver geistig-emotionaler Muster, und damit unserer zentralen Ängste, sind das mächtigste Werkzeug, das wir für unseren Aufstieg haben. Dieser innere Prozess ist das bedeutsamste Ereignis unserer Evolution, das jetzt bevorsteht. Es wird die grundsätzlichen Probleme lösen, die die Menschheit zur Zeit bewegen, denn es wird uns aus der Illusion der Getrenntheit in die Einheit, zu Gott, zurückführen, gleichzeitig unser EGO transformieren und uns selbst und unsere Beziehungen heilen. Indem wir in Resonanz gehen mit der neuen Schwingung der Erde und des Kosmos, heilen wir

alle niederen dualen Frequenzen unserer DNS (die Emotionen der unteren Bewusstseinsebenen) und heben die Energie unserer Emotionen auf die höchste Schwingungsebene, die Ebene der bedingungslosen Liebe. Damit stellen wir den Urzustand unseres Seins wieder her. Dieses neue Bewusstsein benutzen wir zur Erschaffung einer neuen Erde und finden unsere Vollendung im Goldenen Zeitalter des Lichts.

Das Vorspiel

In den Kapiteln über Gesundheit haben Sie erfahren, dass Erwachen notwendig ist, um unsere Gesundheit wiederherzustellen und gleichzeitig natürlich unsere Lebensspanne zu verlängern. Sind wir uns der zerstörenden Energiefelder bewusst geworden, unter denen Krankheit Realität wurde, und verlassen diese, wird es nichts mehr geben, was wir gegen uns selbst richten können. Krankheit vergeht und wird nicht mehr die Ursache für unseren Tod sein. Stellt sich die Frage: Werden wir dann noch altern im herkömmlichen Sinne? Alterung, wie wir sie bisher verstanden haben, ist Selbstzerstörung. Wenn wir sie beenden, werden wir dann ein ganzes Leben lang gesund und ohne nennenswerte Alterung einfach nur glücklich sein und unserer Evolution folgen, die wir dann klar vor Augen haben?

Wer oder was entscheidet dann, wann wir auf die andere Ebene überwechseln und unseren stofflichen Körper verlassen? Unser Bewusstsein?! Unser „freier" Wille, der dann eins ist mit dem göttlichen Willen? Eine schöne Vorstellung. Aber bis dahin haben wir noch ein wenig Zeit. Außerirdische Zivilisationen, wie zum Beispiel die Sirianer – eine humanoide Zivilisation, die den gleichen Ursprung wie die Erdenmenschheit hat – haben ähnliche Prozesse, wie wir sie jetzt erleben, schon vor Millionen Jahren abgeschlossen. Sie leben ohne nennenswerte Alterung 3.000 – 4.000 Jahre in einem Leben. Alle Fragen, die wir heute dazu haben, werden sich bis dahin von selbst beantwortet haben, da Wahrheit mit unserem Bewusstsein zusammenhängt und sich durch unseren Aufstiegsprozess zu erkennen gibt. Ich weiß zutiefst, dass es auch für die Menschheit einmal so sein wird, und das ist eine wundervolle Vorstellung.

Die Aufgabe, die wir jetzt zu bewältigen haben ist, den Leiderschaffungsprozess zu beenden. Jeder für sich hat diese Aufgabe und wird sie auf unterschiedliche Art und Weise bewältigen. Damit trägt er bewusst oder unbewusst Verantwortung für den gesamten Prozess. In diesem kommen wir nicht daran vorbei, uns uns selbst zu stellen, mit allem, was wir sind.

Je höher die Bewusstseinsebene wird, in die wir uns hineinbewegen, desto tiefer werden wir gleichzeitig hinabsteigen müssen in unsere eigene Unterwelt, unseren Schmerzkörper oder unsere Schatten. So, wie es uns durch Odysseus und alte Sagen und Mythen vermittelt wird. Wir kommen nicht daran vorbei, uns unsere eigene Dunkelheit anzusehen, die gleichzeitig auch unser „Schlaf" ist. Wir sind dazu aufgefordert, diese bewusst wahrzunehmen, sie auszubalancieren und sie durch die Kraft und das Licht unseres Bewusstseins zu heilen. Das ist der Initiationsprozess hier auf der Erde, für den wir heute keine speziellen Tempel mehr benötigen, wie in früheren Zeiten, zum Beispiel im alten Ägypten. Die Erde selbst stellt uns die nötigen Energien zur Verfügung. Wir können diesen Prozess durch die Herausforderungen und Spiegel, die unser eigenes Leben bereithält, durchlaufen und die Polaritäten, die unser Leid und unseren Kampf hervorrufen, in unserem Inneren wahrnehmen und erlösen. Dadurch werden sich unsere Schwingung und unser Bewusstsein auf eine neue Ebene heben, und wir werden schließlich frei und bereit für die höheren spirituellen Mysterien. Diese sind weder irrational noch religiös, sondern unser wirkliches menschliches Potenzial auf den höchsten Ebenen des Bewusstseins, das wir hier auf der Erde erlangen können.

In den nachfolgenden Kapiteln beschreibe ich Ihnen eine Möglichkeit, wie Sie Ihren eigenen Initiationsprozess eröffnen und das Spiel in Gang setzen können. Sie war neben anderen Möglichkeiten, die ich gleichzeitig genutzt habe, die einzige, die ich ohne Hilfe von außen täglich für alle Situationen in meinem Leben, die mir Probleme bereiten, anwenden konnte, als ich bereit war, nach innen zu schauen. Es kann für Sie ein Anfang sein.

Seien Sie sich bewusst, dass es nichts ist, was sie vierzehn Tage tun werden, um danach damit aufzuhören. Wenn Sie wirklich bereit sind, die Probleme in Ihrem Leben endgültig und für alle Zeit zu lösen, werden Sie etwas mehr Geduld benötigen. Und Sie werden vielleicht auch zusätzlich Hilfe in Anspruch nehmen müssen, weil Sie sich immer wieder selbst hintergehen wollen in diesem Spiel und Ihnen jemand durch diese Hintergehungssituationen hindurchhelfen muss. So jedenfalls war es bei mir. Und so habe ich mir Hilfe geholt, wann immer ich sie benötigte, und mich dabei auf fähige, medial begabte Menschen gestützt. (Meine besten Adressen finden Sie im Anhang.)

Hätte ich schon früher gewusst, dass es der Weg ist, um glücklich zu werden, wäre mir sehr viel Zeit erspart geblieben. Aber was sind zwanzig oder dreißig Jahre, bezogen auf ein beinahe unendliches Lebenspotenzial. Sie jedenfalls brauchen nicht mehr auf „Umwegen" das Ziel zu suchen. Es wurde bereits gefunden. Das Ziel sind Sie selbst. Sie können einen Teil meines Weges nutzen oder andere Wege verfolgen. Ich weiß, es wird immer effektivere geben. Die Entscheidung, den Weg endlich zu beschreiten, kann Ihnen jedoch niemand abnehmen. Wann Sie diese Entscheidung treffen, ist Ihre freie Wahl, und diese Wahl wird richtig sein.

Die Spielbasis

Ziel ist es, aus der Kelleretage in das Erdgeschoss zu gelangen, das heißt, aus dem relativen Schlafzustand in das erste, wirkliche Wachbewusstsein. Zum besseren Verständnis werde ich hier G. I. Gurdjieffs Überblick über die grundlegenden Bewusstseinsebenen aufnehmen.

G. I. Gurdjieff, war einer der einflussreichsten und bahnbrechendsten Lehrer des 20. Jahrhunderts. Sein Lebensziel war es, eine Glocke zu läuten, deren Klang andere wecken würde, um der Menschheit zu zeigen, wie sie in miteinander verbundenen Mustern individueller Neurosen und kollektiver Psychosen schläft. Seine Glocke hat mich weiter erwachen lassen.

Die erste Ebene des Bewusstseins ist der Nachtschlaf des Menschen, der niedrigste Bewusstseinszustand. Der zweite Bewusstseinszustand ist das normale Tagesbewusstsein. In diesem Zustand sind wir zwar in Bezug auf den Nachtschlaf wach, diese Wachheit ist jedoch nur relativ, weil wir meist reaktiv und instinktiv handeln. Wir bleiben in diesem Zustand Gefangene unserer selbst, weil alte Programme und Schmerz uns steuern. Es ist zu Anfang schwierig, diesen Zustand als einen von nur relativer Wachheit anzusehen, wenn wir jedoch mit der Selbstbeobachtung beginnen, sind wir erschreckt von dem, was wir sehen.

Der dritte Bewusstseinszustand ist das Bewusstsein von uns selbst, wo wir anfangen, unsere reaktiven Handlungsweisen zu erkennen und uns über unser automatisches Selbst erheben. Es ist der erste Wachzustand.

(Dieser beginnt nach unseren Testungen gemäß der Skala nach Dr. Hawkins ab einem Messwert 255 oberhalb von „Neutralität".)

Der vierte und höchste Zustand ist das objektive Bewusstsein. Wir sehen alle Dinge ungefiltert, wie sie wirklich sind. Dieser Zustand kann kaum in Worten beschrieben werden, weil er eine Erfahrung des Einheitsbewusstseins ist, in dem wir eins mit Gott, mit der Quelle allen Seins, sind. Die bekannteste Bezeichnung dafür ist Erleuchtung.

Jesus sprach: ... wenn ihr euch erkennt, (*eure eigene Göttlichkeit),* dann werdet ihr erkannt werden, und ihr werdet wissen, dass ihr die Söhne des lebendigen Vaters seid. Wenn ihr euch aber nicht erkennen werdet, dann seid ihr in Armut, und ihr seid die Armut."[22]

Wir schaffen uns jetzt, nachdem wir wissen, wo es hingehen soll, nämlich in den dritten Bewusstseinszustand, das erste Wachbewusstsein, eine Spielbasis. Die Spielregel haben Sie noch in Erinnerung: Unterscheide, was Illusion und was Wirklichkeit ist, und indem du das unterscheiden kannst, löst sich die Illusion auf, und die Wirklichkeit wird sichtbar.

Das ist der Punkt, wo ein „Verrückter" erkennen wird, dass er „verrückt" ist, oder ein „Schlafender", dass er „schläft".

Verstehen Sie die Basis nicht oder können diese nicht akzeptieren, werden Sie noch etwas länger Ihr eigener Gefängnisinsasse bleiben beziehungsweise schlafend oder unbewusst sein und sich selbst im Weg stehen. Ich betone das so, weil Sie mit der Akzeptanz dieser Basis alles, was Sie bisher über sich geglaubt haben, vom Kopf auf die Füße stellen werden, um sich später einzugestehen, dass Sie in einer Illusion von sich selbst gelebt haben. Vielleicht protestiert jetzt Ihr EGO? Damit wissen Sie, dass es Sie fest im Griff hat und Ihr Wächter, der Verstand, unbedingt verhindern will, dass Sie mit dem Spiel beginnen. Er betrachtet das Ganze nämlich als höchst gefährlich.

Die Spielbasis besteht aus zwei entscheidenden Fundamenten. Das erste Fundament ist die Erkenntnis, dass alle Gefühle, die Sie fühlen, nur ihnen selbst gehören. Ebenso ist es mit dem, was Sie ablehnen, mit allen Beurteilungen und Verurteilungen, die Sie anderen gegenüber haben und von denen Sie glauben, das sei nur der andere und gehöre auf keinen Fall zu Ihnen. Aber genau das sind Sie! Denn jede Verurteilung lässt Ihr eigenes Thema zum Vorschein kommen, das, was Sie unbewusst verdrängt haben und nun auf andere projizieren.

Alles, was Sie fühlen, hat deshalb nur mit Ihnen selbst zu tun. Ihr Schmerz, die Wut, Angst, Traurigkeit, Einsamkeit, Selbstmitleid, Schuld, Scham, Opferdasein usw. haben weder mit Ihrem Partner, noch mit Ihren Kindern, Ihren Eltern, Verwandten, Kunden oder Ihrem Chef zu tun. Sie gehören einzig und allein Ihnen selbst. Es gibt niemanden, dem Sie dafür die Schuld geben können, und es gibt nur eine einzige Möglichkeit, damit umzugehen, nämlich endlich Verantwortung für sich zu übernehmen. Sich also zu sagen: Okay, wenn es also meine Gefühle sind oder mein Thema ist, dann beginne ich jetzt, dafür einzustehen und die Schuld dafür nicht mehr anderen zu geben, unter dem Motto: Du machst mich traurig, du machst mich nicht glücklich, du machst mich krank, du machst mir mit deinem Verhalten Angst, durch dich fühle ich mich einsam, verlassen, eingeengt und unfrei. Du liebst mich nicht, wie ich dich liebe. Warum tust du mir das an?

Das kann die wichtigste Kehrtwende in Ihrem Leben sein, wenn Sie beginnen, dieses zu akzeptieren und als neue Erkenntnis damit Ihrem alten Glaubenssatz allmählich die Energie entziehen. Es ist „nur" ein Energiespiel mit den Energien, die in Ihnen sind: alte, verstaubte, geistig-emotionale Muster.

Solange Sie glauben, Ihre Gefühle entstehen durch eine andere Person, Situation oder Ereignis, bleiben Sie von den Personen und Umständen Ihres Lebens abhängig. Sie bleiben reaktiv und sind nichts weiter als eine Marionette, ein Blatt im Wind, das sich bei jeder Windveränderung neu ausrichten muss. Der Weg der Bewusstwerdung genau dieses Umstandes kann der Beginn des Weges Ihrer Selbstbefreiung aus dem eigenen Gefängnis sein.

Das zweite Fundament, auf dem das Spiel steht, ist die Erkenntnis: Alle Ereignisse, die in Ihrem Leben stattfinden, und alle Menschen, die in Ihr Leben kommen, haben die Aufgabe, Ihnen zu zeigen, wer Sie wirklich sind. Sie halten Ihnen damit einen Spiegel vor, in dem Sie sich erkennen können, um sich zu entwickeln und damit die Illusion von sich selbst aufzulösen. Entwicklung meint damit die Auswicklung oder Abwicklung aller künstlichen Schichten, die Sie um Ihr wahres Selbst „gewickelt" haben (die emotionalen Schichten, die sich um Ihre physische DNS ranken und Ihr Potenzial stark einschränken). Das Leben wird dadurch zu einem einzigartigen und höchst effektiven Lehrmeister für Sie, wenn Sie bereit sind, auch diese Wahrheit als Ihren neuen Glaubenssatz anzunehmen. Damit zeigen alle Ereignisse und Personen, mit denen Sie Probleme oder gar Konflikte haben, dass es etwas in Ihnen gibt, das sich weiterentwickeln soll, so lange, bis der Konflikt gelöst ist und Sie vollständigen Frieden damit gefunden haben. Das Leben selbst hält alle Lernsituationen für uns bereit. Wir müssen sie nur erkennen und klären. Das ist Bestandteil des kosmischen Plans.

Drängt sich jetzt bei Ihnen vielleicht die Frage auf: Was, ich soll mit allen Menschen und Situationen, die in meinem Leben sind, Frieden finden? Das kann ich nicht. Aber genau das ist Bestandteil der Aufgabe, um die Illusion aufzulösen, die Illusion über sich selbst. Und wenn Sie diese Basis nicht akzeptieren, werden Sie noch etwas länger „schlafend" und in Ihren scheinbaren Problemen verstrickt bleiben. Sie meinen, das sei völlig ausgeschlossen, da gibt es den verrückten Schwager, der einfach „krank" ist, mit der Familie meiner Schwester komme ich auch nicht wirklich klar, dem anderen Schwager hatte ich ja mal Geld geliehen, was er mir nicht zurückgezahlt hat. Mit dem spreche ich sowieso nicht mehr, und seine Familie kann mir gestohlen bleiben. Na ja, und meine Tochter, die hat sich jetzt einen Freund genommen und ist ausgezogen.

Der hat selbst kaum Geld und lebt nur auf ihre Kosten. Damit ist sie bei mir durch. Und mein Sohn erst. Seit fünf Jahren studiert er und ist immer noch im zweiten Studienjahr. Der will nur mein Geld und kommt mit seinem Leben nicht klar. Meine Frau gibt Dinge von sich, da schwillt mir gleich der Kamm. Das kann ich mir nicht mehr anhören. Mein neuer Geschäftspartner kritisiert ständig an mir rum. Am Besten, ich mache mein Ding alleine, dann redet mir niemand dazwischen. Und ich soll mit all dem Frieden finden? Sollen die anderen sich doch ändern, dann sehen wir weiter.

Genau das sagen alle, die „schlafend" sind, und verpassen damit die größte Chance zu ihrer eigenen Bewusstwerdung, indem sie sich selbst daran hindern, glücklich und frei zu werden. Sie leben weiter in der Illusion von sich selbst, in Abhängigkeit von den Umständen ihres Lebens und erfahren weder die Wahrheit noch ihre eigene Kraft.

Um das Spiel zu beginnen, ist dieses zweite Fundament jedoch notwendige Voraussetzung. Sonst können Sie nicht zum Mitspieler werden. Denken Sie darüber nach, und vielleicht spüren Sie innerlich die Widerstände, die Ihr Ego aufbaut, weil es Sie unter allen Umständen von diesem „verrückten" Spiel abhalten will.

Alles, was Sie hindert, die beiden Fundamente des Spiels zu akzeptieren, sind Sie selbst. Sie sind sich selbst das größte Hindernis. Es ist Ihr eigener unerlöster Schmerz, den Sie tief in Ihrem Innern verborgen haben, Ihre alten Verletzungen und Traumatisierungen, die zusammen mit Ihrem reaktiven Verstand ein scheinbar unüberwindliches

Hindernis darstellen. Mit den Menschen, die jetzt in Ihrem Leben sind, haben sie oft nicht das Geringste zu tun. Ihre alten Programmierungen waren schon lange vor Ihrer Beziehung da, lange, bevor Sie den Schwager kennenlernten oder Kinder hatten. Die Ereignisse und Situationen, die Sie heute erleben, sind ein Spiegel Ihres, vor sich selbst verborgenen Innern. Und je mehr Probleme Sie mit Ihrem alten Schmerz in Ihrem jetzigen Leben erschaffen haben, je mehr Beziehungen in die Brüche gegangen sind, je weniger glücklich Sie sich fühlen, desto größer ist Ihre Chance, endlich aufzuwachen, indem Sie sich der Ursache dieser Probleme zuwenden: sich selbst!

Betrachten Sie die Situationen in Ihrem Leben unter einem völlig neuen Aspekt. Alles hat einen Sinn und will Sie auf etwas hinweisen, alles hat eine innere Botschaft für Sie. Es ist Ihre Aufgabe, dieses herauszufinden. Das ist Entwicklung, die zum Erwachen führt. Und wenn Sie durch Ihr Erwachen diese neue Bewusstseinsstufe aktivieren, lassen Sie die zerstörenden Energiefelder hinter sich und werden sich zunehmend Ihres wirklichen Potenzials bewusst. Sie lösen Ihre Lebensprobleme und erkennen die ungreifbare Kraft, die alles bewegt und keinen Namen hat. Und vielleicht beginnen Sie, aktiv mitzuwirken an der Erschaffung der Neuen Erde.

Das Spiel als äußere Geschichte

Das Spiel zu verstehen, verlangt von Ihnen zu erkennen, dass sich das Spielfeld in Ihnen selbst befindet. Denn wenn Sie etwas über sich selbst erfahren wollen, das Ihnen vorher nicht bekannt war beziehungsweise, dessen Sie sich nicht bewusst waren, dann müssen Sie tiefer zu sich selbst kommen, um es endlich wahrzunehmen. Sie werden dazu Ihre Wahrnehmung von der vorwiegenden Orientierung in die äußere Welt, in die entgegengesetzte Richtung, in Ihre innere Welt lenken müssen, sonst werden Sie nichts Neues über sich erfahren, und alles bleibt beim Alten.

Um Ihr Verständnis zu erhöhen, und weil der eigentliche Prozess in seiner Beschreibung eher nüchtern anmutet, gebe ich Ihnen zuerst ein äußeres Bild dazu.

Sie wissen, die Illusion zu erkennen, bedarf der Auflösung dessen, was wir nicht sind, damit das zum Vorschein kommt, was wir sind. Sie werden dazu in den Kerker oder Ihr eigenes Gefängnis, Ihre eigene Unterwelt hinabsteigen müssen, wohin Sie all den Schmerz, den Sie erlitten haben, alle destruktiven Programme, denen Sie unbewusst Folge leisten, verdrängten, um sie zu erlösen und auf diese Weise das vermeintlich Böse in Ihrem Inneren in das Gute zurückzuverwandeln, in das, was es einst war und immer noch ist. Dabei gibt es ein großes Hindernis. Dieses Hindernis ist Ihr eigener Verstand. Jedes Mal, wenn Sie in das Gefängnis hinab wollen, stellt er sich Ihnen in den Weg, und Sie bekommen Angst, den entscheidenden

Schritt zu tun. (Das Spiel haben deshalb nur die Mutigsten begonnen, die in der Lage waren, Ihre Angst und genau diese Grenze zu durchschreiten.) Weil Sie Ihrem Verstand schon so lange hörig sind, scheint es schwierig, an ihm vorbeizukommen. Er ist der Wächter. Ähnlich wie im Film „Matrix": Egal, welche Tür des „Gefängnisses" Neo öffnet, immer stellt sich ihm der Verstand (in Form von Mr. Smith) in den Weg. Deshalb ist es erforderlich, ihn auf neue Art und Weise wahrzunehmen und die Kampfposition aufzugeben, weil der Kampf Illusion ist und nicht gewinnbar. Wir kämpfen immer nur gegen uns selbst.

Wenn Sie also hinabsteigen wollen, finden Sie an der Tür den Wächter. Sie sehen ihn dort mit konzentrierter Aufmerksamkeit stehen. Sie hören vielleicht sein „Halt, Zutritt verboten!" Denn er ist immer auf Kampf vorbereitet, so lange Sie sich entschieden haben zu kämpfen. Das sollten Sie wissen. Und er wird zuschlagen, so lange auch Sie kämpfen wollen. Aber der „Trick" besteht genau darin, dieses nicht zu tun! In dem Moment, in dem Sie beschließen (und somit eine neue Entscheidung treffen), nicht mehr zu kämpfen, wird sich alles ändern. Ihr scheinbarer Gegner wird kein Gegner mehr sein. Er wird es nicht mehr sein können.

Stellen Sie sich vor, jemand „kämpft" mit Ihnen, indem er Sie beschimpft. Sind Sie in der Lage, ruhig zu bleiben und nicht zu reagieren, egal, was er sagt, was passiert dann mit dem scheinbaren Gegner? Er muss irgendwann das Feld räumen und den Kampfplatz verlassen. Er kann mit Ihnen nichts mehr anfangen, sobald Sie die Entscheidung getroffen haben, den Kampf zu beenden.

Kommen wir wieder nach innen zu unserem Wächter, der den scheinbaren Gegner in unserem Inneren darstellt und Sie nicht in den Kerker lassen will, weil da Ihr Schmerz sitzt, den Sie vor sich selbst versteckt haben. Sie werden von jetzt an auf neue Art und Weise mit ihm umgehen, indem Sie sich friedvoll auf ihn einlassen, ihn beruhigen und sagen, dass es sich bei den Gefangenen, die er bewacht, nicht um Verbrecher (das Böse) handelt, wie er vielleicht bisher geglaubt hat.

Die Gefangenen dieses Kerkers sind ausgesetzte und verwaiste, weinende Kinder, die noch dazu hier völlig unschuldig ihr Leben fristen. Sie tragen keinerlei Schuld, obwohl man das bei ihrer „Inhaftierung" glaubte. Der Grund für ihre Inhaftierung ist aus heutiger Sicht ein großer Justizirrtum gewesen. Sie, als der Justizminister, haben damals zu dieser Inhaftierung beigetragen, was ihnen heute sehr leid tut. Da Sie den Irrtum aber jetzt erst erkannt haben, kann er auch erst jetzt rückgängig gemacht werden. Sie legen Ihre Hand dafür ins Feuer, dass die Kinder bei ihrer Entlassung keinen Schaden anrichten werden, sondern im Gegenteil nur Gutes tun, aus Freude, endlich frei zu sein. Wenn der Wächter erkennt, dass es nichts mehr zu bewachen gibt und er deshalb nicht kämpfen muss, kann er sich beruhigen und die Alarmbereitschaftstufe, in der er sich befand, allmählich aufgeben. Das wird ihn später, wenn er alles verinnerlicht hat, sehr erleichtern. Sie sagen ihm jedoch, wenn er wieder in sein altes Muster zurückfallen sollte, werden Sie ihn dabei beobachten und dieses genau wahrnehmen. Denn wenn man bedenkt, dass er diese Rolle nicht nur ein Leben, sondern viele Leben innehatte, ist es am Anfang ziemlich schwer, sie von heute auf morgen aufzugeben. Aber ganz allmählich wird er sich zurückziehen und erkennen, dass es Zeit ist, in den Ruhestand zu treten, weil seine Rolle in der Neuen Zeit nicht mehr gebraucht wird. Er wird spüren, dass auch ihm die Ruhe und der Frieden, den er dabei findet, guttun.

Sagen Sie ihm freundlich, aber bestimmt, dass Sie ihn in der Übergangszeit weiterhin beobachten werden, bis er seine neue Rolle vollständig verinnerlicht hat. Sie wollen ihn damit nicht maßregeln, denn Sie sind mit seiner Arbeit, so lange Sie „notwendig" war, zufrieden gewesen. Sie werfen nur ab und zu einen freundlichen Blick auf ihn, um ihn daran zu erinnern, dass er bereits pensioniert ist. Je öfter das passiert, desto schneller kann er den Umlernprozess hinter sich bringen. Er wird Ihnen Glauben schenken, denn Sie sind schließlich der Justizminister.

Wenn Sie den Wächter beruhigt haben, wird er zur Seite treten, und Sie können den Kerker öffnen und beginnen, Ihre verängstigten und weinenden Kinder in die Arme zu nehmen, Ihnen Ihre ganze Liebe zu geben und sie damit in die Freiheit entlassen. Ist dieser Prozess einmal beendet, erwartet Sie das größte Geschenk des Universums – Liebe und innerer Frieden mit der Welt.

Das Spiel als ein innerer Transformationsprozess unseres Bewusstseins

Werden Sie sich bewusst, Ihr Schmerzkörper ist Ihr bester Freund. Er führt Sie aus dem Schmerz heraus, wenn Sie bereit sind, die innere Arbeit zu tun. Alle Ereignisse in Ihrem Leben aktivieren so lange Ihren alten Schmerz oder Ihr geistig-emotionales Muster, bis Sie bereit sind, ihn zuzugeben, zu fühlen und damit anzunehmen (zu erlösen), anstatt ihn weiterhin zu verdrängen.

Dies erfordert von Ihnen, einen völligen Sinneswandel vorzunehmen, von der Außensicht der Dinge, die Ihnen passieren, zur Innensicht Ihres Selbst.

Wie machen Sie das?

Sie beginnen, alle Situationen, die Sie nicht mögen, gegen die Sie Widerstand aufbauen, mit denen Sie sich unwohl fühlen, die Sie wütend, traurig oder ängstlich machen oder ein anderes destruktives Gefühl aktivieren, ganz neu zu betrachten, indem Sie die alles entscheidende Frage stellen: Was macht die Situation mit mir? Gleichzeitig beginnen Sie zu beobachten, was mit Ihnen passiert. Dabei teilen Sie Ihre Aufmerksamkeit in zwei Richtungen. Ein Teil Ihrer Aufmerksamkeit bleibt beim äußeren Geschehen, das gerade abläuft, der andere Teil verweilt in Ihrem Inneren und beobachtet völlig bewertungsfrei, was in Ihnen abläuft. Steigt gerade Wut oder Ärger auf oder ein anderes Gefühl, bemühen Sie sich, es ‚so gut Sie können, wahrzunehmen. Sie lassen das Gefühl zu, anstatt es zu unterdrücken. Sie müssen wissen, die Wut, die Sie spüren, ist immer nur das sich bewegende oder obenaufliegende Gefühl. Darunter befindet sich Ihr ganzer Schmerz, der Ihnen die Illusion von sich selbst offenbart. Wut oder Verärgerung zeigen Ihnen, dass Sie diesen Schmerz zudecken wollen, um ihn nicht spüren zu müssen. Wut soll ihn wieder in den Kerker herunterdrücken, aus dem er jedoch endlich heraus will.

Das Ziel besteht darin, nicht nur die aufschießende Wut zu spüren, sondern auch noch das Gefühl wahrzunehmen, das sich unter ihr befindet und sie gerade „deckelt".

Zum Beobachter seiner selbst zu werden und hinter die eigenen Abwehrmechanismen zu schauen, um sich ihrer bewusst zu werden, ist der Schlüssel zur Selbsterkenntnis und Selbstveränderung.

Dieser Prozess ermöglicht es Ihnen, immer klarer zu sehen, wer Sie wirklich sind. Es ist die Basis für das Beenden leidvoller Erfahrungen.

Wenn Sie die Emotion beobachten, die aufsteigt, geht es nur darum, sie zu fühlen und zuzulassen. Dadurch kann sie angenommen werden (aus dem Kerker herausgelassen werden). Bewertung und Beurteilung durch den Verstand stören den Prozess. In dem Moment, in dem Sie die Emotion zulassen und fühlen, kommen Sie mit Ihrem Schmerzkörper, dem „wilden Tier" der Illusion, in Kontakt. Seien Sie sich bewusst, es ist „nur" Ihr Schmerzkörper, der uralten Schmerz nach oben befördert, weil das aktuelle Ereignis ihn aktiviert, indem es eine Resonanz dazu hergestellt hat. Etwas von dem Ereignis ist so ähnlich wie damals in Ihrer Kindheit, als Ihnen diese Wunde geschlagen wurde und Sie den Schmerz verdrängen mussten. Es tut jetzt, wo Sie bereit sind, den Schmerz zu fühlen, noch genauso weh.

Der Unterschied besteht jedoch darin, dass Sie sich bewusst sind, es ist alter Schmerz. Sie wissen, woher das, was in Ihnen hochkommt, stammt. An dieser Stelle haben wir unseren Schmerz in der Regel auf andere Menschen oder die Umstände geworfen, von denen wir glaubten, sie seien dafür verantwortlich, dass wir jetzt Schmerzen oder Wut verspüren. Und Sie wissen auch, genau das ist die Illusion, die Sie so lange von sich selbst gelebt haben. Es ist „nur" eine Energie, die Ihnen in Wirklichkeit nichts anhaben kann. Wenn Sie das Gefühl oder die Wut zulassen können und sich öffnen, anstatt zu verdrängen oder auf andere zu projizieren, gehen Sie direkt in Ihren Schmerz hinein. Sie ergeben sich damit kampflos Ihrem Wächter und erlösen Ihre weinenden Kinder. Indem Sie das tun, fühlen Sie bald, dass der Schmerzkörper ist nicht das wilde Tier ist, für das Sie ihn gehalten haben. Er will nur angenommen werden, er will, dass Sie ihn er-lieben und endlich aufhören, ihn mit Ihrer Wut herunterzudrücken. Dieser Prozess bringt Sie ganz allmählich aus dem unbewussten Leid- oder Getrenntseinszustand heraus.

Das beobachtende Bewusstsein, das Sie in diesem Prozess einsetzen, hat jeder. Es ist das Bewusstsein, das feststellen kann: Ich denke oder ich fühle etwas. Es zu benutzen, nennen die Weisheitslehren auch „Zeuge sein". Denn wenn Sie wirklich Zeuge Ihrer selbst werden, schaffen Sie einen inneren Raum, ich sage immer Sicherheitsabstand, zum aufsteigenden Gefühl, obwohl Sie es fühlen. Sie identifizieren sich dann nicht mehr mit ihm. Ich sage zu mir: Oh, da steigt Wut auf und Traurigkeit. Der Schmerzkörper ist wieder aktiv. Ich fühle also das Gefühl, gestehe es mir ein, jedoch nicht so, als ob ich eins mit ihm wäre, sondern als hätte ich einen inneren Abstand zu ihm (als würde ich es auf einem Bildschirm sehen), obwohl ich mit meinem beobachtenden Bewusstsein da bin, wo auch das Gefühl ist, im Körper. (Das kann natürlich auch dazu führen, dass Sie zum Beispiel weinen müssen. Dann lassen Sie es zu.) Ich lasse also in meinem Körper eine emotionale Reaktion ablaufen, ohne mich mit ihr zu identifizieren. Ganz allmählich wird das immer besser gelingen, wenn Sie sich wirklich darauf einlassen.

Mir hilft in diesem Prozess der inneren Öffnung folgender Ablauf:
(Er kann laut oder auch mental gesprochen werden, wenn die Möglichkeit besteht, ist laut zu bevorzugen; das Aussprechen ist wichtiger Bestandteil der Erlösung, weil es das Gegenteil des normalerweise ablaufenden Verdrängungsprozesses ist; das Aussprechen ist ein wichtiger Schlüssel und kann am Anfang eine gewisse Überwindung kosten.)

„Ich bin wütend (traurig, einsam, ich habe Angst...), weil mein Partner oder mein Sohn gerade dieses oder jenes gesagt, getan hat oder ich einen bestimmten Umstand erlebt habe." (Dreimal sprechen.)

Damit geben Sie sich die „Erlaubnis", aus der Verdrängung der Wut herauszukommen und das Gefühl zu fühlen und auszudrücken, denn nur durch Fühlen ist Erlösung davon möglich.

„Ich öffne mich der Wut, der Traurigkeit..., weil mein Partner oder mein Kind gerade..." (Dreimal sprechen.)

Hier soll eine tiefere Öffnung zur Quelle der Wut passieren, zu dem Gefühl, das sich unter ihr verbirgt. Ich habe in dieser Phase oft zu weinen begonnen, weil sich so viel Traurigkeit darunter verbarg, uralte Traurigkeit. Oft war auch Angst da.

„Ich segne die Wut, die Traurigkeit im Namen der Liebe! (Dreimal sprechen.)

Nachdem das Heraus- oder Zulassen des Gefühls so tief wie möglich passiert ist, wird das Gefühl mit Liebe gesegnet, ein Akt, der das Seindürfen und die Annahme des Gefühls abschließt. Damit segnen Sie sich selbst, Sie nehmen sich an mit Ihrem Gefühl und fühlen, dass es in Ordnung ist und sein darf. Das passiert über Ihr Herz. Sie transformieren den Schmerz in Liebe und erkennen, alles ist gut. Sie lassen die Illusion gehen. Sie erschaffen damit ein Stück weiter Ihr wahres Selbst, das, was Sie eigentlich sind, wenn diese Gefühle transformiert werden.

Der Ablauf kann Ihnen helfen, eine bessere Öffnung zum Gefühl zuzulassen und die liebevolle Annahme zu ermöglichen.

Alles ist ein Prozess, für den Sie etwas Geduld benötigen, denn er wird nicht in kurzer Zeit abgeschlossen sein. Möglicherweise wird er gar nicht zum Abschluss kommen. Aber das ist nicht von Bedeutung, denn sobald Sie merken, zu welchen Veränderungen er in Ihrem Leben führt und wie Sie an Kraft gewinnen, werden Sie motiviert bleiben, immer mehr Illusionen aufzulösen, bis Sie eines Tages das Licht erblicken und Ihr Leiden zu Ende geht.

Denken Sie nicht über das Gefühl nach, bewerten Sie es nicht, lassen Sie es einfach zu und seien Sie sich gewiss, dass alles in Ordnung ist mit Ihnen!

Dieses ist der erste Teil des Spiels.

Der zweite Teil, der gemeinsam mit dem Beobachten und Zulassen des Gefühls abläuft, wenn zum Beispiel Ihr Partner, eine andere Person oder Situation Ihren Schmerzkörper aktiviert haben, besteht darin, Ihre alte und reaktive Verhaltensweise abzulegen (reaktiv, weil sie das alte Programm, die alte Platte, ist, die Sie immer wieder unbewusst mit der Illusion von Kampf und Leid verbinden).

Vielleicht haben Sie Ihren Partner, während Sie reaktiv waren, beschimpft, ihn negativ betitelt, damit Sie sich besser fühlen konnten, oder haben das Zimmer verlassen und sich einen Racheplan überlegt, wie Sie ihm die Verwundung, die er Ihnen scheinbar zufügte, heimzahlen könnten. Vielleicht waren Sie auch bereit, „Opfer" zu sein, und glaubten, es geschieht Ihnen recht, dass Sie jetzt leiden, denn Sie haben sich durch Ihr Verhalten „Schuld" aufgeladen. Vielleicht nehmen Sie sich vor, eine Weile nicht mehr mit Ihrem Partner zu reden. Ich habe von Beispielen gehört, da haben Partner ein ganzes Jahr lang nicht miteinander gesprochen. Im Extremfall können Sie bei aktiviertem Schmerzkörper zu körperlichen Angriffen übergehen, weil man in einem solchen Moment den anderen wirklich hassen kann, denn man ist in der Illusion gefangen, der Partner würde einem dieses alles antun. Dabei ist es „nur" unser eigener uralter Schmerz, mit dem wir uns gerade identifizieren und den wir verdrängt hatten.

Genau diese alte reaktive Verhaltensweise hat Sie ohnmächtig werden lassen, weil Sie in einem solchen Moment Ihre Verantwortung für sich an Ihren Schmerzkörper, und damit an Ihr EGO, abgegeben haben, und genau deshalb mussten Sie immer und immer wieder leiden. Sie waren zutiefst unbewusst.

Diesen Zustand können Sie beenden, wenn Sie sich entscheiden, diese reaktive Verhaltensweise fallenzulassen.

Sie sind sich Ihres reaktiven Musters bewusst geworden und in Zukunft nicht mehr bereit, es auszuleben. Seien Sie sich bewusst, beim Ausleben dieser Musters richten Sie Ihre destruktiven Energien immer gegen sich selbst, auch wenn Sie das nicht erkennen, was, langfristig gesehen, zu Krankheit und beschleunigter Alterung führt.

Das, was sich hier so einfach sagen lässt, ist ein Prozess, der am Anfang nicht leichtfällt, den Sie jedoch zunehmend besser beherrschen werden, wenn Sie bereit sind, mit dem Spiel zu beginnen.

Sie können sich auf diese Weise als Erstes aus der Phase des unbewussten Leidens in die Phase des bewussten Leidens bringen. Vielleicht glauben Sie, dass das kein großer Unterschied sein wird. Aber Sie irren sich. Es ist ein Quantensprung großen Ausmaßes, der Sie auf eine neue Bewusstseins- oder Wahrnehmungsebene bringt, genau die Ebene, die Ihr Erwachen in Gang setzt. Sie erwachen aus dem Schlafzustand, in dem Sie Ihr ganzes bisheriges Leben gewesen sind. In diesem Prozess werden Sie aus der Kelleretage aufsteigen und zum ersten Mal das Licht sehen.

Was tun Sie konkret? In dem Moment, in dem Ihr Schmerzkörper aktiviert wird, durch wen oder was auch immer, bleiben Sie mit Ihrer Beobachtung zum einen Teil bei sich im Körper, da, wo das Gefühl aufsteigt (Magen, Bauch, Hals, Rücken, je nachdem), und fühlen es, so gut es Ihnen möglich ist, ohne sich damit zu identifizieren. Gleichzeitig werden Sie sich bewusst, dass Sie das alte reaktive Muster nicht mehr ausleben wollen. Wenn Sie merken, Sie fallen wieder in das Muster zurück, sagen Sie innerlich STOPP(!) und halten Sie den inneren Kampf zwischen Ihrem niedrigen, passiven Impuls, es doch tun zu wollen, und Ihrem höheren aktiven Impuls, es nicht tun zu dürfen, bewusst aus! Wenn Sie das zulassen, haben Sie die Entscheidung getroffen, nicht mehr zu kämpfen, sich nicht mehr zu rechtfertigen oder zu verteidigen. Das ist **die** Entscheidung überhaupt! Denn der Kampf war ein Kampf gegen Sie selbst und nicht gewinnbar, obwohl Sie vielleicht das Gegenteil geglaubt haben.

Das ist der entscheidende Prozess, den man auch als alchemistischen Prozess bezeichnet. Er führt zur Transformation Ihres Bewusstseins, zur Beschleunigung Ihrer eigenen Evolution.

In diesem Prozess entsteht eine „Reibung", wie Gurdjieff es beschreibt, die eine Energie besonderer Eigenschaft hervorbringt und zum Erwachen Ihres authentischen Gewissens führt, durch die „Hitze", die diese Reibung hervorruft. Sie sind das wahre Labor des Alchemisten, denn die Transformation findet in Ihnen selbst statt. Hier transformieren Sie die Polaritäten, die Sie selbst in sich tragen. Die Veränderungen, die dadurch entstehen können, beeinflussen Ihr Leben derart, dass Sie das Gefühl haben werden, ein neues Leben zu erhalten. Sie werden es aus einer umfassenderen Perspektive betrachten, und Ihre Wahrnehmung wird sich bedeutend erweitern.

Aber um dieses zu erreichen, müssen wir zuerst die Widersprüche in uns sehen und bewusst erleiden. Wir müssen erkennen, dass der Widerspruch zwischen „Gut" und „Böse" in unserem Inneren existiert und von dort nur nach außen getragen wird. Indem wir durch das Spiel „Gut" und „Böse" in uns vereinen, verwandeln wir das „Böse" wieder in das „Gute", was es einstmals war und immer noch ist. Wir erlösen die größte Illusion, nämlich die von uns selbst, und die Realität kann hervorscheinen. Indem Sie sich mit sich selbst konfrontieren, schauen Sie hinter Ihre Abwehrmechanismen und erkennen durch Selbstbeobachtung, wie Sie wirklich sind. Sie erhalten damit die Chance, mit der Beseitigung Ihres EGOs und seiner Abwehrmechanismen zu beginnen. Dieser Prozess gibt Ihnen die Möglichkeit, etwas aufzubauen, das zu völlig neuem Verhalten fähig ist: wirkliches Sein. Sie hören auf, Energie auf sinnlose Reaktionen zu verschwenden, die somit frei wird für Ihre Höherentwicklung. Der Prozess führt zur Heilung Ihrer Beziehungen und setzt Ihre eigene Heilung in Gang.

Wie Sie jetzt wissen, besteht der innere Transformationsprozess darin, einen niedrigen mit einem höheren Impuls zusammenzubringen und die Reibung zwischen ihnen auszuhalten, um damit eine Energie besonderer Eigenschaft zu erschaffen, die Sie Stück für Stück in Ihr wahres Sein zurückbringt.

Wie Gurdjieff uns erklärt, ist es das Gesetz dreier Kräfte, das die Heilige Dreifaltigkeit symbolisiert, ausgedrückt durch das Gleichnis vom Vater, Sohn und Heiligen Geist. Nach seiner Interpretation ist es Heiliges Bejahen – Vater (*höherer aktiver Impuls*), Heiliges Verneinen – Sohn (*niedriger, passiver Impuls*) und Heiliges Versöhnen (*beide Impulse werden in unserem Inneren zusammengebracht*). Diese drei Kräfte zusammen erschaffen die Dreieinigkeit oder Dreieinheit, den Heiligen Geist, unser göttliches Bewusstsein und heben damit den „Schüler" auf die nächste Bewusstseinsebene.

Diese Arbeit ermöglicht es Ihnen, Ihr Leben zu klären und mit allen Menschen Frieden zu finden, indem Sie ihn zuerst in sich selbst finden. Sie werden dieser Frieden. Jede Situation, die Ihren Schmerzkörper aktiviert und Ihnen Unbehagen verschafft, können Sie durch dieses Spiel transformieren. Wenn das geschehen ist, verschwindet sie für immer aus Ihrem Leben, denn Sie haben die Energie transformiert, mit der Sie jedes Mal dieselbe Situation hervorgerufen haben, in der eine Resonanz entstand. Besonders ständig wiederkehrende ähnliche Situationen und Ereignisse weisen Sie darauf hin, dass Sie sie erkennen und erlösen, um frei von ihnen zu werden. Sie müssen sich „nur" der Angst bewusst werden, die aktiviert wird, wenn Sie in den Prozess gehen.

Die wichtigste Entscheidung ist die, mit dem Kampf aufzuhören. Diese Entscheidung treffen Sie spätestens dann, wenn Sie bereit sind, Ihre reaktive Verhaltensweise abzulegen beziehungsweise nicht zuzulassen. Bereits wenn das Gefühl aufsteigt, erkennen Sie, dass die alten Programme versuchen, sich zu schützen, indem Sie Ihren Verstand als Wächter benutzen, der Sie genau davon abhalten will. Er agiert in einer Art wie: Los, rechtfertige dich, dein Partner hat dich „angegriffen". Das musst du dir nicht gefallen lassen, tue etwas dagegen, gib's ihm!

Gleiches geschieht Ihnen oft mit Ihren Kindern, wenn sie Dinge von sich geben, die „unter die Gürtellinie gehen". Genau da kommt Ihr Ego-Verstand auf die Tagesordnung mit Worten wie: Los, maßregel sie, das steht ihnen nicht zu! Bring ihnen gutes Benehmen bei, oder so ähnlich.

Wenn Sie darauf hereinfallen und diese Methoden der Erziehung weiterhin anwenden, wird Ihnen nicht bewusst, dass Sie sich damit nur die Macht zurückholen wollen, die auch Ihnen einst als Kind von Ihren Eltern genommen wurde. Sie bleiben „schlafend".

Ihr Verstand hat unglaublich viel Angst, dieses Spiel zu beginnen, weil er glaubt, dass das, was da kommt, nicht mehr seine Welt ist, nicht mehr sein Zuhause. Er findet keine Erfahrungen, auf die er zurückgreifen könnte. Deshalb ist er das größte Hindernis in diesem Prozess. Der Kopf versteht es nicht, weil alles, was vorher war, scheinbar nicht mehr richtig ist. Aber genau das ist die Illusion, die man nicht erklären kann! Denn erst, wenn man all das fühlt, macht man diese neue wunderbare Erfahrung. In dem Moment, wo das Gefühl da ist, wird der Verstand begreifen und keine einzige Frage mehr stellen. Alles ist klar!

In dem Moment, in dem man den Kampf seines eigenen Verstandes beendet und sich ergibt, entsteht die größte Angst. Es ist die Angst, dass ein Teil von Ihnen stirbt, die Angst vor Ihrer eigenen Vernichtung. In Wirklichkeit jedoch sterben Sie nicht, Sie werden geheilt! Diese Angst ist die allergrößte Illusion, in der Sie Ihr Leben verbracht haben. In dem Sie das zulassen und aufhören zu kämpfen und in den Schmerz und die Angst hineingehen, werden Sie nur scheinbar sterben, um neu geboren zu werden. Sie werden auferstehen! Sterben wird nur die Illusion – alles Künstliche, das, was Sie nicht sind.

All das weiß Ihre Seele. Sie wollte Sie genau da hinführen, um diese Erfahrung zu machen und dieses zu fühlen. Es ist die wichtigste Erfahrung in Ihrem Erdenleben, damit Sie endlich zu sich selbst zurückkehren können und in Ihrem wahren Zuhause, in der Realität der Liebe, ankommen, die schon immer da war.

Diese innere Selbstfindung und Erlösung kann uns niemand abnehmen, denn sie ist der Wesenskern des Spiels, für das wir immer wieder auf die Erde gekommen sind. Erlösen Sie Ihre Emotionen der unteren Bewusstseinsebenen, und Sie werden den Himmel sehen. Streifen Sie Ihre emotionalen und mentalen Fesseln ab und werden Sie wach! Befreien Sie dadurch Ihren Körper und Ihren Geist!

Das ist der entscheidende Teil unseres Bewusstwerdungsprozesses, der mit dem Wassermannzeitalter beginnt. Es ist der neue Himmel in uns, die wichtigste Veränderung, die den Paradigmenwechsel auf der Erde einleitet und unsere alten Glaubenssysteme vom Kopf, wo sie viele Jahrtausende gestanden haben, endlich wieder auf die Füße stellt.

Diese tiefgreifende innere Transformation ermöglicht uns, in Zukunft völlig neue Erfahrungen zu machen, die auf der Kraft unseres liebenden Herzens beruhen. Sie sind es, die eine neue Erde hervorbringen – eine feinstoffliche Welt, in der Menschen, die inneren Frieden und Selbstliebe gefunden haben – die „Sanftmütigen" –, äußeren Frieden und Liebe erschaffen.

Genau das ist der höhere Sinn unserer Evolution – das innere Ziel des Lebens hier auf der Erde. Es stimmt überein mit dem inneren Ziel des Lebens im gesamten Kosmos, überall dort, wo „Bewusstsein selbst" intelligentes, fühlendes Leben erschaffen hat.

Es ist Zeit, aufzuwachen und mit der Selbstbefreiung zu beginnen, damit der evolutionäre Quantensprung der menschlichen Spezies stattfinden kann.

Mit dem Erwachen hat das Leben eine grundsätzliche Tendenz zur Vollendung bekommen, und das ist sehr tröstlich. Alles Leid dient nur dazu, durch das Leid wach zu werden und zu sich selbst und damit zu Gott zurückzukehren.

Das Universum hat einen genialen Plan. Es ließ uns in die Erfahrung der Dualität eintauchen, um uns an dem Punkt, an dem wir uns am stärksten in dieser Erfahrung verloren hatten, herauszuheben und in die göttliche Einheit zurückzuführen. In dieser großartigen Transformation werden wir uns bewusst, dass wir selbst göttlich sind. Damit offenbart sich uns das Ziel unserer Evolution als Menschheit. Und genau an diesem Punkt beginnen wir Frieden zu erschaffen, weil wir selbst zu Frieden geworden sind!

Wenige Sätze hätten genügt, um den Hauptinhalt des Buches zusammenzufassen:
Setzen Sie sich zum Ziel, jeden Tag mehr Liebe und Mitgefühl in Ihr Leben zu bringen. Dann kann sich das in Ihnen zeigen, was nicht Liebe ist, damit Sie es wahrnehmen und loslassen – erlösen – können.
Damit beschleunigen Sie Ihren Aufstieg auf der großen Leiter des Bewusstseins, erwachen und bringen sich zurück in die Einheit Gottes, das Paradies. Wenn das ge-

schieht, fallen alle Probleme, Sorgen und Ängste von Ihnen ab, und Sie werden Heilung erfahren.

Hätten Sie das geglaubt?

Ich hätte es nicht geglaubt. Und vielleicht hätte ich nicht einmal nach Beweisen gesucht, weil meine Vorstellungskraft nicht ausgereicht hätte, dass alles so einfach sein soll. Und doch ist es das. Es ist die Lösung für alle von uns selbst erschaffenen Probleme.

Mit diesem Buch lasse ich den Teil von mir los, der immer alles beweisen wollte, denn es gibt nichts mehr zu beweisen. Alles ist schon immer da gewesen und wird sich uns nun zunehmend zeigen. Daran besteht kein Zweifel mehr. Der Aufstieg unserer Erde wird unaufhaltsam voranschreiten, schneller, als es uns noch die Bücher der Neunzigerjahre mitteilen wollten.

Mit unserem Erwachen erkennen wir, dass unser „freier" Wille in den göttlichen Willen einfließen und diesen vollständig verwirklichen wird. Und indem das passiert, werden wir uns der großen Worte bewusst, die den meisten Menschen bekannt sind: „...Dein Wille geschehe, wie im Himmel (*in unserem Bewusstsein*), also auch auf Erden....".

Gott hat für uns die Realität der Liebe geschaffen, damit wir bereits zu Lebzeiten in diese zurückfinden können. Es ist die Liebe, die alles bereit ist zu geben, alles zu verstehen und nichts zu erwarten. Sie ist eine Energie, eine alles bewegende Kraft, die das gesamte Universum erfüllt. Liebe ist jetzt die greifbare Kraft, in deren Licht wir unsere Entwicklung vollenden werden.

Das ist der innere Sinn unseres Daseins hier auf Erden.

Wir alle sind auf dem Weg der Heimreise, genau wie Odysseus es war.
Und unsere Irrfahrten werden bald ein Ende haben und unsere Kämpfe der Geschichte angehören.
Wir kehren zurück in unsere geistige Heimat, das Einheitsbewusstsein des Göttlichen, und erkennen, dass wir selbst göttlich sind. Wir alle sind die Kinder des einen Vaters, und damit seine Söhne und Töchter. Und hier erst wird uns klar, was Christus meinte, als er sagte, er sei der Sohn des einen Vaters, der Sohn Gottes. Er wollte zum Ausdruck bringen, dass er ein selbstverwirklichter Mensch ist. Und indem wir ihn auf einen Sockel stellten, wurde er für zweitausend Jahre zu einem Idol. Mit unserem Erwachen jedoch wird uns bewusst, dass er uns unseren eigenen Weg zeigen wollte, den Weg zurück in unsere geistige Heimat – in die Realität der Liebe. Es ist die Liebe, die wir bisher erfolglos im Außen gesucht haben, die sich jedoch tief im Herzen eines jeden von uns verbirgt.

Die Menschheit ist bereits erwacht

Als ich zu Sabine Wolter fuhr, um den Wahrheitsgehalt des Buches und den Bewusstseinsgrad der Menschheit kinesiologisch auszutesten, ahnte ich nicht, was mich erwarten würde. Mir war nur klar, dass sich die Evolution unseres Bewusstseins nach der Jahrtausendwende enorm beschleunigt hatte und das Potenzial vorhanden ist, mehrere Bewusstseinsebenen in einem Leben aufzusteigen. Dass es jedoch so rasant „nach oben" gehen würde, hatte selbst ich nicht vermutet, obwohl es, wenn man alles zusammen betrachtet, durchaus vorstellbar gewesen wäre. Deshalb habe ich dieses Kapitel angefügt, ohne im Buch selbst Änderungen vorzunehmen, denn die Aussagen – besonders im Kapitel „Der Sinn des Spiels ist Bewusstwerdung" – sind weiterhin stimmig.

Das, was uns bei den Testungen erwartete, bot Anlass zu großer Freude. Die Menschheit insgesamt hat bereits im Oktober 2006 die so wichtige Ebene von 250 – „Neutralität" übersprungen, die Grenze, nach der Erwachen Realität wird. Heute, im August 2007, kalibriert die Menschheit als Ganzes bereits bei 398 und steht damit kurz davor, die Ebene „Vernunft" zu erreichen! (Noch im Jahre 2005 standen wir bei 225 – „Mut, Wahrheit, Integrität".)

Als David R. Hawkins sein Buch: „Die Ebenen des Bewusstseins – von der Kraft, die wir ausstrahlen" veröffentlichte (USA 1995), lebten auf der Erde zwölf Menschen mit einem Bewusstseinsgrad von 700.

Heute (April 2008) sind es bereits zweihundert Menschen, die dieses Bewusstsein besitzen! Gleichzeitig leben auf der Erde neunzig Menschen, deren Bewusstsein über 900 kalibriert, und die damit eine Energie zur Verfügung stellen, die sich dem Avatarbewusstsein nähert, das Christus, Buddha und andere Avatare besaßen. Diese Fortschritte sind sehr beeindruckend und zeigen, dass die Evolution unseres Bewusstseins in Riesenschritten vorangeht.

Auf eine Frage wollte ich noch eine Antwort erhalten. Ich wollte wissen, wo werden wir am Ende des Jahres 2012, zu Beginn des Neuen Zeitalters, als Menschheit insgesamt stehen? Wenn wir mit unserem Sonnensystem dauerhaft in das Lichtspektrum des Photonenrings – in des Schöpfers Spirale – eintreten, und das wird zum Ausgang des Jahres 2012, am Ende der Alten Zeit, sein, wird das menschliche Kollektiv insgesamt einen Bewusstseinsgrad von 900 besitzen! Bis dahin wird es also auf der Erde viele erleuchtete Menschen und Menschen in hohen Bewusstseinsebenen geben, die eine Transformation der „Negativität" derer, die noch unter 200 kalibrieren, sehr unterstützen werden. Das ist ein Grund zu großer Freude, weil dadurch die bevorstehenden Transformationsprozesse, die die Erde verwandeln, deutlicher und schneller sichtbar sein werden.

Wir haben noch einige differenzierte Testungen durchgeführt (August 2007) und festgestellt, dass die Frauen weltweit im Bewusstwerdungsprozess vorangehen (Messwert 567). Männer kalibrieren bei 286. Die Frauen der BRD lagen zum gleichen Zeitpunkt bei 589, die Männer bei 386. Ich nehme an, die Männer werden ab einem bestimmten Zeitpunkt diesen Rückstand aufholen und ihre wirkliche Kraft erkennen. Bis dahin können sie sich für scheinbar unlösbare Probleme die Herzintelligenz ihrer Frauen „ausborgen".

Als Nächstes haben wir einzelne Regierungen getestet und sie mit dem durchschnittlichen Bewusstseinsgrad ihrer Bevölkerungen verglichen. Dabei wurde klar: Die Regierungen hinken im Fortschreiten des Gesamtbewusstseins der Menschheit und der Bevölkerungen ihrer Länder deutlich hinterher beziehungsweise zeigen sogar Rückschritte, wie wir es in den USA und in Russland feststellten.

Besonders die Regierung der USA ist, mit George Bush an der Spitze, sehr weit zurückgefallen, was nicht verwundert und die Dinge bestätigt, die wir im Kapitel „Der Sinn des Spiels ist Bewusstwerdung" erwähnt haben. Sie agiert heute (August 2008) auf der untersten Bewusstseinsbene, bei einem Messwert von 24 – „Scham". Wie David R. Hawkins schreibt, ist das Verhalten von Menschen, die auf dieser Bewusstseinebene agieren, gefährlich. Auf dieser Ebene werden manche Menschen psychotisch oder begehen bizarre Verbrechen. Wie wahr!

Alle getesteten Regierungen stehen deutlich hinter dem Bewusstseinsniveau ihrer Bevölkerungen zurück. Die negativen Trends warten in den nächsten Jahren auf Veränderungen, die in den USA möglicherweise bald eintreten dürften.

Die stille Revolution kommt von innen und außen und ist nicht mehr aufzuhalten. Sie wird einen umfassenden Paradigmenwechsel einleiten.

Das wollte ich allen, denen die Neue Zeit am Herzen liegt und die überall in Deutschland und in der Welt für eine Neue Erde arbeiten, auf ihren Weg mitgeben.

Mögen eure Hoffnung und der Glaube an die Neue Zeit noch stärker werden.

Wir sind nicht allein

Dieser Teil liegt mir besonders am Herzen, und obwohl er für einige vielleicht völlig außerhalb ihres Vorstellungsvermögens liegen mag, habe ich mich doch entschlossen, ihn kurz vor der Manuskriptabgabe noch in das Buch aufzunehmen.

Wichtiger Bestandteil unseres Erwachens ist es auch wahrzunehmen, dass wir als Menschheit nicht alleine sind im Kosmos. Wir sind lediglich eine von vielen hunderttausenden intelligenten Spezies, die in den zu uns nahen und fernen Sternensystemen den unendlichen Raum bevölkern. Das Wissen darüber war über einen sehr langen Zeitraum hinweg „verborgen" und wurde uns besonders in den letzten Jahrzehnten von den dunklen Kräften unseres Planeten bewusst vorenthalten. Diese Zeit ist nun endgültig vorüber, und unser erwachendes Bewusstsein wird wieder erkennen, wie viele unserer Sternengeschwister darauf warten, mit uns offiziellen Kontakt aufzunehmen. Uns wird klar werden, dass es „auf der anderen Seite" starke friedliebende Kräfte gibt, die die Entwicklung der Menschheit nicht nur verfolgen, sondern denen unser Aufstieg in eine höhere Bewusstseinsdimension zur eigenen Herzensangelegenheit geworden ist. Sie befolgen seit Millionen von Jahren in vollem Bewusstsein ihres göttlichen Ursprungs den Kosmischen Plan, den Plan des Schöpfers.

In der heutigen Zeit unterstützen sie bereits einige Jahrzehnte – von der Masse unbemerkt – den Aufstieg der Erde und der Menschheit mit ihren Fähigkeiten und ihrem Wissen. So haben sie entscheidenden Anteil daran, dass die dunklen Kräfte der Erde ihre Macht nicht dazu missbrauchen konnten, ein „Endzeitchaos" zu inszenieren. Sie sind gemeinsam mit den geistigen Hierarchien, bis hinauf zum Schöpfer unsere stärkste Stütze, ohne die wir möglicherweise nicht herausfinden würden aus den starken Abhängigkeiten, in die uns die negativen Kräfte noch gedrängt hätten.

Ihr Bewusstsein und ihre Technologie sind in Bezug auf irdische Maßstäbe sehr weit fortgeschritten. Selbst die Fernsehserien „Raumschiff Voyager" oder „Enterprise" verblassen vor dem, was dort wirklich existent ist. Allein ihre Raumfahrttechnologie ist so weit entwickelt, dass sie unsere Galaxis – mit einem Durchmesser von 100.000 Lichtjahren – innerhalb weniger Minuten durchfliegen können. Deshalb betrachten sie auch die meisten Sternenzivilisationen als ihre galaktischen Nachbarn. Viele dieser Zivilisationen haben den Weg des Aufstiegs schon vor Tausenden oder gar Millionen Jahren beschritten. Einige erst in jüngster Zeit. Vielleicht mag das für manchen Leser kaum vorstellbar sein. Je eher Sie jedoch Ihren Geist dafür öffnen, desto schneller werden Sie diese Tatsachen akzeptieren können und umso weniger überrascht oder vielleicht sogar schockiert sein, wenn die Erstkontaktflotte mit den Repräsentanten der Galaktischen Föderation offiziell auf die Erde kommt. Und das wird noch vor dem Jahr 2012 der Fall sein. Bereiten Sie sich also mit offenem Geist auf die großartigen Dinge vor, die uns in nicht allzu ferner Zukunft erwarten und die unsere Entwicklung als Menschheit auf eine heute für die meisten noch unvorstellbar positive Art und Weise beeinflussen werden.

Werden wir jetzt etwas konkreter, um dem Ganzen eine Basis zu geben.

Wie Sie bereits aus dem Kapitel über den Kosmischen Plan wissen, wird die menschliche Erdenzivilisation im Jahre 2012 Mitglied der „Galaktischen Föderation des Lichts". Das war mir bereits vor einigen Jahren, als ich das Buch über die Maya las, klargeworden, obwohl mir noch konkrete Erkenntnisse fehlten. Mein Geist öffnete sich damals spontan, und ich begriff, dass wir Bestandteil von etwas viel Größerem sind, ohne dieses Größere bereits zu kennen.

Heute weiß ich durch Menschen, die dieses Wissen zur Verfügung gestellt haben, dass die Galaktische Föderation des Lichts die Föderation der Planeten ist, vor 4,5 Millionen Jahren gegründet wurde. Mit dieser Gründung wollte man damals verhindern, dass interdimensionale dunkle Kräfte die Galaxis erobern und ausbeuten. Zu den Gründerzivilisationen gehörten derzeit die vollbewussten Gesellschaften der Sternenkonstellationen Lyra, Sirius, Zwillinge und Krebs.

In Anerkenntnis dieser Tatsachen werden wir auch unsere eigene Entwicklungsgeschichte neu schreiben müssen, denn die Wiege aller menschlichen galaktischen Zivilisationen befindet sich im Sternbild Lyra im Vega-System. Wir haben uns nicht auf der Erde entwickelt, sondern stammen, wie auch die Sirianer, von Wasserprimaten ab, die vor circa 7 Millionen Jahren im Vega-System volle Empfindungsfähigkeit erlangten. Mit der offiziellen Ankunft der Galaktischen Föderation auf der Erde wird uns dieses Wissen vollständig zur Verfügung gestellt, und wir werden daraufhin nicht nur unsere Biologiebücher einer grundlegenden Revision unterziehen.

So besteht die Galaktische Föderation heute aus mehr als 200.000 Sternennationen und Sternenligen, die alle raumfahrende Zivilisationen sind. Ungefähr vierzig Prozent von ihnen sind humanoid und haben wie wir ein menschliches Aussehen. Die übrigen sechzig Prozent sind intelligente bewusste Lebensformen, die ein reptil-, frosch-, pferde- oder bärenartiges Erscheinungsbild besitzen. Das Hauptquartier der Föderation befindet sich im Vega-System. Es koordiniert die Arbeit von vierundzwanzig regionalen Konzilen. Das für die Erde zuständige Konzil ist auf dem vierten Planeten des Sirius-B-Systems angesiedelt. Die menschliche Zivilisation des Sirius B zählt zu den Säulen der Galaktischen Föderation. Die Sirianer fühlen sich der Erdenmenschheit auf besondere Art verbunden und gehören innerhalb der Galaktischen Föderation zu unseren entschiedensten Mentoren. Ihre Spiritualität, ihr gesellschaftliches Leben und ihre Technologie können uns als Vorbild dienen, denn ihre Kultur, die seit 4,3 Millionen Jahren existiert, kennt weder Kriege noch nennenswerte Krisen.

Hier einige der Mitgliederzivilisationen der Föderation: die Andromedanische Sternennation, die Sternennation der Annanuki, die Arkturianische Konföderation, die Sternennation von Bellatrix, die Große Sternenunion des Centaurus, die Konföderation von Fomalhaut, die Sternennation von Mintaka, die Pegasus Sternen-Liga, die Procyon-Sternennationen und die Sirianische Sternennation. Diese vollbewussten Gesellschaften sind detailliert beschrieben im Buch von Michael George „Das Licht Gottes versagt nie" und auf der deutschen Webseite von Sheldan Nidle www.paoweb.org zu finden. Sie erfahren dort über Aussehen, Größe, Schlafbedarf, Sprache, Raumschiffe sowie besondere Fähigkeiten und Aufgaben die wichtigsten Details.

Diese Föderation bildet eine für uns kaum vorstellbare gigantische, friedliebende Kraft, die gemäß dem Plan des Schöpfers für unseren Aufstieg in eine neue Bewusstseinsdimension tätig ist und den entscheidenden Faktor darstellt, den dunklen Kräften der Erde die Macht zu entziehen. Dazu hat sie ihre Raumflotte schon seit vielen Jahren um die Erde stationiert und beobachtet alle Aktivitäten, die diese Kräfte unter anderem zur Ausrüstung ihrer unterirdischen Basisstationen mit neuster Kriegstechnologie unternehmen. Es gibt keine Art von Waffen, die die Föderation nicht neutralisieren könnte, wenn Versuche unternommen würden, diese gegen die Menschen zu richten. Soweit mir bekannt ist, war es bereits erforderlich, den tatsächlich geplanten Einsatz von atomaren Waffen in einer Großstadt in Europa zu verhindern.

Nach dem offiziellen Kontakt mit der Erdenmenschheit wird die Galaktische Föderation in Zusammenarbeit mit den über viele Jahre im Vorfeld geschaffenen Verbindungsgruppen von fortgeschrittenen Führungspersönlichkeiten in mehr als einhundertachtzig Ländern der Erde eine Entwicklung unterstützen, die das Wohl der Völker und jedes Menschen in den Vordergrund stellt. Dazu werden nach der Entmachtung der dunklen Kräfte der Erde zuerst die entsprechenden Gesetzeswerke der Länder im Hinblick auf Mitbestimmung und Freiheit erweitert. In Vorbereitung darauf wurde bereits zu Beginn des neuen Jahrtausends vom US-Kongress in geheimer Abstimmung eine neue Gesetzesgrundlage – NESARA (Nationalökonomisches Sicherheits- und Reformgesetz) – verabschiedet und vom damaligen Präsidenten Clinton unterzeichnet. Wird NESARA öffentlich verkündet, werden die wichtigsten finanz- und währungspolitischen Schlüsselpositionen auf den höchsten Ebenen der internationalen Finanz beseitigt. Gleichzeitig wird der „Federal Reserve Bank", die von Illuminaten-Familien betrieben wird, die Währungshoheit aus den Händen genommen und wieder unter staatliche Kontrolle gestellt.

Außerdem stehen mit Einführung des neuen Gesetzeswerks gewaltige Geldfonds zur Verfügung, die von den Aufgestiegenen Meistern über Jahrtausende zusammengeführt wurden und das Vermögen alter, längst vergangener Reiche beinhalten. Diese Fonds sind so unermesslich groß, dass weltweit damit allen Menschen ihre Schulden erlassen werden können.

Die meisten Gesetze werden überarbeitet, viele einfach gestrichen, die Todesstrafe abgeschafft. Der Medienapparat, der das Sprachrohr dunkler Machthaber ist, wird aufgelöst. Regierungen müssen abtreten, Regierungsverträge, die ohne die Zustimmung der Bevölkerung der Länder zustandegekommen sind, werden ihre Gültigkeit verlieren. Dies alles kann nur gemeinsam mit Menschen, die ein neues Bewusstsein haben, verwirklicht werden. Deshalb hat man in Vorbereitung auf den großen Wandel frühzeitig nach Kräften Ausschau gehalten, die genügend machtvoll, kompetent, integer und verfassungstreu waren, um derartige Veränderungen einzuleiten und sie zugleich zu schützen sowie geheim zu halten.

In den USA fand man sie in der Militärführung, bei pensionierten Generalstäblern, in Militärgeheimdiensten, beim US-Schatzamt, im US-Kongress, in mittleren und höheren Ebenen der Ministerien und Verwaltungen, im Management der Banken, unter Richtern, Rechtsanwälten, Finanz- und Währungsexperten. Weltweit wurde in mehr als einhundertachtzig Ländern der Erde ein riesiges Netzwerk dieser „Weißen Ritter" geschaffen, die schon seit vielen Jahren durch Spezialeinheiten der Galaktischen Föderation unterstützt werden. Es verpflichteten sich Kongressabgeordnete, Senatoren, Gouverneure der Bundesstaaten und die Bürgermeister von einhundertfünfzig der größten amerikanischen Städte, NESARA nach seiner Ausrufung zu unterstützen.

Ausführliche Erklärungen zu diesen Tatsachen finden Sie im Buch von Michael George.

Die Galaktische Föderation wird uns nach dem ersten offiziellen Kontakt die Möglichkeit geben, eine große Menge an Informationen über unsere Computer abzurufen.

Mehrere Terabytes wurden bereits zu unserer eigenen Geschichte, zur Galaktischen Föderation und als technische Informationen aufbereitet.

Sobald unsere unter Verschluss gehaltenen Erfindungen und Technologien ans Tageslicht kommen, wird sich unser Leben bedeutend verbessern. Gleichzeitig wird uns die Föderation ermöglichen, ihre Technologien und Ausrüstungen zu nutzen. Dann werden wir über unabhängige, eigene und vor allem saubere Energieversorgungen verfügen können. Wir werden Replikatoren nutzen, die Nahrung, Kleidung aber auch Fahr- und Flugzeuge aus Energie erzeugen. Das heißt, die Grundbedürfnisse unseres Lebens werden kostenfrei zur Verfügung stehen. Es wird möglich sein, die Holografie zu nutzen, mit der man beliebige reale Umgebungen in Häusern erzeugen kann.

Das Lernen wird bedeutend leichter werden und das Lerntempo drastisch ansteigen, indem holografische und telepathische Computer Verwendung finden.

Uns werden leistungsfähige Flug- und Raumfahrzeuge zur Verfügung stehen, die uns innerhalb von wenigen Minuten zu jedem Ort der Erde bringen oder innerhalb kürzester Zeit auf anderen Planeten landen lassen.

Ein großes Geschenk an uns wird eine Reinigungstechnologie für die Erde sein, mit deren Entwicklung die Föderation bereits begann, als klar wurde, dass wir erst viel zu spät bemerken würden, welchen Schaden wir unserem Planeten durch die Verschmutzung der Umwelt zugefügt haben. Diese Technologie wird es ermöglichen, unsere Erde in einem kurzen Zeitraum von allen „Altlasten" zu säubern und ihre ursprüngliche Schönheit und Pracht wieder herzustellen.

Innerhalb weniger Jahre wird unsere gesamte Gesellschaft einen gewaltigen Sprung nach vorne machen. Dinge, die die meisten heute noch für unvorstellbar halten, werden normal sein.

Auch ich hätte nicht damit gerechnet, dass eine derartige Kraft in unserem weiteren Evolutionsprozess an unserer Seite stehen wird. Es ist einfach viel zu großartig, als dass man es in Worte ausdrücken könnte. Ich empfinde große Dankbarkeit für alle, die uns dieses Wissen zugänglich machen und ihre Zeit und ihre finanziellen Mittel einbringen, um ihre Webseiten aktuell zu halten: Sheldan Nidle aus den USA, das Team der deutschen Webseite mit Martin Gadow, dem Übersetzer, Jens Idelberger, dem Koordinator, und Jörg Olsen, dem Webmaster; alle Channels und natürlich die, deren Botschaften wir wöchentlich lesen können, die Stimmen der Galaktischen Föderation mit Tahuti (Annanuki), Diane, Atmos und SaLuSa vom Sirius, Ela (Arkturianer), Mira (Plejadier), Ker-On (Venusianer) sowie Saint Germain und Erzengel Michael.

„Ich freue mich – wie viele andere auch – unglaublich darauf, euch in nicht allzu ferner Zeit auf der Erde begrüßen zu können, um gemeinsam das Goldene Zeitalter des Lichts zu gestalten."

In Verbindung mit den bevorstehenden großen Wandlungsprozessen werden wir die Gelegenheit erhalten, uns auf völlig neue Art und Weise in das Leben einzubringen: ohne Konkurrenz und finanzielle Sorgen, mit Freude und Liebe.

„Ihr seid nicht hier, um immer noch auf diesem finsteren und unerträglichen Weg weiterzugehen; ihr seid hier, um eine neue Welt zu erschaffen, die vor LICHT nur so „duftet". Dieses setzt eine Anzahl grundlegender Bedingungen voraus, angefangen beim Grundstein immensen physischen, mentalen und geistigen (spirituellen) Reichtums für alle. In diesem Kontext „verdunsten" die heimtückischen Manipulationen der Dunkelkräfte einfach, zusammen mit Habsucht, Verurteilung, Ignoranz und Streit. An ihre Stelle werden universeller Wohlstand, das Gefühl des Verbundenseins, der Weisheit und vor allem der unverhohlenen Ehrerbietung gegenüber der gesamten Schöpfung selbst treten! In einer großartigen Transformation werdet ihr in die göttlichen Wahrheiten des Himmels und der Schöpfung eingeweiht. Ihr werdet zu physischen Engeln, die geschaffen wurden, um die vielen Wunder zu entfalten, die der göttliche Plan umfasst."

Dreizehn Jahrtausende Unterdrückung und Knechtung der Menschheit gehen ihrem unwider-ruflichen Ende entgegen. Eine erdrückende Sklaverei und eine endlose Kette zerbrochener Träume sind nun endgültig vorüber. Die Galaktische Föderation und die vielen irdischen Verbündeten arbeiten an den abschließenden Schritten des Weges unserer vollständigen Befreiung und Erhebung.

"Der erste Kontakt ist eines der göttlichen Elemente, der eure neue Ganzheit formen soll. Er ist ein riesenhaftes Unternehmen, und der Himmel hat da eine äußerst komplexe Komposition orchestriert. Diese geheiligten Noten bilden einen besonderen Gesang, der die Geburt eines neuen Reiches ankündigt. Es ist die Verheißung, die die Aufgestiegenen Meister proklamierten, nachdem die Dekrete von Aeon manifestiert worden waren. Diese heiligen Manifestationen kommen nun ins Physische. Ihre großartige Energie sendet die Wellen der Segnungen aus, die sowohl diese Realität als auch endlose andere Realitäten umwandeln sollen. Horcht auf! Wacht auf zur Macht der Liebe und zum unendlichen Potenzial des Lichts! Diese Welt ist umgewandelt und „reformiert" in dieser glorreichen Liebe! Der gesamte Himmel jubiliert. Seid offen dafür, dieses zu akzeptieren, und seid fähig, die Landungen zu beobachten, und empfindet die Freude darüber in euch!

Seid bereit, zu akzeptieren und zu lieben, was sich da verändert! Seid bereit, das zu segnen, was nicht mehr sein wird. Wir kommen, um euch in eure wundersame neue Wirklichkeit zu bringen. Begrüßt den Wandel und verkündet in eurem Herzen diese neue, stille Revolution!

Wisst in eurem innersten Herzen, dass der ewige Vorrat und unendliche Wohlstand des Himmels in der Tat euch gehört!

Frohlockt! Seid gesegnet in himmlischer Liebe und Freude!"[23]

Poetischer Ausklang

Zum Ausklang meine abschließenden Gedanken zu dem Lied von Xavier Naidoo:

„Der Weg"

*Dieser Weg wird deine Reise sein,
und diese Reise führt direkt zur dir.
Dieser Weg wird dich selbst befrei'n,
denn nur deshalb bist du hier!
Dieser Weg wird dein Ende sein,
und das Ende ist der (Neu)-Anfang von dir.
Er wird dich und die Welt befrei'n,
das Paradies klopft an unsere Tür.*

*Lass den Weg einfach steinig sein,
sieh nicht die Steine, sondern nur das Licht!
Es zeigt den Pfad, der jetzt geöffnet ist,
in eine Welt, die mit Vergangenem bricht.
Sieh das Licht und nimm jeden Stein dankbar an.*

*Geh voran,
auch wenn andere deinen Weg noch nicht versteh'n.
Werde selbst zum Licht,
das hell leuchten wird,
bis auch sie die Neue Erde seh'n!*

*Unser Weg wird dann leichter sein
und ist nicht mehr so steinig und schwer.
Denn jeder Stein wird unsere Kraft befrei'n,
danach sehnt sich der Mensch so sehr.*

*Dieser Weg wird unser Aufstieg sein,
unser Aufstieg in eine neue Welt.
Diese Welt ist in uns selbst versteckt,
sie wird durch das Licht erhellt.*

Danksagung

Ich möchte vielen Menschen danken, die zur „richtigen" Zeit in mein Leben traten, mich begleiteten und mir halfen, ein Stück weiter zu erwachen. Ich kann sie nicht alle nennen. Stellvertretend für sie alle danke ich:
Tatjana und Jura Stetsenko (menschliche Biologie und Energie), Sabine Wolter (Kinesiologie), Rolf Bork (Energie), Kristin Wöllner (Bewusstwerdung, mediale Arbeit, Heilung), Dirk Engel (mediale Arbeit, Energiearbeit), Cornelia Stürmer (mediale Arbeit), Karin Hämmerle (mediale Radionik), Ulrike Voigt (Energieharmonisierung), Kirsten Kunde, Christa Stenger, Renata Ash (EMF), David Sandoval (lebendige Nahrung), Hanns-Martin Strobel, Arnd Stein, dessen Musik während des Schreibens mein ständiger Begleiter war, den Interessenten meiner Vorträge sowie Jed McKenna, der durch sein Buch „Spirituell unkorrekte Erleuchtung" der eigentliche Auslöser für dieses Buch war.

Besonders dankbar bin ich auch für die Covervorlage, die mir Sabine Sahm gefertigt hat. Es bringt die ganze Liebe zum Ausdruck, die auch ich in dieses Buch gegeben habe. Möge es Ihr Herz öffnen und Sie auf dem Weg des Fühlens ihrer Herzenskräfte begleiten.

Ich danke dem Smaragd Verlag mit Frau Ordemann und Frau Heuchemer, die innerhalb einer Woche entschieden haben, dass das Buch jetzt das Licht der Welt erblicken sollte.

Ich danke meinen geistigen Begleitern, die mich mit ihrer höchsten Kraft motiviert und unterstützt haben.

Ich danke der Weisheit des Universums und der Realität des Göttlichen, die mein Leben auf so wunderbare und „einfache" Art und Weise verwandelten.
Ich danke Gott.

Ich habe meine Wahrheit, wie sie sich zum jetzigen Zeitpunkt darstellt, mit meinen Worten und meiner Art, die Dinge zu sehen, möglichst einfach und allgemein verständlich aufgeschrieben. Wie viel Wahrheit Sie hier finden, können Sie im Anhang ersehen. Es ist mehr, als ich mir in meiner Vorstellung erhofft hatte.

Anhang

Die gemessene Wahrheitsebene des Buches

Das Buch als Ganzes kalibriert auf der Skala des menschlichen Bewusstseins von 1 – 1000 nach Davis R. Hawkins bei einem Messwert von 837. Nicht einbezogen dabei sind die Kapitel „Innere Reinigung" und „Wir sind nicht allein", da sie später eingefügt wurden.

(Die kinesiologischen Testungen wurden mit Sabine Wolter, alternative Ärztin, durchgeführt, die seit sieben Jahren praktische Erfahrungen mit der Methode nach Dr. D. Hawkins hat und sie täglich praktiziert.)

Tafel der Skala des Bewusstseins mit den Ebenen des Lichtbewusstseins

(Ausschnitt) nach David R. Hawkins.
(Quelle: Licht des Alls, die Wirklichkeit des Göttlichen, Sheema Medien Verlag, Wasserburg 2006, S. 219 und S. 553)

Ebene	Messwert
Das Allerhöchste GOTT-Sein/GOTT unmanifestiert	Unendlichkeit
GOTT manifestiert als das Göttliche/der Schöpfer	Unendlichkeit
Erzengel	50.000+
Ich, als Essenz der Schöpfung	1.250
Ich, als letztendliche Wirklichkeit	1.000+
Christus, Buddhaschaft, Krishna, Braham	1.000+
Avatar	985
Gott(SELBST) als Logos	850
Das SELBST, als Existenz oder Nicht-Existenz übersteigend	840
Lehrer der Erleuchtung	800
Ich/Gott-SELBST als Allsein	750
Der/die Weise - das SELBST als Gott manifest	700
Das SELBST als Existenz	680
ICH BIN	650
Erleuchtung, Lichtbewusstsein	600
Heiligkeit	575
Freude, bedingungslose Liebe	540
Liebe	500
Vernunft	400

Akzeptanz	350
Bereitwilligkeit	310
Neutralität	250
Mut, Wahrheit, Integrität	200
Stolz	175
Wut, Ärger	150
Begehrlichkeit	125
Angst	100
Kummer	75
Apathie	50
Schuldbewusstsein	30
Scham	20

(Die Messwerte sind nicht linearer Natur, sondern die Logarithmen zur Basiszahl 10, also 10 hoch 200, 10 hoch 250 usw. Es sind Energiefelder. Ab Ebene „Heiligkeit" sind es „Erleuchtete und göttliche Zustände".)

Die Bücher von Dr. med., Dr. phil. David R. Hawkins:
„Das All-Sehende Auge", „Das Licht des Alls – die Wirklichkeit des Göttlichen", „Erleuchtung ist möglich. Wie man die Ebenen des Bewusstseins durchschreitet",
sind vom Sheema Medien Verlag, Wasserburg / Inn in Deutsch herausgegeben worden.

(http://www.sheema.de, E-Mail: info@sheema.de, Tel. 08071 – 94813)

Charles Manson und Anna Jennings

Hier finden Sie die Geschichte zweier Menschen, wie T.C. Colbert sie in seinem Buch beschreibt. Ich habe sie etwas gekürzt und teilweise mit eigenen Worten wiedergegeben.

Der erste ist von Charles Manson. Er kann Ihnen helfen zu verstehen, wie aus der Verletzung von Gefühlen in der Kindheit emotionaler Schmerz und emotionale Störungen entstehen, die letztendlich Selbsthass und Gewalt gegen andere hervorbringen. Wenn wir ein wirkliches Verständnis von den „dunklen" Seiten unseres eigenen Verhaltens erlangen, wird uns bewusst, dass sie alle einem emotional verwundeten Selbst entspringen. Sie sind das Ergebnis schwerer Verletzungen, die das eigentliche Selbst desjenigen über einen langen Zeitraum erdulden musste. Das Beispiel von Charles Manson wird Ihnen zeigen, wie daraus eine kriminelle Psyche wie die seine entstanden ist.

Das Beispiel von Anna Jennings macht deutlich, wie die Verdrängung beziehungsweise Nichterkennung des frühkindlichen Traumas sowie die konventionelle psychiatrische Behandlung Anna in den Selbstmord treiben.

Auch jetzt, wo ich die Biografie von Charles für das Buch aufschreibe, empfinde ich, dass gerade diese Menschen unser tiefes Mitgefühl benötigen, sowie eine wirkliche Möglichkeit, ihre Traumatisierungen und Verwundungen zu heilen, anstelle einer lebens- oder jahrelangen

Inhaftierung, die sie in der Regel noch mehr Verletzung erfahren lässt und deshalb kaum zu ihrer Heilung beitragen kann. Die Zeit ist überreif!

Charles Mansons Kindheit

Im Jahre 1969 randalierten in der Gegend von Hollywod, Los Angeles, mehrere Menschen, die unter dem kultähnlichen Einfluss von Charles Manson standen. Dabei töteten sie acht Menschen. Zu den Ermordeten gehörte auch die Schauspielerin Sharon Tate. Deshalb wurden diese Gewalttaten als die „Tate-LaBianca-Morde" bekannt.

Die Informationen über Charles Manson sind seiner kurzen Autobiografie entnommen, in der er selbst seinen erlittenen Schmerz mit anderen teilen möchte, sowie auch aus dem später verfilmten Buch *Helter Skelter* (*Hals über Kopf*).

Seine Geschichte beginnt mit einem kurzen Einblick in die Vergangenheit seiner Mutter, die wiederum völlig unter dem Einfluss ihrer dominanten Mutter stand, die fanatisch religiösen Überzeugungen anhing. Jeder musste sich „dem Willen Gottes" beugen. Es war sündhaft, einen Knöchel zu zeigen oder das andere Geschlecht zu freundlich anzulächeln.

Auch der Großvater wurde von der Großmutter für sein „vulgäres" Verhalten gescholten, wenn er der eigenen Tochter gegenüber Zuneigung zeigte.

Charles Mutter wurde ständig von der Großmutter tyrannisiert. Sie durfte das Kleid nicht zu kurz tragen, ihr Haar nicht offen haben, musste immer sofort von der Schule nach Hause kommen, durfte nicht mit Jungen sprechen und zum Schulball gehen. Mit fünfzehn lief seine Mutter von zu Hause weg und lebte ihre neugewonnene Freiheit. Sie trank viel Alkohol und schlief, mit wem sie wollte. Sie brauchte nun niemandem mehr Rechenschaft ablegen.

Mit sechzehn wurde sie schwanger. Charles wurde geboren. Er sah seinen Vater nur einmal. Da die Mutter keine Verantwortung für Charles Erziehung übernehmen wollte, gab sie ihn nacheinander zu verschiedenen Verwandten. Oft blieb er allein mit einem Babysitter, während sie tagelang verschwand, bis ein Verwandter ihn abholte. Einmal verkaufte sie ihn sogar für einen Krug Bier an eine Kellnerin, bis ein Onkel ihn zurückholte.

Als Charles sechs Jahre alt war, wurde seine Mutter wegen Diebstahls ins Gefängnis gesteckt. Er wurde als unerwünschtes Kind von einem Verwandten zum nächsten gereicht. Dort hörte er von sich oft, er sei ein „kleiner Bastard", und seine Altersgenossen zogen ihn damit auf, dass seine Mutter ein „Knasti" sei. Zu Weihnachten bekam er in jenem Jahr von seiner Großmutter nichts weiter als eine Haarbürste, damit er sein Haar in Ordnung halten sollte. Die Kinder aus der Nachbarschaft zogen ihn damit auf und gaben mit ihrem neuen Spielzeug an. Er wurde wieder gedemütigt und fühlte sich wie ein Ausgestoßener.

Als seine Mutter aus dem Gefängnis entlassen wurde, war Charles acht Jahre alt. Für ihn war das einer der glücklichsten Tage seines Lebens. Sie schien ihn auch vermisst zu haben, doch es dauerte nicht lange, und sie verfiel wieder in ihre alten Gewohnheiten und zog ihn mit sich in die Gosse. Da er nun alt genug war, bei ihr zu wohnen und für sich selbst zu sorgen, konnte sie sich draußen herumtreiben. Charles fehlte häufig in der Schule und hatte mit zwölf Jahren eine Reihe von Heimen kennengelernt, in die ihn seine Mutter vorübergehend unterbrachte. Auch glaubte er nicht mehr, dass alle Liebhaber, die seine Mutter mit nach Hause brachte, Onkel waren. In dieser Zeit drohte ein Liebhaber damit, seine Mutter zu verlassen, weil er ihr Kind nicht ausstehen könne. Daraufhin hörte Charles, wie die Mutter sagte: „Verlass mich nicht, hab Geduld. Wir werden eine Lösung finden". Kurz darauf standen er und die Mutter vor Gericht, dem sie erklärte, sie könne sich für ihren Sohn kein ordentliches Heim leisten. Charles wurde daraufhin unter Amtsvormundschaft gestellt und in ein Heim für Jungen eingeliefert. Diese Einweisung war für den jungen Charles ein vernichtender Schlag. Er schreibt:

Mein Kopf und mein Magen begannen, verrückt zu spielen. Mir war übel.
Ich konnte nicht atmen. Tränen rannen meine Wangen hinab.
Eine unsichtbare Macht zerquetschte mir den Brustkorb und stahl mir das Leben. Ich liebte meine Mutter. Ich wollte sie. „Warum, Mom?
Bitte komm und hole mich." Ich war einsamer als je zuvor in meinem Leben.

Im Heim war Charles vielen Dingen ausgesetzt, die Durchschnittskinder nicht erleben. Er musste zusehen, wie man Kinder zu homosexuellen Handlungen zwang und wie man Gesetze übertrat. Er begann, seine Gefühle zu verstecken, weil es ausgenutzt wurde, zu viel Gefühl zu zeigen. In größeren Zeitabständen erschien seine Mutter mit dem Versprechen, ihn bald nach Hause zu nehmen. Charles wollte ihr glauben, doch sie hielt ihr Versprechen nicht. Als er es leid war, auf sie zu warten, rannte er aus dem Heim weg, direkt zu seiner Mutter. Diese hatte nichts Eiligeres zu tun, als ihn sofort dorthin zurückzuschicken. Das war ein schmerzvoller Wendepunkt für Charles:

Dieses Mal gab es keine Tränen. Zumindest liefen keine meine Wangen hinunter. Ich wusste auch, dass ich nicht länger lächeln oder glücklich sein konnte. Ich war verbittert, und ich kannte wirklichen Hass. Die Fahrt zurück war Zeitverschwendung. Ich machte mich bei der erstbesten Gelegenheit auf und davon. Auf Wiedersehen, Heim. Auf Wiedersehen, Mom.

Von dieser Zeit an begann Charles im Alter von zwölf Jahren mit Stehlen, um auf der Straße zu überleben. Er lernte einen Freund kennen, der ihm vorschlug, mit ihm bei seinem Onkel zu leben. Dieser Onkel zwang beide für ihren Lebensunterhalt zu stehlen, bis Charles geschnappt wurde. Er kam daraufhin in eine Reformschule mit verzogenen, sadistischen Leuten. Dieser Ort brachte viele Schwerverbrecher hervor. Die Kinder wurden dort sehr häufig gepeitscht und geschlagen, oft, bis sie ohnmächtig wurden. Die meisten wurden durch die Angestellten oder ältere Insassen zu homosexuellen Handlungen gezwungen.

Es war nicht unüblich, von hinten vergewaltigt und dann geschlagen zu werden.
In einem Alter, in dem die meisten Kinder auf nette Schulen gehen, bei ihren Eltern leben und von den besseren Dingen des Lebens erfahren, erholte ich mich von den Wunden, die man mir mit einem Lederriemen zugefügt hatte, und lernte, die Welt und alle, die in ihr lebten, zu hassen.

Im Alter von sechzehn Jahren flüchtete Charles mit einem Freund. Sie nahmen sich ein Auto und fuhren nach Kalifornien. Bei der Grenzüberquerung schnappte man sie, und Charles kam für dreieinhalb Jahre in eine bundesstaatliche Besserungsanstalt.

Nach seiner Entlassung lernte er ein Mädchen kennen, verliebte sich und heiratete. Wie er schreibt, konnte er zum ersten Mal im Leben Liebe empfinden.

Wenn sie flüsterte „Ich liebe dich", bekam ich am ganzen Körper eine Gänsehaut. Ihre Liebe füllte eine große Leere. Zum ersten Mal in meinem Leben hatte ich das Gefühl, die Welt erobern zu können.

Um zuerst seine Frau und dann sein Kind ernähren zu können, begann er wieder mit dem Stehlen und landete bald wieder im Gefängnis. Dort wurde ihm klar, welche Bedeutung die Liebe seiner Frau und seines Kindes für ihn hatten. Er verstand, wie dumm er sich in seinem Leben verhalten hatte. Er war zum ersten Mal wirklich motiviert, alles zu tun, um ein ehrlicher Mensch zu werden. Seine Frau schrieb ihm häufig und besuchte ihn, so oft sie konnte. Charles war von den Empfindungen von der Liebe, die er als Kind nie kennengelernt hatte, sehr inspiriert. Der Gedanke an sein eigenes Kind und an die Liebe seiner Frau wurden sein größtes und einziges Ziel. Leider wurde ihm diese emotionale Unterstützung mit einem Schlag entzogen. Seine Frau besuchte ihn plötzlich nicht mehr. Durch seine Mutter erfuhr er, dass sie mit einem anderen Mann davongegangen sei. Nachdem er erkannte, dass er von den einzigen Frauen, die er je geliebt hatte, verlassen worden war, zerbrach Charles Manson.

„*Ich drehte durch. Die ganze Welt brach über mir zusammen. Ich sah sie und das Kind nie wieder.*"

Trotz allem, und obwohl er immer noch im Gefängnis und über den Betrug seiner Frau verbittert war, versuchte er, irgendeinen Sinn oder eine Bedeutung im Leben zu finden. Er entdeckte, dass er musikalisches Talent besaß und setzte seine Energie ein, um es zur Entfaltung zu bringen. Er spielte Gitarre und komponierte.

Als ihn eines Tages seine Mutter besuchte, bat er sie um zweihundert Dollar, um sich eine eigene Gitarre kaufen zu können. Als sie ihm erklärte, dass sie pleite sei und kaum genug zum Essen hätte, zeigte er dafür Verständnis.

Zwei Monate später jedoch kam seine Mutter mit einem kleinen Mädchen auf dem Arm, um ihm seine Schwester vorzustellen, die sie für 2000 Dollar adoptiert hatte, was sie ihm gleichfalls erzählte. Charles schrieb als Reaktion darauf:

Ich fühlte eifersüchtige Wut in mir hochsteigen. Ich rastete aus und sagte ziemlich scheußliche Dinge, unter anderem, dass ich sie nie mehr wiedersehen wollte.

Weiter an seine Musik glaubend, komponierte er das letzte Jahr im Gefängnis so viel, wie er konnte. Als er entlassen wurde, war er fest entschlossen, seinen Weg in der Musik zu gehen und ehrlich zu leben. Nach einigen gebrochenen Versprechungen und mehreren Enttäuschungen in der Musikindustrie, die sehr wettbewerbsorientiert war, fand sich Charles in den 60er Jahren auf der Straße wieder. Nachdem sein Leben voll von Enttäuschungen, Fehlschlägen und Gefühlen des Verlassenwerdens war, begann er zu einem der berüchtigsten Mörder unserer Zeit zu werden.

Als er kriminell wurde, traf er Entscheidungen, für die er belangt werden muss, doch er war nicht der Einzige, der für sein weiteres Leben verantwortlich war. Viele gesellschaftliche Gruppierungen waren daran beteiligt, dass er eine kriminelle Psyche entwickelte: seine Eltern, seine Großeltern, seine Verwandten, die Kirche, die Gemeinde, die Gerichte, die Gefängnisse und die Jugendfürsorge. So gut wie alle hatten versagt.

Charles Manson ist nicht von heute auf morgen zu einem Mörder geworden. Als unschuldiges Kind investierte er immer wieder sein Herz und erfuhr dann, wie seine Unschuld durch Ablehnung und Vernachlässigung zerbrochen wurde.

T. C. Colbert schreibt wörtlich: „Da unser Unterbewusstsein auf so effiziente Art und Weise Schmerz ausschaltet und uns hilft, die unzähligen Verletzungen zu vergessen oder zu leugnen, können wir einfach nicht verstehen, welch ungeheurer Schmerz sich angesammelt haben muss, um ein Verhalten wie das von Charles Manson hervorzubringen."*)

Anna Jennings

Obwohl das medizinische Modell und der Einsatz von Medikamenten ein Segen des zwanzigsten Jahrhunderts zu sein scheinen, haben sie in Wirklichkeit im Leben von Millionen Menschen Katastrophen ausgelöst. Anna Jennings gehört zu ihnen. Ihre Mutter, Dr. Ann Jennings, schreibt über ihre Tochter Folgendes:

Anna war seit ihrem dreizehnten Lebensjahr über neunzehn Jahre lang Patientin des Gesundheitswesens. Sie wurde in dieser Zeit von einer psychiatrischen Einrichtung zur nächsten weitergereicht. Sie befand sich in Krankenhäusern, Abteilungen für akute Fälle, psychiatrischen Notaufnahmen, Wohnheimen für Menschen in Krisensituationen sowie geschlossenen Abteilungen. Die Diagnosen, die ihr im Verlauf dieser fast zwanzig Jahre gestellt wurden, sind: Depression, Borderline-Persönlichkeitsstörung mit paranoiden und schizotypischen Zügen, Paranoia, Verhaltensstörung der aggressiven Art, verschiedene Typen von Schizophrenie, Anorexie, Bulimie, und Zwangsneurosen.

Neben einer Behandlung mit Insulin und einer Elektrokrampftherapie bestand die Behandlung zu fünfundneunzig Prozent aus Medikamenten. 1992 nahm sich Anna, an ihre emotionale Grenze gelangt, im Alter von zweiunddreißig Jahren das Leben.

Ihre Probleme begannen bereits als Kleinkind, im Alter von zweieinhalb Jahren, indem sie unkontrolliert zu schreien und zu weinen begann. Ihre Eltern erkannten nicht, dass sie durch den Babysitter sexuell missbraucht wurde. Annas erste Versuche, mit einer Haushälterin darüber zu sprechen, wurden nicht ernst genommen. So blieb der Missbrauch zwanzig Jahre lang unentdeckt. Rückblickend erkennt ihre Mutter, dass die Schreie und die panische Angst von Anna Hilferufe waren und sie dadurch ihre verwundeten Gefühle mitzuteilen versuchte. Sie wurde ein schwieriges Kind, das für sein Schreien und Weinen zusätzlich noch mit Stubenarrest und Prügel bestraft wurde. Obwohl Anna einen Mann erwähnte, der mit ihr seine Spielchen trieb, konnte niemand die Wahrheit erkennen. *„Sexueller Missbrauch existierte nicht in unseren Köpfen",* sagt die Mutter. Anna zog sich daraufhin vor sich selbst und vor anderen Kindern zurück.

Zusätzlich war Anna auch Traumen in der Familie ausgesetzt, wie Alkoholismus und Scheidung. Im Alter von dreizehn Jahren brach sie zusammen, und ein Psychiater verschrieb ihr ein Neuroleptikum, das ihr helfen sollte zu schlafen. Die nächsten zwölf Jahre hielt sie sich in psychiatrischen Kliniken auf.

Neben Medikamenten, Schock- und Insulintherapie wurden in die Behandlungen auch eine Familientherapie, eine Vitamin- und Ernährungstherapie, eine Verhaltenstherapie sowie Kunst-, Musik- und Tanztherapien einbezogen. Niemand unternahm den Versuch, nach einem Kindheitstrauma zu fragen. Erst als Zweiundzwanzigjährige erzählte sie ihrer Mutter Einzelheiten des Missbrauchs. Doch es war bereits zu spät. In ihrer Kindheit und später durch das psychiatrische System missbraucht, war sie so erfüllt von Gefühlen der Wertlosigkeit und Scham, dass sie das Bedürfnis hatte, sich selbst zu missbrauchen:

Dazu drückte sie Zigaretten auf ihren Armen, Beinen und im Genitalbereich aus, schlug mit dem Kopf und den Fäusten gegen Wände, fügte sich selbst mit aufgerissenen Dosen tiefe Narben zu, schob Kleiderbügel, Bleistifte und andere scharfe Gegenstände in ihre Vagina, schluckte

Nägel und steckte Pillen in ihre Ohren, versuchte, sich die Augen auszureißen, zwang sich dazu, sich zu übergeben, stocherte nach ihrem Kot, um ihrem Körper Nahrung zu entziehen, stach sich selbst mit einem scharfen Messer in den Bauch und bezahlte Männer dafür, sie zu vergewaltigen.

Die Fachwelt ignorierte Annas Missbrauchsgeschichten, obwohl viele der Fachleute in ihren Disziplinen ein hohes Ansehen genossen. Viele mochten Anna sehr gern, doch die Behandlungsmethoden der Psychiatrie verstärkten nur ihr Kindheitstrauma. Die ausschließliche Fixiertheit auf die pathologischen Symptome, die Auffassung, sie leide an einer Hirnschädigung, ihre Abhängigkeit von Psychopharmaka sowie das Schweigen auf ihre Missbrauchsenthüllung hatten schwerwiegende Folgen: Anna fühlte sich bestätigt in ihrer Selbsteinschätzung, „schlecht", „gestört", eine „schlechte Saat zu sein" und einen bösen Einfluss auf die Welt zu haben.

Kurz nach ihrem zweiunddreißigsten Geburtstag fand sie die Nachtwache, die ihr eine weitere Spritze geben wollte, erhängt in ihrem Krankenzimmer.

Das schreckliche und schmerzvolle Leben, das Anna lebte, hatte sie nicht verdient. Von der Zeit als Kleinkind, in der sie zum ersten Mal missbraucht wurde, bis zu ihrem Selbstmord wurde sie gequält von vergangenem Schmerz, der Leugnung des Schmerzes durch das psychiatrische System und die furchtbaren Nebenwirkungen der Medikamente. Das medizinische Modell quälte sie ebenso wie ihr damaliger Peiniger.

Ihre Mutter Ann Jennings begann, nachdem sie endlich verstanden hatte, was Anna ihr zu sagen versuchte, nach ihrer Scheidung, ihre eigene Heilung voranzutreiben und das Schicksal ihrer Tochter aufzuarbeiten. Das tragische Leben ihrer Tochter veranlasste sie, im Fach Psychologie eine Dissertation zu Annas Fall zu schreiben. Dabei entdeckte Dr. Jennings, dass es Tausende von „Annas" geben musste, die im psychiatrischen System verlorengegangen sind. Nach Untersuchungen, auf die sie gestoßen ist, sind einundachtzig Prozent der in Anstalten untergebrachten Patienten sexuell missbraucht worden und/oder haben ein psychisches Trauma erlitten. (Ich glaube, diese Zahl kann man ruhig noch höher ansetzen, wenn nicht gar auf einhundert Prozent erhöhen, denn bei den restlichen neunzehn Prozent konnte man es mit den damaligen Mitteln wahrscheinlich einfach nur nicht herausfinden.)

Ann Jennings und T. C. Colbert sowie andere Fachleute vertreten ebenso die Ansicht, dass die Masse der psychisch kranken Menschen, die zu Schocktherapien und Medikation gezwungen werden, unter den Symptomen des emotionalen Schmerzes leiden, den sie in ihrer Kindheit erlitten haben.

Obwohl Dr. Ann Jennings sagt, dass Medikamente hilfreich sein können, wenn sie in bestimmtem Zeitrahmen vorsichtig einem Patienten gegeben werden, der über die Wirkung aufgeklärt worden ist. Eine ununterbrochene Medikation jedoch beraubte Anna ihrer Fähigkeit, zu fühlen und zu denken, ohne die wiederum eine Heilung nicht möglich ist.

Sie schreibt dazu:
Vor einigen Jahren durchlebte Anna eine Krise, ohne Medikamente zu nehmen. Mehrere Tage bat sie mich, sie zu halten. Sie sprach leise über ihre Gefühle. Weinte still und zeigte mir durch ihre Berührungen und Umarmungen ihr Vertrauen.

Einen Tag, nachdem ihre neu verordneten Medikamente „Wirkung zeigten", sagte sie mir mit ausdrucksloser Stimme und gequältem Blick: „Mom, das Gefühl der Liebe verschwindet."

Wie ihre Gefühle der Wut, des Leids und der Angst wurden auch ihre Gefühle der Liebe, der Freude, der Fürsorge und der Intimität unterdrückt, was sie wieder von sich selbst und anderen isolierte und die Möglichkeit der Heilung verhinderte.

Dr. Ann Jennings hat auch Ausführungen zur Kostenfrage gemacht, und ihre Analyse ergab, dass Anna insgesamt viertausendeinhundertvierundzwanzig Tage im Krankenhaus verbrachte und die Kosten sich bei 640,00 Dollar Tagessatz auf rund 2,64 Millionen Dollar beliefen. Nicht enthalten darin sind Kosten für Wohnheime, Casemanagement, Rechtskosten, Kosten für Sozialdienste, Medikamente und andere, die auf über eine Million Dollar geschätzt werden, sodass sich eine Gesamtsumme von rund 4 Millionen Dollar ergibt. Eine am Trauma orientierte Behandlung mit zwei wöchentlichen Sitzungen à 150 Dollar hätte nicht mehr als 265.000 Dollar gekostet und trotzdem Aussicht auf Genesung gehabt. Wären ihre Störungen nach dem Modell des emotionalen Schmerzes therapiert worden, wäre ihr Leben nicht so qualvoll verlaufen und ein Selbstmord verhindert worden.

Werden Sie wach!

Innere Reinigung

Aus aktuellem Anlass ein spezieller Teil zur inneren Reinigung. Er befasst sich mit einem sehr effektiven Mittel zur inneren Körperreinigung, das ich selbst erst seit kurzem kenne.

In „Erwachen und Gesundheit" haben wir wesentliche äußere Krankheitsursachen betrachtet, zum Beispiel Viren, Bakterien, Pilze, Parasiten, Umweltgifte und Schadstoffe, chemische Medikamente, Konservierungs- und Farbstoffe in Nahrungsmitteln usw., und auf alternative Möglichkeiten der inneren Reinigung verwiesen.

Diese, in der Regel bekannten Wege haben bei konsequenter Durchführung immer zu erstaunlichen Verbesserungen des Gesundheitszustands geführt.

Was jedoch die Anwendung bestimmter Reinigungsprodukte auf der stofflichen Ebene betraf, so erforderten sie oft ein beträchtliches Maß an Durchhaltevermögen, Zeit und Geld, und nicht immer waren sie so effektiv oder ganzheitlich wirksam, wie wir es uns gewünscht hätten. Einige Viren und Bakterienarten sowie auch Parasiten und Pilze schienen teilweise „resistent" zu sein oder befanden sich in Körperbereichen, in denen die Wirkung der Produkte nicht ausreichte. So kam es nach Beendigung der Anwendung manchmal zu einem erneuten Vermehren dieser Keime, was wiederholte Reinigungsphasen erforderlich machte, die sich in schweren Fällen über Monate oder sogar Jahre hinzogen.

Das von Jim Humble, einem amerikanischen Erfinder, entdeckte Mittel MMS (Miracle Mineral Supplement) hat eine andere Wirkungsweise als das, was wir bisher verwendet haben: Es wirkt sehr komplex (in allen Organen und Körperbereichen) und innerhalb kurzer Zeit. Es besitzt außerdem eine weiteren großen Vorteil: Es ist weder eine Nahrungsergänzung noch ein Heilmittel oder Medikament und sehr preisgünstig. Seine Effektivität bei der Unterstützung der Selbstheilung des Körpers ist sehr hoch. Bevor ich zur Wirkungsweise des Produktes komme, an dieser Stelle zuerst meine Empfehlung an Sie, sich das Buch von Jim Humble: „MMS: Der Durchbruch", Mobiwell Verlag, ISBN 978-3-9810318-3-0, zu besorgen, damit Sie seine Wirkung und „Nebenwirkungen" verstehen und das Produkt richtig zubereiten und anwenden können.

MMS ist ein Mineralpräparat und besteht aus Natriumchlorit ($NaClO_2$). Natriumchlorit jedoch wird benutzt, um daraus Chlordioxid herzustellen. (Chlordioxid unterscheidet sich grundsätzlich in seinen Eigenschaften von Chlor! Deshalb bitte das Buch lesen, weil ich darauf hier nicht eingehen werde.)

Setzt man nun einer Natriumchloritlösung eine fünfprozentige Essig- oder Zitronensäure zu, produziert diese Lösung in einem Zeitraum von circa zwölf Stunden eine stets gleichbleibende Menge an Chlordioxid. Dieses Chlordioxid ist ein hocheffizientes Oxidationsmittel, stärker als Sauerstoff. Unter bestimmten chemischen Bedingungen explodiert es. Sind diese Bedingungen jedoch nicht vorhanden, verhält es sich neutral. Das bedeutet, dass es selektiv wirkt. Kommt Chlordioxid nun mit Krankheitserregern oder Giftstoffen in Berührung, die sauer und nicht alkalisch sind, entreißt es diesen je fünf Elektronen. Gleichzeitig zerstört es den Elektronenträger, wobei Wärme freigesetzt wird. Das ist ein Oxidationsvorgang, jedoch ohne Beteiligung von Sauerstoff. Am Ende dieses Prozesses bleiben etwas Wasser und Salz übrig – harmlose Bestandteile.

Wie wirkt sich das Ganze nun im menschlichen Körper aus? Aufgrund seiner zehnjährigen Erfahrungen schreibt Jim Humble dazu:

„*MMS zerstört im Körper anaerobe Mikroorganismen wie Viren, Bakterien, Schimmel- und Hefepilze sowie Parasiten, und das innerhalb von vier Stunden bis vier Wochen, in den meisten Fällen jedoch innerhalb einer Woche.*

Es oxidiert mit den im Körper vorhandenen Schwermetallen. Diese werden neutralisiert und müssen dann durch den Körper ausgeschieden werden.

MMS neutralisiert schädliche körperfremde Stoffe, die in der Regel sauer sind, sodass MMS sie problemlos identifizieren kann.

MMS neutralisiert auch Schlangengifte, Lebensmittelgifte und Gifte, die sich bei Hautverbrennungen, insbesondere dritten Grades, bilden.

Beachten Sie dabei: MMS heilt keine Krankheit, sondern befreit den Körper von den äußeren Krankheitsursachen, die seine Selbstheilung unterdrückt oder eingeschränkt haben."

Je länger man MMS einsetzt, desto stärker wird das Immunsystem (nachgewiesen an den weißen Blutzellen unter dem Dunkelfeldmikroskop).

Werden wir nun etwas konkreter:
MMS ist wirksam bei schwersten Infektionen, wie zum Beispiel Malaria, eine bisher „unheilbare" Erkrankung. Bei achtundneunzig Prozent aller Fälle von Malariakranken sind die Symptome wie Fieber, Schüttelfrost, Muskel- und Gelenkschmerzen, Kopfschmerzen, Übelkeit innerhalb von vier Stunden verschwunden! Bei den restlichen zwei Prozent in zwölf Stunden. MMS kann in schweren Fällen, zum Beispiel AIDS, auch intravenös verabreicht werden. Bei einer achtmonatigen Versuchsreihe mit überwiegend zum Sterben entlassenen AIDS Patienten in einer Klink in Uganda im Jahre 2004 waren nach einem Monat alle Patienten beschwerdefrei.

MMS ist wirksam bei Vogelgrippe und Seuchen, Diabetes, amytropher Lateralsklerose (ALS), Herpes, Hepatitis A, B, C und anderen Formen, Angina, Zahnentzündungen, Zahnfleischinfektionen, Parodontitis und sogar bei Krebs und Leukämie. Es wirkt bei Asthma und Arteriosklerose und vielen anderen Erkrankungen und Krankheitszuständen, indem es die äußeren Ursachen unserer Erkrankungen neutralisiert.

Was dabei außerdem sehr positiv ist: MMS hat keinerlei schädliche Wirkungen auf unser zelluläres System, da es selektiv wirkt.

Seit das Buch erstmalig erschienen ist, haben Hunderte von Menschen berichtet, dass sie bei jeder nur erdenklichen Krankheit Besserung oder Heilung erfahren haben.

Für ältere Menschen ist es außerdem eine effiziente Möglichkeit, Infektionen vorzubeugen, die nicht selten tödlich enden, denn gegen MMS kann keine Resistenz entwickelt werden.

Ich hoffe, dass diese Zeilen mit dazu beitragen werden, Jim Humble und MMS noch mehr Menschen bekannt zu machen, die damit ein effektives Selbsthilfemittel in der Hand haben.

Quellennachweis

1) Tolle, Eckhart: *Eine neue Erde*, W. Goldmann Verlag, München 2005
2) Skizze auf Seite 34, angelehnt an Bischof, Marco: *Biophotonen. Das Licht in unseren Zellen*, Verlag Zweitausendeins, Frankfurt/Main, 11. Auflage 2001
3) Argüelles, Jose: *Der Maya-Faktor. Ein Pfad über die Technologie hinaus*, M. Bender, Eigenverlag, Gössenheim 2000/2001
4) Skizze angelehnt an Drunvalo Melchisedek: *Die Blume des Lebens, Band1*, Koha Verlag, Burgrain, 6. Auflage 2004
5) Hawkins, David R.: *Erleuchtung ist möglich. Wie man die Ebenen des Bewusstseins durchschreitet*, Sheema Medien Verlag, Wasserburg 2007
6) *Matrix, Video, Teil I*, Warner Bros 1999
7) Walsch, Neale Donald: *Zuhause in Gott. Über das Leben nach dem Tode*, Goldmann Arkana, München 2006
8) Kent Depesche: *Mehr wissen – besser leben*, Sabine Hinz Verlag, Kirchheim, Nr. 7/2005
9) Zurhorst, Eva Maria: *Liebe Dich selbst und es ist egal, wen Du heiratest*, W. Goldmann Verlag, München 2007
10) Homer: *Odyssee*, Diogenes Verlag AG, Zürich 1980
11) Ebenda
12) Kent Depesche, Nr. 8/9 2005

13) Hawkins, David R.: *Die Ebenen des Bewusstseins, Von der Kraft, die wir ausstrahlen*, VAK Verlag, Freiburg im Breisgau 1997
14) Lown, Bernhard: *Die verlorene Kunst des Heilens*, Suhrkamp Taschenbuch Verlag, Stuttgart 2004
15) Ebenda
16) Themenhefter Neue Medizin, Sabine Hinz Verlag
17) Ebenda
18) Ebenda
19) Colbert, Ty C.: *Das verwundete Selbst*, Beust Verlag, München 1999
20) Walsch, Neale Donald: *Zuhause in Gott. Über das Leben nach dem Tode*, Goldmann Arkana, München 2006
21) Ebenda
22) Shirley, John: *Gurdjieff – Leben und Werk*, Schirner Verlag, Darmstadt 2006
23) Update durch Sheldan Nidle für die Spirituelle Hierarchie und die Galaktische Föderation des Lichts vom 02.10.07 und 03.06.08, Quelle: www.paoweb.org
24) Colbert, Ty C.: *Das verwundete Selbst*, Beust Verlag, München 1999

Adressen

Karin Hämmerle – mediale Radionik; hakarin@shaw.ca

Kristin Wöllner – mediale Heilung;
Kristin-Woellner@web.de; Tel. 049(0)3341 / 445402

Sabine Wolter – alternative Medizin; Kinesiologie;
Tel. 049 (0)335 / 52 12 57 0

Ulrike Voigt – Energieharmonisierung;
Tel. 049 (0)40 / 81 95 68 52

Sabine Sahm – www.angel-for-you.de

Rolf Bork – Bioenergetik; Tel. 049 (0)38204 / 12 67 5

Nahrung „Supergreens": www.das-lichtzentrum.de oder Tel. 06124 / 72 58 42

Buch „Das verwundete Selbst": Bei Google „Colbert, Ty C" eingeben.

Die Herausforderung

„Die Herausforderung dieses Zeitalters geht an jene weitblickenden und vorausschauenden Männer und Frauen mit geistiger Erkenntnis, die es wagen werden, gestützt auf die erweiterten und vorzüglich integrierten modernen Vorstellungen von kosmischer Wahrheit, universaler Schönheit und göttlicher Güte, eine neue und ansprechende Lebensphilosophie zu gestalten.

Solch eine neuartige Vision von Sittlichkeit wird ihre Anziehungskraft auf alles Gute im menschlichen Verstand ausüben und das Beste in der menschlichen Seele herausfordern. Wahrheit, Schönheit und Güte sind göttliche Realitäten, und während der Mensch die Stufen geistigen Lebens hinaufsteigt, koordinieren und einigen sich diese höchsten Eigenschaften des Ewigen immer mehr in Gott, der Liebe ist."

(Quelle: Urantia Buch; www.urantiabuch.org)

Siona Ana
Serapis Bey – Klare Worte an die Menschheit
136 Seiten, A5, broschiert
ISBN 978-3-938489-85-7

Warum sterben so viele Menschen bei Unfällen, Naturkatastrophen oder ähnlichen Ereignissen?
Serapis Bey sowie Kuthumi, Sanat Kumara und Erzengel Gabriel zeigen uns auf, was sich in der Gedankenwelt der Menschheit ändern muss und übermitteln klare eindeutige Strukturen und Energien, um einen positiven Lebensverlauf einzuleiten.
Die Geistige Welt fordert uns auf, unser Leben in die Hand zu nehmen und in voller Eigenverantwortung zu meistern.
Ein klares Buch für die gesamte Menschheit, egal, ob spirituell orientiert oder nicht.

Eva-Maria Ammon & Sananda
Tatort Jesus
Mein Neues Testament
360 Seiten, gebunden, mit Lesebändchen
ISBN 978-3-938489-77-2

„Erfahre einen ganz neuen Jesus, der voller Liebe für die Menschheit und die Erde ist. Erfahre Heilung in ihrer Vollkommenheit. Dieses Buch ist ein wahrhaft heilendes Geschenk an die Menschheit. Allein das Lesen seiner Worte heilt die Wunden aus Kindertagen und eines ganzen Lebens, wenn wir endlich die Wahrheit aus seinem eigenem Mund vernehmen, die so ganz anders ist als die Religionen uns weismachen wollen."
Tatort Jesus - Mein Neues Testament" ist revolutionär und geht über alles bisher Veröffentlichte hinaus.

Petra Aiana Freese
Maha Cohan – Quantensprung im Wandel der Zeit
218 Seiten, broschiert
ISBN 978-3-938489-79-6

Maha Cohan bietet uns die Möglichkeit, in ein erweitertes Bewusstsein hineinzuwachsen, und auf, in und mit Gaia einen „Quantensprung" herbeizuführen, der seit unendlichen Zeiten die Menschen inspiriert und sie auf ihrem langen Wegegeführt hat.
Der Weg zu Weisheit geht über das Wissen, das von einem freien Herzen und einem freien Geist gehütet und weitergegeben wird.
Mögen die Weisheit, die Güte und die Liebe des Maha Cohan dich erreichen, einhüllen und führen.

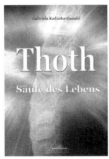

Gabriele Kadanka
Thoth – Säule des Lebens
152 Seiten, A5, gebunden, mit Leseband
ISBN 978-3-938489-83-3

Es ist der Augenblick gekommen, euch Erdenkinder einen weiteren Teil des atlantischen Wissens freizugeben.
Die Spannungen und Schmerzen eures Rückens sowie auch die Spannungen und das Chaos auf eurem Planeten nehmen zu, weil ihr die Balance der Energien des Himmels und der Erde verloren habt.
Reinigt eure irdischen Säulen vom Schatten der Vergangenheit, lasst Altes los. Erlöst jeden Teil, jeden Wirbel eurer Säule. Führt ihn aus dem Schatten der Vergänglichkeit ans Licht. Jeder Teil eurer Wirbelsäule trägt dazu bei, die Schwingung der Lichtsäule der Erde zu erhöhen.
Habt den Mut, die Wahrheit über euch zu hören und lernt, euch selbst zu lieben."

Christiane Tenner
Seth – Leben im Zeitalter des Wassermanns
296 Seiten, A 5, broschiert
ISBN 978-3-938489-88-8

Seth, der durch die Bücher von Jane Roberts bekannt wurde, meldet sich mit einem neuen Werk zurück. Sowohl Gaia als auch die Menschheit sind tiefgreifenden Veränderungen unterworfen. Eingeleitet durch den Beginn des Wassermannzeitalters macht sich die Menschheit auf, Gaia bei ihrem Aufstieg zu begleiten. Seth liefert einen praktischen Leitfaden mit Themen, die den Alltag eines jeden von uns betreffen, und Anleitungen, sich auf diese Veränderungen bewusst einzulassen. Dabei geht er auf gesellschaftliche, strukturelle sowie individuelle Veränderungen ein und zeigt Tendenzen in der Entwicklung aktueller Themen von Mensch und Gesellschaft.

Patrizia Pfister
Kryon – Weckruf für die Menschheit
Botschaften aus der Quelle
488 Seiten, A5, gebunden, mit Leseband
ISBN 978-3-938489-81-9

Dieses Buch ist das Ergebnis des Wirkens der Gnade und wurde unter der Schutzherrschaft des silber-schimmernden Strahls geschrieben. Die Fülle an Heilungsmeditationen ist ein einmaliges Geschenk der Quelle für die Aufstiegszeit.
Es werden 56 Heilungsmeditationen vorgestellt, die von „Ankommen im Körper", „Einsammeln von Seelensplittern", über „Heilung des Geburtstraumas" bis hin zur „Erneuerung des Lichts" reichen. Kryon erläutert die Gründe für die einzelnen Meditationen und gibt Hintergrundinformationen dazu, während die Meditationen direkt aus der Quelle gechannelt wurden.

Marion Musenbichler
Es gibt keine Lösung – hier ist sie!
256 Seiten, A5, broschiert
ISBN 978-3-938489-84-0

Die Menschen suchen bewusst oder unbewusst nach Liebe, Fülle und Leichtigkeit. Der Wunsch, das Leid zu beenden, ist die starke Kraft, die sie nicht innehalten lässt, bis sie der Wirklichkeit begegnen. Wovon aber möchten sie sich befreien, wenn sie noch nicht einmal herausgefunden haben, wer und was sie wirklich sind?
Dieses Buch berührt dein Herz und hebt dich in diesen Raum der Stille hinein. Und plötzlich geschieht alles von selbst, und nichts ist mehr so, wie es einmal war. Du musst nichts verstehen, denn die Botschaft zwischen den Zeilen streichelt ganz sanft deine Seele. B

Hanne Reinhardt
Du bist der Meister!
Die Wunder der Neuen Energie
280 Seiten, A5, broschiert
ISBN 978-3-938489-65-9

Zahlreiche Beispiele aus dem zwischenmenschlichen Leben, der Politik und der Religion führen uns vor Augen, was all die überlieferten und festgefahrenen Glaubenssätze und Strukturen aus uns in Wahrheit machen: Sklaven!
Aber, tröstet uns die Autorin, das Kapitel der Sklaverei und der damit verbundenen Verdummung der Menschheit ist nun endlich abgeschlossen. Die Neue Energie, die mit all ihren Segnungen JETZT hereinkommt, um der Abhängigkeit ein Ende zu machen, stellt jeden von uns vor die Wahl: Sklaverei oder Freiheit.
Wofür entscheiden Sie sich?

Hanne Reinhardt
Wunderwerk Mensch
Engel des Lichts
256 Seiten, A5, broschiert
ISBN 978-3-938489-42-0

Wer oder was ist der Mensch?
Sind wir wirklich nur auf der Welt, um zu arbeiten, zu essen, zu streiten oder zu lieben? Oder verbirgt sich hinter der Fassade Mensch etwas so Großartiges, dass es uns den Atem verschlägt, wenn wir es erfahren?
Die Autorin, selbst ein Channelmedium der Geistigen Welt, vermittelt behutsam eine völlig neue Sichtweise des Menschseins mit all seinen Aspekten und zeigt auf, dass alles, auch der Mensch, reine Energie ist. Zahlreiche neue Sichtweisen und Hilfen werden angeboten, wie man sich die Energien zunutze machen kann.
Ebenso werden die Gesetzmäßigkeiten zwischen Himmel und Erde ausführlich erklärt. Am Ende wird allen eine ungemein tröstliche Botschaft zuteil.

Michaela Ghisletta
Die Regenbogenkinder
Lichtwesen der Neuen Zeit
152 Seiten, A5, broschiert
ISBN 978-3-938489-82-6

Dieses Buch soll uns Erwachsenen ermöglichen, die Kinder der Neuen Zeit besser zu verstehen und sie in ihrer wundervollen Energie zu unterstützen.
Unsere Kinder sollen in unserem Schulsystem nicht untergehen, und vor allem nicht die Verbindung zur Geistigen Welt verlieren, denn der Kontakt ist für sie von großer Bedeutung.
Konkrete Beispiele über das Verhalten der Kinder und Aussagen und Erfahrungen von Eltern helfen, sie besser zu verstehen und sich als das wahrzunehmen, was sie sind: Kinder des Lichts.
Erwachsene „Kinder der Neuen Zeit" schildern ihre Erfahrungen mit ihren Gaben und die Reaktionen von Eltern und Schule darauf.

Barbara Arzmüller
Wie innen, so außen
Spirituelle Praxistipps
184 Seiten, A5, broschiert
ISBN 978-3-938489-80-2

Werfen Sie einen Blick auf Ihre Wohnung – und auf Ihr Leben! Das Zuhause spiegelt das eigene Leben wider und damit auch Partnerwünsche, Schlafstörungen, Erfolgsträume, Geldmangel und andere, ganz normale Alltagssorgen. Anhand von Beispielen aus ihrer Beratungspraxis zeigt die Autorin auf, wie sich diese Themen in den Wohnungen ihrer Kunden zeigten und was zur Lösung unternommen wurde. Konkrete, leicht umsetzbare Tipps für ähnliche Fälle runden jedes Kapitel ab.

Anjana Gill
SOS – Rette deine Seele
... denn du bist so viel mehr!
240 Seiten, A5, gebunden, 4-farbig, mit Lesebändchen
ISBN 978-3-938489-68-0

In diesem Buch geht es um dich!
Wirst auch du von den Erwartungen und festgelegten Strukturen der Gesellschaft gelenkt? Lebst du das selbst bestimmte Leben, das du haben könntest und das dein Geburtsrecht ist? Nein? Dann geht es dir wie den meisten Menschen.
Lass dich von deiner Seele an die Hand nehmen. Sie zeigt, dir, was für dich richtig ist, und führt dich liebevoll auf deinen persönlichen Königsweg.
Beginne zu entdecken, wer du wirklich bist – ein strahlender Diamant –, denn in dir steckt so viel mehr...